循阶渐进 登高望远

律师必备的七项职业素养

SEVEN ESSENTIAL PROFESSIONAL QUALITIES FOR LAWYERS

张嘉良 著

北京大学出版社
PEKING UNIVERSITY PRESS

图书在版编目(CIP)数据

律师必备的七项职业素养/张嘉良著. —北京:北京大学出版社,2018.5
(律师阶梯)
ISBN 978-7-301-28844-3

Ⅰ.①律… Ⅱ.①张… Ⅲ.①律师业务—中国 Ⅳ.①D926.5

中国版本图书馆 CIP 数据核字(2017)第 249875 号

书　　　名	律师必备的七项职业素养
	LÜSHI BIBEI DE QI XIANG ZHIYE SUYANG
著作责任者	张嘉良　著
策划编辑	陆建华
责任编辑	陆建华　焦春玲
标准书号	ISBN 978-7-301-28844-3
出版发行	北京大学出版社
地　　　址	北京市海淀区成府路 205 号　100871
网　　　址	http://www.pup.cn　http://www.yandayuanzhao.com
电子信箱	yandayuanzhao@163.com
新浪微博	@北京大学出版社　@北大出版社燕大元照法律图书
电　　　话	邮购部 62752015　发行部 62750672　编辑部 62117788
印刷者	北京宏伟双华印刷有限公司
经销者	新华书店
	965 毫米×1300 毫米　16 开本　16.5 印张　248 千字
	2018 年 5 月第 1 版　2018 年 5 月第 1 次印刷
定　　　价	49.00 元

未经许可,不得以任何方式复制或抄袭本书之部分或全部内容。
版权所有,侵权必究
举报电话: 010-62752024　电子信箱: fd@pup.pku.edu.cn
图书如有印装质量问题,请与出版部联系,电话: 010-62756370

序

党的十九大提出:"从现在到二〇二〇年,是全面建成小康社会决胜期。……从十九大到二十大,是'两个一百年'奋斗目标的历史交汇期。我们既要全面建成小康社会、实现第一个百年奋斗目标,又要乘势而上开启全面建设社会主义现代化国家新征程,向第二个百年奋斗目标进军。"

广大律师,也应当自觉投身于这场光荣而伟大的历史变革,用自己的聪明才智为实现"两个一百年"奋斗目标而努力。这不仅需要每一位律师尽职履责,更需要每一位律师以高度的政治自觉与理论自觉,充实、完善自身的业务素质,提升自身的业务能力,以更饱满的工作热情、更积极的工作态度、更高效的工作方法,维护社会的公平正义,保障公民的合法权利,促进社会的稳定和谐。

本书作者长期从事律师实务工作,积累了较为丰富的执业经验,同时热心公益事业,积极为弱势群体提供法律援助,获得了"个人一等功"以及"全国优秀律师"等荣誉称号。难能可贵的是,作者还积极思考,总结自己及其他同行的成败得失,用较为平实的客观叙事风格,完成了这本有关律师职业素养如何养成的著作,值得肯定。

总体来看,本书从七个方面研讨了律师如何提升个人职业素质与执业技能的问题,是一本律师写给律师的参考书、建议书,读来言真意切,语重心长。同时,书中不乏具有可操作性的落实意见,给阅读本书的年轻律师提了醒,支了招,做了件大好事。尤为值得一提的是,本书第一部分对于律师的职业信仰多有着墨,而这,也正是当下很多律师所忽视的重要一点。理想信念,是支撑个人生存发展的必要前提,更是一个行业健康前进的内在保障。律师作为自由职业者,如果缺乏了对于自身职业的价值追求与理想信念,势必在利益或权力面前迷失方向,误入歧途。一个缺乏理想、信念的律师,"能力"愈强,危险性越大。因此,作者在本书开篇即突出并强调律师的职业理想信念,把握住了这个行业的真正问题,尤为值得肯定。除此之外,作者对于律师其他职业素养的阐述说明,条分缕析,有问题,有实例,有办法,有反思,有建议,颇具可读性。

当然,和其他律师一样,作者在对自身经验的梳理总结方面,不可避免地具有时空条件、理论深度等方面的局限性,但白璧微瑕,作者为律师同行带了个好头,如果有更多的律师能像本书作者那样,做个有心人,平时注意积累自身的执业经验与教训,注意学习最新的政策法规与其他同行的成功案例,注意提升自身的理论修养与服务意识,势必可以更好提升律师行业的整体素质与服务水平,更好地服务于"两个一百年"奋斗目标,更好地顺势而为,学会有所为有所不为,争取更大作为!

王俊峰

中华全国律师协会会长

2018 年 3 月 6 日

前　言

有人说，把简单的事情做到极致，功到自然成，最终才能"止于至善"。正如古大德云："成大人成小人全看发心，成大事成小事都在愿力"。东坡居士也说过，人在低处要看高处，人在大处，却需看小处。

的确，这个时代不缺少才华横溢的大师，但缺少认真死磕细节的匠人。之所以要将自己对于一名法律匠人的体悟写出来和大家分享，大体还是因为某种深切的自身感悟。

从一名法律的门外汉，到获得"吉林省十大杰出中青年法学家"、吉林省司法厅"个人一等功"获得者以及"全国优秀律师"等荣誉称号，我用了十余年，其中的艰辛与付出，或许无法言传，但有一点可以肯定，就是因为认真，就是因为对于律师职业的匠人情怀，就是基于对法治的内心确信、对人际沟通的精准拿捏、对案件分析的反复琢磨、对细节的极致追求、对以理服人的苦心修炼、对学习的持之以恒，才使得我走到了今天。这份心得与体会既是对给予本人提携、厚爱的各位业界同仁的一份汇报，也是对即将或刚刚加入律师队伍的各位业界新锐的一份回报。在这份汇报或者回报当中，本人完全立足于我国律师业界的现状，并没有对种种不如意之处妄加批判指摘，更没有任何基于应然制度变迁的宏图大论，有的只是基于现实的反思与总结。

没有任何可以一蹴而就的职业，更没有任何一个可以轻易出头的行业。任何一名大律师，都是在若干年的沉淀与积累后，才能迎来自己事业上的春天。在这样一个机遇与挑战并存、苟且与伟大皆有可能的时代，只有具备"狼性匠心"的律师,才不会迷失甚至掉队;只有兼具信仰力、沟通力、分析力、细节力、说服力、学习力与团队力等职业素养的律师,才能屹立于不败之地,求胜于分毫之间。

信仰力,是律师职业的理想之维。只有尊重法律,捍卫法治价值,信仰法治理念的律师,才能在荆棘丛生的执业环境中规避风险,才能在迷思与危机中寻找到前进的方向,才能热爱律师职业,践行律师职业道德,才能找到自己的存在感,避免逾越职业伦理乃至法律责任的红线。

沟通力,是律师执业的素质之维,借由高超的人际沟通与交往能力及技巧,可以事半功倍地完成律师与客户之间的双向交流,才能降低沟通成本,减少误解与错误认知,打造属于自己的客户网络。而网络时代的到来,也为律师的沟通力提出了更高的要求与挑战。如何最大限度利用自媒体等新兴手段进行自我营销,已成为摆在执业律师面前的一大课题。

分析力,是律师执业的技术之维。如果说律师也是匠人,那么是否有一技旁身,就成为律师安身立命的根本,是否有异于常人的绝技,就成为律师出人头地的法宝。在律师应当具备的各项技能之中,最为"技术"的,莫过于对于法律的专业分析。能否基于实用主义立场,通过系统训练及长期积累获得解构能力、识别能力、归因能力、预判能力及综合能力,准确使用逻辑、语义、实证及价值分析方法,成为评价律师分析能力强弱的关键。

细节力,是律师职业的差分之维。好律师与坏律师,英才与庸才之间的差别,往往在于微小的细节。一个细节,可以决定一个案件的成败,一个细节,也可以决定一个律师的命运。所谓律师的匠人之力,更多地体现在具体细节的琢磨与雕刻,其核心价值就在于通过细节实现律师的内在细节力与外在细节力,程序细节力与实体细节力,法律细节力与现实细节力,在细节处决定成败。

说服力,是律师职业的核心之维。律师在整个司法体系中,并不具有公权力加持的话语权,但却可以通过高超的话语技巧,通过强有力的法律分析、逻辑推理与事实论证,让法官及对方接受自己的观点。只有具备极强话语策略,巧妙的法律修辞,精妙的诘问与辩论技巧,完美的书写技巧,才能成功说服对手，实现自身法律诉求。

学习力，是律师职业的发展之维。外部世界的飞速变化使得律师从执业第一天开始就面临被淘汰的危机。可以毫不夸张地说，不学习，或者不善于学习的律师，一定不会成为一名好律师。是否具有适应职业现实需要的学习力，是否能够先人一步学习到必要的法律知识与执业技能，已经成为律师竞争的基本要件，更成为决定律师成败的能力保障。

团队力，是律师职业的成功之维。独狼不可能称霸天下，团队化才是律师获得最大化发展的不二法门。高附加值的法律服务已经无法由律师单独完成。是否具有可以傲视业界的团队品牌，早就成为衡量律师职业地位的基本标尺，也成为客户选择律师的基本前提。打响律师团队的知名度、完善律师的美誉度，打造律师团队的忠诚度，是成功律师团队经营的基本法则。

是否具有上述能力，应当也必将成为每位律师的自我修养目标。如何具备上述能力，应当也必将成为每位律师的自我实践课题。

本书，有本人的切身体会，也有各位业界精英的宝贵经验，特此鸣谢。如果说还有遗憾，就是自己的经验总结尚显不足，欢迎批评指正。

张嘉良

2018年3月10日，于吉林良智律师事务所

目 录

第一章 信仰力：律师职业的理想之维 / 001

第一节 律师职业信仰的意涵 / 004

第二节 律师职业信仰的价值 / 012

第三节 律师职业信仰的树立 / 019

第四节 小结 / 028

第二章 沟通力：律师职业的素质之维 / 029

第一节 律师沟通力的传统解读 / 031

第二节 互联网时代律师沟通力的新界定 / 041

第三节 律师沟通力的养成与禁忌 / 045

第四节 小结 / 056

第三章 分析力：律师职业的技术之维 / 057

第一节 律师分析力的合理界定 / 058

第二节 律师分析力的适用方法 / 067

第三节 律师分析力的养成 / 075

第四节 小结 / 084

第四章　细节力：律师职业的差分之维 / 085

第一节　律师细节力的框定 / 085

第二节　律师细节力的体现 / 091

第三节　律师细节力的养成 / 103

第四节　小结 / 110

第五章　说服力：律师职业的核心之维 / 111

第一节　律师说服力的理论基础 / 111

第二节　律师说服力的实战技巧 / 135

第三节　律师说服力的养成训练 / 156

第四节　小结 / 164

第六章　学习力：律师职业的发展之维 / 166

第一节　律师学习力的科学界定 / 167

第二节　时代变革条件下律师学习力的新挑战 / 177

第三节　律师学习力的养成与提升 / 184

第四节　小结 / 193

第七章　团队力：律师职业的成功之维 / 194

第一节　律师的成功与团队品牌 / 196

第二节　律师团队建设的理论基础 / 205

第三节　律师团队建设的实践经验 / 215

第四节　小结 / 236

后记 / 245

第一章　信仰力：律师职业的理想之维

"法律必须被信仰，否则它将形同虚设。它不仅包含人的理性和意志，而且还包含了他的情感，他的直觉和献身，以及他的信仰。"① 这一箴言，尤其适用于身份特殊的律师。

在参与司法的各方力量中，和公、检、法不同，律师在整个体系中相对超然，并不具备公权力的特征，先天处于权力配置的劣势地位。不可否认，在今天的中国，律师的地位，特别是经济地位应该说得到了一定程度的提高，但不具备"体制内"身份的律师没有任何职业保障，所有的收入、名誉都要通过激烈的市场竞争获得。如果律师没有人大代表或政协委员的身份、没有进入体制内，就只是一个"纯律师"。② 一方面要与体制互为补充、相互协作，另一方面要为生存而战，面临着极大的同业竞争压力，律师这一职业不仅考验个人素质，更考验社会经验与实践能力。在某种意义上，律师像极了单枪匹马挑战巨大风车的"堂吉诃德"。

毋庸置疑，律师想要生存、发展，必须具备下面将要谈到的各项职业素养：与社会上各色人等的有效沟通力；对于纷繁复杂的事实与法律关系的强大分析力；在琐碎繁杂的卷宗与证据中发现蛛丝马迹的敏锐细节力；在各种场合打破僵局窘境、娴熟使用论辩技巧的说服力；不忘初心、如饥似渴地摄取一切有用知识与信息的学习力；等等。但是，需要特别提醒各位年轻律师的是，上面提到的任何一种能力，都应建立在律师本人的法律信仰之上，这是因为，任何能力的运用都取决于使用这种能力的主体，即人。能力如果是一柄剑，那么

---

① 〔美〕哈罗德·J. 伯尔曼：《法律与宗教》，梁治平译，生活·读书·新知三联书店1991年版，第28页。

② 参见田文昌、蒋惠岭、陈瑞华：《本是同源生，相济匡公正：化解法官与律师冲突，共筑法律职业共同体》，载《中国法律评论》2015年第3期，第8页。

也是一柄双刃剑。

因为律师缺乏职业信仰而导致身败名裂的例子有很多。

例如，2007年，河南某律师无视国家法律，身为辩护人，从侦查阶段到审查起诉阶段，主动帮助当事人伪造立功材料的证据，其行为已构成辩护人伪造证据罪，被处以有期徒刑一年。

又例如，2015年，李某无视国家法律，身为辩护人，在涉及强奸的一件刑事诉讼中故意引诱证人、受害人和犯罪嫌疑人违背事实改变证言，其行为构成辩护人妨害作证罪，判处有期徒刑一年。

无独有偶，2011年，华南某律师以其所代理的某项刑事案件重大、复杂，要找司法、公安机关的办案人员疏通关系，争取为当事人判缓刑为名，让当事人的妻子给其打款30余万元。当事人的妻子在相信其有能力在司法机关找人疏通关系帮助其丈夫减轻罪责的情况下，向该律师支付了相应款项。该律师得款后，并未用于他所称的在司法机关为当事人疏通关系，除支付了另一辩护人7万余元律师费外，其他款项用于投资茶楼、旅游和个人挥霍，最终被判诈骗罪。①

上面提到的这几位律师，能力未必不出众，之所以最终从辩护席走上被告席，说到底还是职业信仰出现了问题。作为一名律师，其业务能力、为人处世乃至道德品质，都取决于其世界观、人生观、价值观，也就是他的信仰。只有对法律真正具有忠诚意识、巨大热情和高度信任，只有具有法律信仰，才能调动自身潜能，开发全部智慧，用勤勉、热情、坚韧和拼搏去赢得当事人的信任。在一个有职业信仰的律师看来，不仅应当尊重法律本身，更应尊重法律背后的规范意识与法治精神。这种能够超越法律条文的法治精神，就是对公平和正义的本能追求与全力捍卫。如果律师能够坚持这一信仰，并将其作为自己的行为准则，自然会坚定自己与不公正作战、与违法作战，敢于牺牲个人名利，

---

① 参见"王某某犯诈骗罪、故意泄露国家秘密罪案"，甘肃省白银市中级人民法院刑事判决书（2013）白中刑二终字第10号。

甚至敢于用生命去追求公平与正义的决心，客观上也会推动法治的进程。① 不可否认，法律是客观的，法律是不断发展的，但这种从客观到主观、从客体内化为主体的价值取向，并非是一个必然的过程，更不会一帆风顺。一旦法治精神得以内化，法的良好精神就可以得到传承与发扬，所谓的主体价值也就得以传承。因此，说到底，律师必须具备所谓"信仰力"。从律师的维度而言，所谓律师的"信仰力"是指律师用以明晰个体奋斗目标、确定个体社会定位、凝聚个体公平和正义情感方面所具有的强大导向和指引的能力。② 律师的职业信仰，作为一种内化的精神活动和精神现象，作为一种"软实力"，不仅体现在大节大义上，还体现在细微之处。

例如，2016 年 4 月 13 日，最高人民法院修订并公布了《中华人民共和国人民法院法庭规则》，明确了司法仪式的内容，特别是对律师要穿律师袍出庭作出了强制性规定，旨在彰显律师的职业形象及职业荣誉感。2016 年 5 月，深圳市律师协会对出庭未穿律师袍及佩戴徽章连遭投诉的一名律师作出"训诫"处分，也被称为"全国首例处罚未穿律师袍律师"事件。虽然早在 2002 年，司法部就批准了中华全国律师协会制定的《律师出庭服装使用管理办法》和修订的《律师协会标识使用管理办法》，规定从 2003 年 1 月 1 日起，中国律师出庭时将穿上统一的律师袍，佩戴律师徽章。然而因为嫌麻烦，或者很多法院没有提供律师更衣室等原因，这项规定并未真正推行开来，目前开庭穿律师袍的律师只有少数。③ 举小以明大，对待律师袍的态度这件"小事"，足以彰显出很多律师对待自己所从事的职业的基本态度与信仰。虽然这种现象或许并不具有代表性，但却揭示了中国律师一直面临着某种信仰危机。在考察中国律师行业的现状时，律师正在经历着的这种信仰危机并不罕见。很多诉讼律师为

---

① 参见陈喻伟、李越：《中国律师与法律信仰》，载《河南社会科学》2005 年 S1 期，第 25 页。

② 参见贾鹏飞：《后现代语境下大学生信仰力面临的挑战及应对策略》，载《学理论》2013 年第 6 期，第 283 页。

③ 参见崔晓丹：《深圳张律师出庭未穿律师袍被训诫》，载《深圳晚报》2016 年 5 月 29 日，第 A05 版。

"谋求生存",抑或"出人头地",不惜充当"陪吃、陪喝、陪桑拿"的所谓"三陪"律师,到处疏通关系以求获得案源、赢得官司,甚至不惜铤而走险讹诈当事人,向公职人员行贿,可谓无所不用其极。① 从这个角度来看,李某等律师的"失足"似乎也就不难理解了。

第一节 律师职业信仰的意涵

古人善恶应无差,善似松柏恶似花。
时人莫道花如玉,休笑青松不及花。
有朝一日严霜至,只见青松不见花。

在这首诗作中,中国古代讼师将仕途顺畅、春风得意的读书人比作花,而将自己比作青松。面对世人的不解与轻视,讼师以诗言志,将我国古代律师的信仰与风骨刻画得颇为鲜活。② 的确,法律信仰作为主体的一种内心确信,不仅可以赋予法律以生命力,更是法律之所以为法律的合法性要素,是法具有合法性的自然结果和外在确证。③ 如果缺乏这种法律信仰,律师职业就会沦为纯粹的普通服务业,质言之,律师"拿人钱财,替人消灾",固然可以在客观上维护当事人的合法权益,但对于推动社会公平正义,自然成了妄言。缺乏了理想信念的律师,迷失在对金钱的追逐之中,缺乏政治敏锐性与政治责任感,也是必然。

每每此时,都不禁让人想起被称之为"中国律师的良心"的张思之先生,在其所著《我的辩词与梦想》一书中,写下这样一段话:"真正的律师,必有赤子之心,纯正善良,扶弱济危,仗义执言,疾恶如仇;决不屈服于压力,勾串赃官,徇私舞弊;决不奔走于豪门,拉拉扯扯,奴颜婢膝;决不见利忘义,

---

① 参见刘曼丽:《谈律师伦理精神的培育》,载《河北法学》2009年第6期,第198页。
② 参见党江舟:《中国传统讼师文化研究》,中国政法大学2003年博士学位论文,第154页。
③ 参见许章润:《法律信仰:中国语境及其意义》,广西师范大学出版社2003年版,第76页。

礼拜赵公元帅，结缘市侩，他自始至终与人民大众走在一起。"① 如果将这种对于律师职业信仰的诗意化的表达落实为具象的概念范畴，似乎可以将其解构为以下三个方面：

一、 律师应忠诚于法律

按照费希特②的界定，"信仰"是指存在着一个道德世界的秩序，这种道德秩序是人们所假定的神圣的事物，即信仰，也就是理性。据此，所谓法律职业信仰，往往被理解为法律职业者、法律人或法律家在法律职业形成的过程中所形成的一种职业信仰，并成为法律职业共同的精神追求。③ 律师作为所谓"法律职业者"，其所具有的职业信仰，也因此应被理解为在律师执业过程中形成的一种对于自己所从事的职业的精神追求与由衷确信。

这种精神追求与由衷确信的实质内核，更多地体现为一种形式上的程序设置，而非一种实质性的真实确证。这一点，也可以得到《中华人民共和国律师法》（以下简称《律师法》）第2条第2款相关内容的印证，此款规定："律师应当维护当事人合法权益，维护法律正确实施，维护社会公平和正义。"这意味着在当事人的合法权益、法律的正确实施以及社会公平和正义等三个目标中，排在第一位的是当事人的合法权益，随后才是法律的正确实施以及社会的公平正义。马克斯·韦伯也同样说过："律师与当事人直接联系，并具有依赖于不稳定的社会评价的私人开业者的属性，因此倾向于扮演代表无权无势者、维护法律平等性的角色。"④

但有人矫枉过正，认为法律既然如此规定，那么，律师在执业过程中就不必过多承担追求事实真相的义务和责任。在这些人看来，这意味着在当事人的

---

① 邓连引：《预防律师执业风险的有效方式》，载《中国律师》2010年第11期，第79页。
② 约翰·戈特利布·费希特（Johann Gottlieb Fichte，1762—1814年），德国作家、哲学家、爱国主义者，古典主义哲学的主要代表人之一，寻求对哲学思想，特别是康德唯心主义思想的统一。
③ 参见何建national：《法律职业信仰与司法公正——谈规范法官与法律的相互关系》，载《中国管理科学文献》（2008年号），第203页。
④ 转引自季卫东：《律师的重新定位与职业伦理》，载《中国律师》2008年第1期，第20页。

合法权益、法律的正确实施以及社会公平和正义等三个目标中，排在第一位的是当事人的合法权益，随后才是法律的正确实施和社会的公平正义。既然律师并不具备任何公权力，因此并不需要承担，也不应承担任何追求事实真相的义务与责任。

这种想法实际上一种曲解，往往对一些名家的言论存在解读过度或是忽略语气语境的现象。事实上，我们需要严格区分一些律师或学者的言论发布的时机与场合，譬如说，很多律师或学者在学术会议或其他一些探讨性质的场合会提出一些观点和言论，但必须强调的是，这些言论和观点不但不代表整个行业群体，甚至也不能代表发出这个观点的人本身，因为这本来就是用来探讨的未成型观点。

我们必须认识到，当事人的合法权益、法律的正确实施与维护社会公平正义三者之间并不矛盾，事实上，维护当事人合法权益，既然是合法权益，那么自然会坚守法律本身，同时维护社会的公平正义。与此同时，法律正确实施与维护社会公平正义这两个目标，也是我们维护当事人合法权益的基础，很难想象，在这两个目标都无法到达的实践当中，当事人的合法权益会得到实现。所以，坚守法律正确实施与维护社会公平正义，就是坚持以当事人的合法权益为优先。

正是坚持以当事人的合法权益为优先的律师职业信仰，张思之律师才能够从20世纪80年代开始，铁肩担道义，代理过许多重大、复杂、敏感案件。要想让律师在这些复杂案件中保持迎风而立的信念，关键就在于应该避免逾越法律的边界，无原则地把所有法律问题提升为政治问题。如果是诉讼，就应当严格按照法律、按照程序办事，就应该优先依法争取被告人的一切合法权利。"只要在法律规范允许的范围之内，律师就应当对客户的利益尽忠职守，为维持和保护客户的利益而热忱工作，并为以上目的尽其所学、终其所能，而不应有任何的节制和保留。为全面履行义务，律师不应当恐惧司法上的不利或公众的厌恶。在司法的圣坛上，律师的客户应当得到所有可能的救济。"①

二、律师应热爱律师职业

英国萨伦港的国家船舶博物馆里停放着一艘不可思议的船。这艘船于1894年下水，在大西洋上曾138次遭遇冰山、116次触礁、13次起火、207次被风暴折断桅杆，然而令人称奇的是，它从未沉没过。② 律师的职业生涯，就像这艘风浪里的航船，能否最终成为"不沉"的神话，取决于舵手的毅力与坚持。只有真正热爱大海的人，才能成为大海的主人；只有真正热爱律师职业的人，才能成为坚持到最后的赢家。

律师对于职业的热爱，可以被理解为将职业视为生命，甚至将其置于比生命更重要的地位。北京市律师协会侵权法专业委员会前主任李波作为北京市律师协会的第一批志愿者，在进驻饭店、为马航客机失联事件中的家属无偿提供法律服务时被确诊为肝癌晚期，且病情危重，但他没有将自己的病情告诉任何人，继续积极为失踪者家属提供法律服务，有同行问他看病的情况，他还轻松地说："没事。"拖着病体，承受着巨大的精神压力，李波没有请过一次假，一直坚守到"马航客机失联事件应急法律服务工作"结束。为马航客机失联事件中的家属提供无偿法律服务，只是李波参与众多社会公益活动的一个缩影。多年来，李波发扬热心公益、甘于奉献的高尚精神，凭借高超的专业技能和职业素养，协助政府处理了大量信访及群体事件的善后处理工作。③ 支撑李波或者像李波这样的律师砥砺前行、至死不渝的，如果不是对于律师职业的由衷热爱，如果不是视律师职业为生命的职业情怀，显然没有其他合理的解释。

正是基于对于律师职业的热爱与尊重，在2009年开展"1+1"中国法律援助志愿者行动后，大量不计报酬、乐于奉献的律师志愿者作为这一行动的主体，不盲从于法律人才往经济发达地区流动的趋势，积极投身于西部贫困地

---

① 〔美〕迪特里希·鲁施迈耶：《律师与社会：美德两国法律职业比较研究》，于霄译，上海三联书店2010年版，第132页。

② 参见白雪峰、刘小淼：《试论律师的职业道德——兼论律师的人格、品格与风格》，载《才智》2010年第32期，第133页。

③ 参见吴意：《李波：平凡律师的璀璨人生》，载《中国律师》2014年第10期，第39页。

区，身体力行地播种着关于法律的信仰和法治理念，为缺少法律服务的西部群众带去法律的关怀。他们虽然暂时减少了收入，却赢得了社会民众的尊重和信任。①

需要指出的是，对于律师职业的热爱，可分为建设性的爱和盲目性的爱，这两种爱表现出的都是对律师职业的热爱与认同，但又有显著的差别。我们所追求的是建设性的爱，而不是盲目地乱爱，更不是病态的执拗。如果不讲求合理的方式方法，很容易让对律师职业的热爱支配行为，并可能导致破坏性后果，容易让这种巨大的职业情感肆意地走向歧途。其中，尤为值得一提的，便是从2012年后，在中国语汇中开始出现"死磕派律师"一词，甚至还出现了所谓"磕出一个法治中国"的论调。② 这些所谓"死磕派律师"通常采用法条较真、网络揭露、举报投诉、行为艺术等死磕方式追求真相与正义，维护当事人权益及律师本身的法定辩护权。客观来看，"死磕派律师"并不完美，如批评者经常论及的只磕程序、不磕实体，利用新媒体传播司法案件，裹挟民意给司法机关施压，只顾死磕不顾维护当事人权益，揭发式辩护，等等，质疑最为集中最为强烈的是律师绝不应该死磕法庭上具有最高权威的裁判法官。姑且不论这种做法的正误，仅仅从法律判断来看，随着《中华人民共和国刑法修正案（九）》[以下简称《刑法修正案（九）》]的出台，《中华人民共和国刑法》（以下简称《刑法》）第37条中规定的"扰乱法庭秩序罪"入罪门槛进一步降低，其也被视为是对"死磕式"辩护的刑事立法亮剑。③ 这也反映出对于律师职业的所谓热爱，必须适度，否则盲目、偏激的热爱极可能走向另一个极端，甚至成为刑法规制的对象。

---

① 参见曹婧：《人生的价值在奉献中升华：记首批"1+1"中国法律援助志愿者律师张行进》，载《中国律师》2010年第8期，第15页。

② 参见蒋华林：《"磕出"一个法治中国！——以死磕派律师的价值辨正为中心兼与王凤涛博士商榷》，载《时代法学》2015年第3期，第3页以下。

③ 参见蒋华林、刘志强：《"死磕派律师"是否走向黄昏？——以〈刑法修正案（九）〉第三十七条的理解与适用为中心》，载《法治研究》2016年第2期，第100页。

三、律师应恪守职业道德

律师恪守职业道德，其核心是一种对法治的精神追求。其表现形态包括法律信念、法律理念、法律观念、法律意识等。如果说对于法律的忠诚，对于职业的热爱是律师职业信仰的内核，那么律师的职业道德就应该被视为律师职业信仰的外壳。如果缺乏职业道德，律师这种"圣职"的光环势必消失殆尽，部分律师将堕落成浑身散发着铜臭气的奸商或者趋炎附势的政治掮客。[①] 律师，特别是刑辩律师的工作是一个良心活儿，律师看没看卷，看了几遍，当事人都看不到，只有自己最清楚。辩护律师的工作关乎当事人的自由甚至生命，正如医生天生不会放弃自己的病人一样，富有强烈责任感和同情心的律师必须倾尽全力为当事人辩护，这正是律师的价值所在。[②] 这也是为什么《关于深化律师制度改革的意见》中要特别强调："要加强职业道德建设，完善律师职业道德规范，健全职业道德教育培训机制，推进律师执业信息公开，建立全国律师信息查询系统和中国律师诚信网，完善律师行为信用记录制度。"

从国家层面来看，包括律师在内的法律人，作为国家法律机器的组成部分，是法治精神和法治文明的传播者。如果法律职业者没有法治信仰和精神追求，没有规则至上的信念，没有权利本位与权力控制等观念，那么，建设一个法治国家就会成为泡影。[③]

从律师个人层面来看，缺乏了法律道德的"加工"，单纯秉持法律工具主义的律师，仅仅把法律和法律辩护作为追逐利益的工具，缺乏法律的信仰，忘却职业伦理，玩弄法律，就会因为私益而损害国家利益或社会公共利益，或者成为沽名钓誉之徒，有的甚至成为"黑恶势力的帮凶"。例如，在一些涉黑案件中，有些律师利用自己的法律专业知识以及律师身份，实施伪造证据、非法

---

① 参见季卫东：《律师的重新定位与职业伦理》，载《中国律师》2008年第1期，第20页。
② 参见王永杰：《刑事辩护的艺术：无罪辩护经验谈》，中国法制出版社2015年版，第3页。
③ 参见何建国：《法律职业信仰与司法公正——谈规范法官与法律的相互关系》，载《中国管理科学文献》（2008年号），第203页。

转移犯罪所得等违法甚至是犯罪行为，成为有组织犯罪中的一员。[1]

2018年1月，中共中央、国务院发布《关于开展扫黑除恶专项斗争的通知》。其中不难发现，已经开展了10多年的"打黑除恶"专项斗争，现在变成了"扫黑除恶"专项斗争。相比之前，恶势力活动逐渐趋于隐蔽，游走于犯罪与违法之间，同时其组织形态、攫取利益的方式也在发生改变。

譬如，有律师事务所与非法高利贷放贷平台合作，允许平台讨债人员以律师事务所的名义对当事人进行恐吓，而当对方对律师事务所进行调查时，便将责任全部甩给放贷平台。在如火如荼的专项斗争中，基于如今的大数据与网络技术，这种行为将会更多地被曝光。

正是基于上述理由，我国《律师职业道德和执业纪律规范》才对律师的职业道德作出了相当细致的规定，例如其第5条规定："律师应当诚实守信，勤勉尽责，尽职尽责地维护委托人的合法权益。"第7条规定："律师应当珍视和维护律师职业声誉，模范遵守社会公德，注重陶冶品行和职业道德修养。"第9条规定："律师应当尊重同行，同业互助，公平竞争，共同提高执业水平。"

对于上述规范中所列各项律师职业道德，如果仔细加以分析就会发现，所谓的律师职业道德，本质上属于一种"身份道德"或"角色道德"，是和普通道德相对应的一个概念。正是在这个意义上，很多人认为，法律职业与道德之间并不兼容。这里某些人认为的与法律职业不兼容的道德，其实就是社会公认的普通道德，而非身份道德。也就是说，法律职业具有所谓"非道德性"，并不是指违背伦理道德，而是指与道德存在隔阂或不完全相容，非道德性作为法律职业的附属性、表象性，不能作为否定法律职业整体道德评价的根据。[2]

律师个体作为"社会成员"和"律师"的统一体，其所需要承载的一般道德义务与职业道德如果一致，自然毫无问题；但如果二者发生冲突时，究竟该如何取舍？例如，在刑事辩护中，辩护律师是否仅仅应围绕控方指控的罪名

---

[1] 参见徐岱、刘佩：《刑事辩护律师之法律伦理思考——涉黑案件中的正义、道德、尊严之辩》，载《当代法学》2012年第1期，第93页。

[2] 参见孙笑侠：《法律家的技能与伦理》，载《法学研究》2001年第4期，第13页。

展开辩护，抑或是在否定检方指控罪名的同时，还主动指出被告人的行为仅仅构成相对较轻的其他罪名？对此，很多知名刑辩律师曾明确表示过不同意见，这些律师认为，辩护律师的职责只是论证控方指控的罪名不成立，并不承担当庭指出被告构成另外的犯罪的责任或义务。在一起案件中，被告被指控贪污和挪用公款，事实清楚，被告人也供认不讳，虽然经过调查发现被告人所动用的并非公款，而是一个私营性质的关系单位的款项，所以贪污罪和挪用公款罪都不能成立，但被告的行为具有利用账外客户资金发放贷款的性质，确实构成了另一罪名。即便如此，该案律师依然只作了无罪辩护。[①]

这位律师的做法所代表的问题，是实务界和理论界多年争论不休的问题。很多人认为，这是职业道德和普通道德的冲突，但究其根本，其实职业道德与普通道德并没有冲突一说。这位律师认为，在司法实践中，辩护律师的职责只是论证控方指控的罪名不成立，而不应当庭指出被告还构成另外的犯罪，这种做法被很多律师拥护为是遵循了律师的职业道德而必然违背普通道德的一种做法。但笔者认为，如果在司法实践中，针对案件的实际情况，发现当事人确有犯罪事实，而辩护律师采取提出较轻罪名的辩护策略，即遵循了普通道德又满足了职业道德的需要，有利于当事人从轻或减轻处罚。因为从维护当事人合法权益这一优先顺位的职责义务来看，在指控罪名不成立，但指控事实又明显构成另一罪名的情况之下，仅仅以指控罪名"事实不清、证据不足"为由进行无罪辩护几乎不可能取得无罪判决的效果，相反会给被告人带来更为不利的影响。因此，许多律师在此类案件中并不采取传统的无罪辩护策略，而采取论证被告人的行为构成另一较轻罪名的"罪名从轻辩护"。这是因为罪名从轻辩护最直接的效果是通过指出被告人构成另一较轻罪名，引导法官作出有利于被告人的罪名认定。罪名从轻辩护还可以通过引导法官从轻变更指控罪名，间接达到限制其刑罚裁量权的目的。更为重要的是，罪名从轻辩护可以通过引导法官从轻变更指控罪名，达到在程序上终止诉讼的辩护效果。在法院有权变更指控罪名

[①] 参见张军、姜伟、田文昌：《刑事诉讼：控·辩·审三人谈》，法律出版社2001年版，第330页。

的制度环境之下,辩护律师选择罪名从轻辩护具有某种不可避免性和有限的正当性,有利于减轻或免除被告人的刑事责任,在遵循事实成立无异议原则、事实范围同一性原则和被告人同意原则的前提下,可以更好地维护被告人的利益。①

第二节　律师职业信仰的价值

之所以强调以对法律的忠诚、对职业的热爱为内核,以职业道德为外壳的律师职业信仰,是因为律师的职业信仰是律师职业存在与职业发展的原点,具有堪称先验性的价值属性。

一、职业信仰是律师职业存在感的内在支撑

律师的存在价值,就在于律师所具备的独立人格。具有这种品格的律师,应当摒弃"软骨症""侏儒症"和"依赖性",无论从事诉讼抑或非诉讼业务,都应当"法"字当先,"律"字开路,超越案件表象,排除外部干扰,从程序到实体,用法律统帅案件全过程。具备职业信仰的律师,应从内到外散发着法律的灵气和灵感。②

从哲学层面说,人的一切行为都服从于他的思想,当人们对某种理论、学说、信念产生信服和尊崇时,就会把它奉为自己的行为准则和活动指南,这就是所谓的"信仰"。因此,法律信仰首先是一种心理状态,是我们对法理和法律规范所进行的一种主观判断和价值评价,正确的法律信仰即是对那些符合公平正义与合理秩序要求的法理和法律规范进行肯定并升华为心理上的内在信念;其次,法律信仰还指把内在信念转化为外在行为,正确的法律信仰即要求我们热爱法律事业,模范遵守法律规定,洞悉法理精髓,勇于挑战权威,勤勉钻研法务,敢于和不法言行作斗争,有所必为有所不为。

---

① 参见陈虎:《罪名从轻辩护及其限制性操作》,载《中国刑事法杂志》2010 年第 8 期,第 12 页以下。
② 参见刘卫东:《试论律师的法律信仰》,载《规划·规范·规则——第六届中国律师论坛优秀论文集》(2006 年号),第 38 页。

所以说，法律信仰不仅仅是一种表白，而更是一种决心，是一种投入，是一种行为，是一种心理，是自动自觉地对法律的遵从、倚重和理解、运用；它不是指迷信法律条文本身，而是指一种超越条文的法律信念，是对公平和正义的永恒追求。我们青年律师应当树立正确的法律信仰，在此基础上把法上升为行为准则，指导好自己的工作与生活，维护好委托人的合法权益，正所谓"独善其身"，有功于客户；与此同时，我们还要敢于向影响国计民生的不法行为挑战，运用法律知识和技能去推动社会法治化的进程，正所谓"兼济天下"，有功于社会。

不可否认，人各有志，在执业律师中，追名逐利者大有人在，但这不能成为拒绝将拥有维护正义的理想主义情怀、有能力、有影响力、有理想的律师吸引到所谓体制当中来的理由，不能够形成一种"玻璃天花板效应"，让律师除了挣钱看不到任何政治上的前途和希望。当然，目前有一部分热心参政议政的律师当政协委员和人大代表，但那并不具有普遍性。让一部分律师有机会进入司法机关担任法官、检察官，是一件对维护法律职业共同体、维护法律的良好实施，甚至对维护国家的长治久安都是有百利而无一害的事情。① 正因如此，中共中央办公厅、国务院办公厅印发的《关于深化律师制度改革的意见》才明确指出："要建立健全律师人才培养选用机制，将律师作为专门人才纳入国家中长期人才发展规划，积极推荐优秀律师参政议政，担任各级人大代表、政协委员，鼓励优秀律师通过公开选拔、公务员录用考试等途径进入党政机关。"此举，显然为律师提供了在我国法律体系中独立存在的客观通道，而律师也应当以职业信念作为内在支撑，把握住这一大势，顺势而为，借力"以审判为中心"等重大司法改革举措，在认罪认罚从宽处理制度等制度创新中有所作为。

在业已胜利召开的中国共产党第十九次全国代表大会中，更是多达19次提及"依法治国"的理念，高屋建瓴地明确全面依法治国是国家治理领域的

---

① 参见田文昌、蒋惠岭、陈瑞华：《本是同源生，相济匡公正：化解法官与律师冲突，共筑法律职业共同体》，载《中国法律评论》2015年第3期，第11页。

一场深刻革命。并在大会中首次提出"成立中央全面依法治国领导小组，加强对法治中国建设的统一领导"。这意味着，中国共产党为推进全面依法治国按下了"快进键"。

十九大报告提出，从2020年到2035年，中国在全面建成小康社会的基础上，再奋斗十五年，基本实现社会主义现代化。彼时，法治国家、法治政府、法治社会基本建成，各方面制度更加完善，国家治理体系和治理能力现代化基本实现。可想而知，在深化这场改革的春风中，律师职业将迎来巨大的发展机遇。

中国正面临律师职业发展的黄金机遇，随着各项改革措施的推进，律师势必将对于整个诉讼活动乃至非诉讼业务的发展、对于被告人最终的定罪量刑起到极其重要的作用。

例如，刑事司法改革中包括的认罪认罚从宽制度，实际上就是控辩双方对"认罪认罚"和"从宽"进行协商。在这个过程中，律师将发挥不可替代的作用，没有律师将无法启动认罪协商，此举无疑会极大地提升我国刑事司法活动中的辩护率[1]，进而提高我国刑事司法活动中律师意见的重

---

[1] 一般认为，目前我国刑事案件的辩护率仅为20%~30%左右。据相关研究者对黑龙江密山市（县级市）2010—2011年所办刑事案件的档案进行统计，律师辩护率是20.2%；对于其他基层人民法院的调查结果大体与之类似，如其根据2012年公布上网的刑事判决书进行统计，上海市浦东新区人民法院律师辩护率为27%、浙江省慈溪市人民法院律师辩护率为9%、四川省眉山市东坡区人民法院律师辩护率为15%、广东省佛山市顺德区人民法院律师辩护率为10%、河南省郑州市金水区人民法院律师辩护率为26.5%、陕西省西安市长安区人民法院律师辩护率为25%、湖南省长沙市岳麓区人民法院律师辩护率为29%、广东省深圳市盐田区人民法院律师辩护率为30%、广西南宁市兴宁区人民法院律师辩护率为21%。北京市某区人民法院2005—2009年刑事案件律师辩护率平均为31%。但相对而言，中级人民法院的律师辩护率一般比较高。如黑龙江省双鸭山市中级人民法院2007—2011年5年的刑事案件档案，平均律师辩护率为89%。这主要是因为中级人民法院审判的一审案件量刑比较重，当事人及其亲属自己委托律师辩护的内在动力比较强，如果无力委托，一般都会得到法律援助。此外，中级人民法院审判的案件总数要比基层人民法院少得多。这些因素都推高了中级人民法院刑事案件的律师辩护率。但是，由于全国刑事案件的80%以上是由基层人民法院审结的，中级人民法院相对较高的律师辩护率对全国律师辩护率的整体提升还是有限的。参见顾永忠：《以审判为中心背景下的刑事辩护突出问题研究》，载《中国法学》2016年第2期，第71页。

要性①，极大提高律师在诉讼活动中的存在感。这就需要律师能够基于职业信仰，积极提高自身职业素养与能力。未来辩护律师在刑事诉讼中的辩护绝对不能敷衍、随意，仅仅在庭上宣读辩护词是肯定不行的。② 同时，随着重要性的不断提高，更需要律师秉持职业信仰，在所有业务活动中不能无原则地迎合、迁就当事人的无理的或不法要求，不能肆意曲解法律、歪曲事实，不受任何特权、任何组织和个人的非法干预，不能以"领导的指示"为标准。③

二、职业信仰是抵御律师职业风险的红线

如前所述，目前，我国律师在法律职业共同体中所处的地位依然相当尴尬，存在感不强，与具有公权力的司法人员之间的互动关系"异常"。据研究者总结，律师与司法人员之间的这种"异化"了的合作关系，主要体现在如下两种典型情状当中：首先，所谓"关系"合作，主要是指律师与司法人员基于亲属、同学、师生等亲近关系，相互利用，垄断司法资源，形成所谓的

---

① 有研究者曾对超过200起冤案进行分析后发现，我国侦查、起诉和审判机关都非常轻视律师辩护，对辩护律师的合理意见经常不予采纳。具体而言，虽然大部分案件中的律师都尽到了应有的职责，正确指出了侦查、检察机关的指控以及法院裁判中存在的问题，证明犯罪嫌疑人、被告人是无罪的，但因种种原因，侦查、检察机关以及法院都未予采信，导致案件被错判。例如，在李久明案中，该案辩护律师曾提出：检察机关的指控主要建立在被告人一次口供的基础上，而这次口供对作案过程及有关细节，包括从哪里入室、如何行凶、从何处逃跑等事实的交代，与现场勘验笔录完全不符，被告人没有作案动机，侦查机关对被告人作案动机的推测不能成立；被告人没有作案时间，被告人家里的电话话费清单显示，案发时，被告人正与被害人的妹妹通电话；有多名证人证明被告人曾被刑讯逼供，而按照最高人民法院以及最高人民检察院相关司法解释的规定，采用刑讯逼供手段获得的口供不能用做认定案件事实的根据。后来证明，这些辩护意见都是正确的，但在诉讼过程中，办案机关都不予理睬。在湖南怀化的滕兴善故意杀人案中，律师指出了案件在证据方面存在的众多问题：根据侦查机关的鉴定结论，无名碎尸颅骨与"被害人"颅骨不符，不能证明"被害人"确实被害；水文站出具证据证明，案发时，侦查机关认定的河中的作案地点与河岸唯一的一条通道被大水淹没，犯罪嫌疑人与被害人无法到达作案地点；船工王明正等人证明，在警方认定的作案现场的上游见过尸块，这表明侦查机关对犯罪地点认定有误，犯罪嫌疑人交代的杀人手段与侦查机关的尸检报告不符，鉴定结论无法证明检察机关出示的斧头系杀人工具。这些辩护意见后来也被证明都是正确的，但在诉讼过程中，侦查、检察机关和法院都未予采信，结果导致被告人被错判有罪，并被交付执行死刑。参见陈永生：《我国刑事误判问题透视——以20起震惊全国的刑事冤案为样本的分析》，载《中国法学》2007年第3期，第54页。

② 参见陈卫东：《以审判为中心：解读、实现与展望》，载《当代法学》2016年第4期，第20—21页。

③ 参见王利平：《律师在当代中国社会中的角色和责任——以人物和事件为线索展开》，载《中共福建省委党校学报》2009年第10期，第47—48页。

"圈子"，蚕食司法的实体公正与形式公正。其次，赤裸的"权钱"合作，是指律师和司法人员以金钱或物质利益为对价，相互串通，权钱交易，各取其利。与"关系"合作相比，律师与司法人员的权钱合作危害更大，也更为隐蔽。① 正因如此，《最高人民法院、最高人民检察院、公安部、国家安全部、司法部关于进一步规范司法人员与当事人、律师、特殊关系人、中介组织接触交往行为的若干规定》中，对于司法人员与当事人、律师、特殊关系人、中介组织的接触、交往行为作出了专门规范。避免当事人、律师、特殊关系人、中介组织通过不符合法律和纪律规定的交往，以不正当的方式对案件办理进行干涉或者施加影响。②

应该说，这一规定的指向性极强，虽然其所规制的行为并非仅限于律师的不当行为，但却彰显了公权力机关对于律师不当行为的高度关注与打击决心。而这在另一个层面也彰显出律师职业的高度风险性。

律师的职业风险，是指律师在提供法律服务的过程中，因为实施职业行为可能给自己带来的人身风险、财产风险、名誉风险。所谓人身风险，是指律师执业过程中面临的生命、安全与自由的风险，如当事人及其亲属对律师不满而对其进行人身伤害，以及律师因为从事特定执业行为可能承担的刑事责任。所谓财产风险，是指律师执业过程中由于各种原因造成的经济损失，包括当事人因不满对其财产造成的损失，因违法违规执业而被罚款、没收违法所得等造成的财产损失，等等。所谓名誉风险，是指律师执业过程中由于当事人、公安司法机关以及媒体传播扩散对其不利言论，造成其社会评价被降低的风险。③

就律师的刑事责任风险而言，自1997年《刑法》增设律师伪证罪名以来，截至2010年，共有109名律师因此罪遭到追诉，其中32名律师最终被判有

---

① 参见李阳：《刑事辩护律师职业伦理反思——在打击黑社会性质组织犯罪实践中对律师制度的观察》，载《重庆科技学院学报（社会科学版）》2012年第6期，第55页。
② 例如，《最高人民法院、最高人民检察院、公安部、国家安全部、司法部关于进一步规范司法人员与当事人、律师、特殊关系人、中介组织接触交往行为的若干规定》第5—8条规定。
③ 参见付奇艺、沈树强：《辩护律师规范操作与执业风险的关系之思辨》，载《黑龙江省政法管理干部学院学报》2013年第6期，第100页。

罪。① 最新通过的《刑法修正案（九）》增设了泄露案件信息罪这一新罪名，并对扰乱法庭秩序罪的罪状作出修改。立法上的规制和调整虽然不是针对律师群体，但是与近年来一系列影响性案件中存在的律师执业乱象不无关系。可以预料的是，《刑法修正案（九）》实施后，上述两个罪名的适用主体更多地将是作为辩护人和诉讼代理人的律师，律师执业行为将越来越多地受到刑法规制。②

就律师的民事责任风险而言，我国律师民事责任制度的相关理论及立法都处于起步阶段，缺乏明确规定。有研究者就曾对此提出过如下若干疑问：我国民事代理律师因执业过错应当承担民事责任，是否刑辩律师也需承担民事责任？刑辩律师民事责任与民事代理律师民事责任有何异同？律师民事责任如何分配以及限制？如何建构律师民事责任制度之配套制度？等等。③

就律师的名誉风险而言，有时因为权力部门工作人员的自身素质、工作失误甚至无端原因等种种原因而被公权力机关剥夺了正当的执业权利。这些都使律师在人身、财产和精神上受到了不必要的侵害。2016 年在西南某地，一位律师到该地某区人民法院立案时被法警撕破裤子，后经该市中级人民法院、司法局、律师协会等单位组成的联合调查组确认，在这起事件中不存在殴打律师的行为，但为了强制检查其手机内有无未经准许的录音录像，存在滥用强制手段的现象，责成该区人民法院向该律师赔礼道歉，赔偿损失。④ 事情真实情况或许的确如此，但律师衣衫不整地站在法院前面所拍的那张"存照"，在很大程度上却是当今中国律师屡屡遭受人格侮辱的真实写照。

---

① 转引自毛立新：《追究律师伪证罪应遵循正当程序》，载《中国律师》2011 年第 7 期，第 18 页。
② 参见韩旭：《〈刑法修正案（九）〉实施后如何善待律师权利——兼论泄露案件信息罪和扰乱法庭秩序罪的理解与适用》，载《法治研究》2015 年第 6 期，第 53 页。
③ 参见宋远升：《论律师民事责任的承担及其制度建构》，载《法学杂志》2016 年第 9 期，第 86 页。
④ 参见李显峰：《律师被撕破裤子事件认定法警滥用强制手段》，载《北京青年报》2016 年 6 月 8 日，第 A09 版。

正如美国哈佛大学教授艾伦·德肖维茨①所言:"我在给一年级法学院学生上第一堂课时总是对他们说,从统计数字上看,你们之中的人最终受到刑事起诉的比当刑事诉讼被告辩护律师的要多。"② 应该承认,律师的职业风险,是这个职业与生俱来且与之如影随形的一种必然属性。

除此之外,司法理念滞后导致少数公、检、法等公权力部门从业人员反感、甚至歧视律师职业,缺乏对待律师应有的尊重,不承认律师是有着共同法律职业信仰的同仁,而是将其当做"魔鬼"代言人,不屑于与辩方合作,认为"律师不是我们的人"。③ 更多情况下,导致律师面临职业风险的客观原因还在于公权力部门诉讼策略的考虑。

必须承认,由于律师执业面临着极大的职业风险,譬如,律师伪证罪和其他相关法条的存在,导致律师参与刑事辩护的积极性严重下降,许多问题也会随之而来,譬如说,大量刑事案件的当事人得不到高质量的辩护,而这些人恰恰是最需要专业法律服务以维护自身合法权益的一个群体。这些问题如何解决,也亟须提上日程。

2017年10月11日,最高人民法院、司法部联合印发了《关于开展刑事案件律师辩护全覆盖试点工作的办法》,在8个省(直辖市)开展为期一年的试点工作。开展刑事案件律师辩护全覆盖试点工作是推进司法改革的一个重大举措,也是我国人权司法保障的重大进步,对于充分发挥律师在刑事案件中的辩护职能作用,维护司法公正,彰显我国社会主义法治文明进步具有重大意义。

由此可以看出,我国律师行业的春天真的来了,但是在客观环境无法在短时间内得到有效改善的前提下,克服律师职业风险的最重要的立脚点,只能是

---

① 艾伦·德肖维茨(Alan Dershowitz,1938—),美国律师、法学教授、作家。哈佛大学历史上最年轻的法学教授。成功代理过许多重大案件,包括辛普森案、泰森案、五角大楼秘密文件案、克林顿总统弹劾案和美国总统大选案等著名案件,被誉为"美国历史上最成功的辩护律师"。其著作包括《最好的辩护》《极不公正》等。目前居住在马萨诸塞州的坎布里奇。
② 〔美〕艾伦·德肖维茨:《最好的辩护》,唐交东译,法律出版社1994年版,第443页。
③ 参见秦国文、董邦俊:《论"以审判为中心"视野下新型检律关系之构建》,载《浙江工商大学学报》2015年第3期,第64页。

从律师自身的职业信仰出发,即忠诚于法律,严格依法行事,热爱自己的职业,恪守职业道德,并将其作为自身执业的红线。

三、职业信仰是律师提高自我的终极推动力

随着现代科技的发展,人类逐渐进入互联网数据交互的"云时代",甚至已经向着"人工智能时代"发展,在这种大趋势面前,每一个律师都面对着巨大的职业压力,因为在人工智能的巨大数据存储和分析能力面前,律师以往的一些数据援引、案例分析等重复可替代的工作将可能全部由人工智能或电脑终端完成。

目前,业界内已经出现多种法律智能工具,从"法小淘",到"小橙子""无讼"等各种分门别类、专业不一的软件和平台,律师在享用它们高效便捷的各种搜索与数据分析功能之外,也能通过它们互通有无,认识到整个行业更加尖端的未来与发展趋势。与此同时,面对雨后春笋一般的人工智能,律师也会感到人力有时而穷,有一种"廉颇老矣"的感叹。

挑战,也同时代表着机遇。律师职业是一个高度知识密集型的职业,无论是人员的学习能力、理解能力与分析能力都超越社会平均水平。本来,这个职业就要求律师在执业过程中立足于专业知识进行一定的社会方向扩展,如今,这个要求显得更加迫切。

很难想象,一个没有职业信仰的律师会在面临纷繁复杂挑战时迸发出强烈的斗志,奋力改造自我、改造职业环境。只有虔诚的信仰,才能让律师在专业知识中不断温故知新,在与同行的交流中吐故纳新,在面对新形势的挑战时准确地把握住时代的脉搏,扼住命运的咽喉,化危为机,立足于时代的浪潮之上,成为稳健、成功的弄潮儿。

第三节 律师职业信仰的树立

律师的职业信仰,作为其对于自身职业的一种内心确信,在结果上固然体现为律师在对法及其适用等理性认识的基础上油然而生的一种神圣体验,是一

种近似于宗教认同的皈依感。"是人们对法的理性、感情和意志等各种心理因素的有机结合体，是法的理性与激情的升华，是主体关于法的主观心理状况的上乘境界。"① 但另一方面，律师的职业信仰又不可能是先天赋予的，其在很大程度上需要后天的训练与培养。

2018 年 2 月 5 日，司法部发布《国家统一法律职业资格考试实施办法（征求意见稿）》，其中对报考资格有了新的建议，很可能将在 2018 年内成为现实。除了一些比较通用的资格限定之外，这次征求意见稿中将报考资格更加细化，同时也更凸显专业化："具备全日制普通高等学校法学类本科学历并获得学士及以上学位；或者全日制普通高等学校非法学类本科及以上学历，并获得法律硕士、法学硕士及以上学位；或者全日制普通高等学校非法学类本科及以上学历并获得相应学位且从事法律工作满三年。"

但是，我们同时也应该认识到，这绝对不意味着律师职业信仰所遭遇的培育危机也会迎刃而解。

综观我国法律教育的课程设置，往往以传授系统的社会科学知识为目的，偏重社会科学知识的传递和法律知识的填充，而忽略对学生进行思维训练和法律道德培养。② 正是在这个意义上，如何有效培养律师的职业信仰，就成为一个亟待破解的实际问题，也成为讨论律师职业精神与职业技能的落脚点。结合律师职业信仰的相关意涵，可以细分为如下三类：

一、律师守法意识的培养

所谓律师的守法意识，是律师职业信仰中所谓法律确信的必然衍生结果，和一般意义上的守法意识相比，律师的守法意识显得更为重要。

这是因为，《刑法修正案（九）》相关条文并不针对律师群体，但是从其罪名增设和修订的情况来看，确实有着规范律师执业行为，通过刑罚制裁来维护法庭秩序，树立司法权威的立法的意图。其中，新增设的"泄露案件信息

---

① 刘旺洪：《比较法制现代化研究》，法制出版社 2009 年版，第 27 页。
② 参见刘卫东：《试论律师的法律信仰》，载《规划·规范·规则——第六届中国律师论坛优秀论文集》（2006 年号），第 38 页。

罪",因为对所谓"不应当公开的信息"的范围和内容缺乏明确的立法界定,因此可能出现同样的律师执业行为,之前没有被认定为犯罪①,但现在却有一定构成"泄露案件信息罪"的可能性。加之《刑法》作出修改后,尤其是增设新的罪名之后,最高司法机关便会出台相应的司法解释,对泄露案件信息罪和扰乱法庭秩序罪的"犯罪情节""后果"等抽象性规定以及模糊性用语作出具体、细化规定,也都有可能出现以入罪为导向的解释立场。②

在这一立法背景下,律师的守法意识就变得非常重要。目前,我国包括律师在内的法律人普遍缺乏规则意识,如果司法活动的参与者都缺乏规则意识,在争相表达诉求的时候,就容易发生冲突。这就要求律师一定要有底线意识,即明白可为与不可为的取舍关系。毫无疑问,律师执业过程中的第一个步骤,即律师首先需要学会尊重裁判者。人类自从有诉讼制度以来,裁判者大多不但年高德劭,而且基本都受过专业训练,本身值得尊重。当代,律师与裁判者更是同为法律共同体的组成部分。更何况,哪怕按照常理,也需要给予作为平等主体的裁判者足够的尊重,这是基本的常识。第二,律师需要学会有理有据有节地表达观点。真理往前走一步就变成谬理,有理的人如果表达方式不对,过分歇斯底里就变成相反效果。第三,律师需要在程序轨道内表达诉求、获得救济,也就是通过法律程序内的途径,该上诉的上诉,该表达异议的表达异议,该申诉的申诉。尽管目前的法律不是很健全,但也已经有了表达诉求、获得救济的机制,而不要动辄诉诸法外途径、媒体炒作甚至街头抗议,这会将一个单

---

① 参见"王英文犯诈骗罪、故意泄露国家秘密罪案",甘肃省白银市中级人民法院刑事判决书(2013)白中刑二终字第10号。关于上诉人所提自己不构成故意泄露国家秘密罪的上诉理由,经查,上诉人王英文让关某某查阅的案卷材料,是其履行律师职责时,通过合法手续在检察机关复制。材料中的《白银市公安局起诉意见书》虽被鉴定为秘密级国家秘密,但王英文在复制时并不知道该起诉意见书是国家秘密,检察机关工作人员也未告知陈某某的案卷材料属于国家秘密,原审判决所列证据不能证实王英文明知这些材料是国家秘密而故意泄露,同时,法律也没有规定辩护律师必须将办案机关同意其复印的案件材料当做国家秘密加以保守的义务。根据王英文泄露国家秘密的主观动机、方法和手段,结合本案并没有发生被告人串供或阻碍侦查机关破案等危害国家利益的损害结果,王英文的行为及情节均不符合故意泄露国家秘密罪的构成,不构成故意泄露国家秘密罪。

② 参见韩旭:《〈刑法修正案(九)〉实施后如何善待律师权利——兼论泄露案件信息罪和扰乱法庭秩序罪的理解与适用》,载《法治研究》2015年第6期,第58页。

纯的法律问题盲目扩大、变复杂，从而更加无助于问题的解决。①

以刑事律师的守法意识或规范意识为例，坚持刑事律师的守法意识，就要求辩护律师在为犯罪嫌疑人、被告人进行辩护时严格依照法律、部门规章和行业规范进行操作，其按照《中华人民共和国刑事诉讼法》可划分为侦查阶段的规范操作、审查起诉阶段的规范操作、审判阶段的规范操作、死刑复核阶段的规范操作。按照所依据的规范可以将规范操作划分为法律层面的规范操作、行政解释和司法解释层面的规范操作、部门规章层面的规范操作和行业规则层面的规范操作，等等。② 以刑事辩护过程中极其重要、又极其敏感的律师取证行为为例，为了避免取证不规范所带来的刑事责任风险③，辩护律师必须确保自己取证合法，即在取证时遵守法律、法规，没有采取威胁、利诱等方式不合理地左右证人的自由意志。④ 在我国律师豁免权制度⑤尚未建立的情况下，守法意识或规则意识的内化，就成为律师职业生涯有效存续的重要保证，否则"触碰高压线"将会成为大概率事件。

二、律师专业精神的培养

从本质上来说，律师行业的竞争力主要体现在提供专业法律服务上，这一本质属性决定了专业化是律师、律师事务所乃至律师行业的安身立命之本。律

---

① 参见田文昌、蒋惠岭、陈瑞华：《本是同源生，相济匡公正：化解法官与律师冲突，共筑法律职业共同体》，载《中国法律评论》2015年第3期，第18页以下。

② 参见付奇艺、沈树强：《辩护律师规范操作与执业风险的关系之思辨》，载《黑龙江省政法管理干部学院学报》2013年第6期，第100页。

③ 例如，2009年11月，广西北海发生一起杀人抛尸案，警方将前不久与死者发生过纠纷的裴贵、裴金德等五人抓捕。辩护律师杨在新发现被告人遭到刑讯，口供也相互矛盾，他们还找到证人宋启玲作出被告人不在现场的证据。之后，神奇的一幕发生：宋启玲等三名证人因涉嫌"伪证罪"被抓捕；2011年6月，杨在新等四名该案律师也被以"律师伪证罪"拘捕。2013年2月7日，法院判决称，五名被告人中四人因与死者生前有斗殴，构成寻衅滋事罪。这意味着五人的杀人罪名不成立，宋启玲等三人"伪证罪"和四位律师的"律师伪证罪"被撤案。参见徐明轩：《希望"北海案"后律师能站直了辩护》，载《新京报》2013年2月8日，第A03版。

④ 参见蔡艺生、任海新：《辩护律师取证的倾向性及其限界》，载《国家检察官学院学报》2011年第4期，第126页。

⑤ 一般认为，律师执业豁免权的主要包括言论豁免权、作证豁免权、向法庭提供的证据材料失实豁免权以及人身自由保障权。相关内容参见吴鹏：《刑事辩护律师豁免权及其合理限制》，载《河南财经法大学学报》2013年第3期，第190页。

师只有实现了专业化才能实现"人无我有、人有我优"的差异化,只有实现了差异化才能在市场竞争中立于不败之地。①

律师的专业化已经是大势所趋,"万金油律师"已然过时。律师如果不结合自己的兴趣、爱好和学科背景及熟练程度等有意识地培养自己的执业方向,就不会再细化专业,更无法获得成功。反之,如果律师忽视了这个关键性因素,在律师执业后放弃继续学习、放弃专业化的努力,就注定会被行业淘汰。② 但需要指出的是,律师的专业化与律师的专业精神尚不能完全重合或简单地相提并论,即使实现专业化的律师,也需要在具备专业精神的前提下才可以最大化发挥自身的作用和能力,才能最大化实现或保障当事人的合法权益。

以刑事案件辩护为例,无罪辩护,堪称刑事辩护的最高境界。按照刑法学家陈兴良老师的观点,律师为当事人作无罪辩护,的确对于改善中国的法治环境具有积极作用,但也存在滥用倾向。我国律师提出无罪辩护的比例很高,但法院作出无罪判决的比例极低,形成了极大反差。③ 导致出现这种矛盾的原因有很多,例如法官不重视律师的意见,但也有可能是律师受到来自当事人及其家属的压力,甚至是律师基于自身利益的考虑,强行进行无罪辩护。④ 在这个意义上,如何进行辩护路径的选择,就成为彰显辩护律师"专业精神"的试金石。

我国《律师法》第31条规定:"律师担任辩护人的,应当根据事实和法律,提出犯罪嫌疑人、被告人无罪、罪轻或者减轻、免除其刑事责任的材料和意见,维护犯罪嫌疑人、被告人的诉讼权利和其他合法权益。"因此,从法理的角度而言,辩护律师的职责就是通过提出无罪和罪轻辩护意见来维护委托人

---

① 参见肖胜方:《中国律师行业"四化"问题勘误》,载《中国律师》2012年第3期,第48页。
② 参见牛坤:《青年律师如何提升竞争力》,载《中国律师》2016年第8期,第55页。
③ 2015年,全国各级法院审结一审刑事案件109.9万件,判处罪犯123.2万人,与此庞大数字相比,同年度各级法院仅对667名公诉案件被告人和372名自诉案件被告人依法宣告无罪。参见周强:《最高人民法院工作报告——2016年3月13日在第十二届全国人民代表大会第四次会议上》,载《人民法院报》2016年3月21日,第1版。
④ 参见王发旭:《有效辩护之道:王发旭律师无罪辩护策略案例选》,法律出版社2015年版,序言。

的最大利益,但这并没有解决无罪抑或是罪轻的选择根据与理由问题。根据最高人民法院的相关统计不难看出,目前我国刑事辩护中无罪判决所占比例极低,根据相关研究者的梳理,其主要原因在于:首先,我国以社会危害性为核心的犯罪论体系决定了纯粹的无罪辩护很难取得成功;其次,不受任何制度约束的法院变更指控罪名制度极有可能导致对被告不利的从重变更,因此仅仅针对指控罪名进行无罪辩护还可能蕴藏着更大的风险;再次,仅仅针对指控罪名进行无罪辩护还会使得辩护律师无法充分地就量刑情节和证据进行举证,从而丧失量刑辩护的宝贵机会。① 在这个语境下,坚持无罪辩护路径的合理性显然更加需要反思和探讨。

在实质刑法观的指导和支配之下,我国刑事审判权完全可以超越控方起诉的罪名而在实质可罚性的借口之下随意变更起诉罪名②,辩方的辩护自然不应该只围绕控方的起诉罪名加以展开,而必须在审判权运作的界限内寻求辩护的支点。放弃无罪辩护的思路,进而选择罪名从轻辩护策略,最直接的效果是通过指出被告人构成另一较轻罪名,引导法官作出有利于被告人的罪名认定。③

综上,在我国目前的司法环境下,一名专业的刑辩律师,在检方指控的犯罪事实有根据的前提下,应在得到当事人授权的情况下,在这一事实范围的基础上选择量刑较轻的罪名,同时坚持定罪辩护与量刑辩护分离、控方建议与辩方辩护互动、求法与求情策略并用的辩护策略。④ 事实上,专业的刑辩律师会在指控罪名不能成立,但作无罪辩护又存在风险的情况下指出控诉罪名不成

---

① 参见陈虎:《罪名从轻辩护及其限制性操作》,载《中国刑事法杂志》2010 年第 8 期,第 12 页以下。

② 最高人民法院《关于适用〈中华人民共和国刑事诉讼法〉的解释》第 243 条规定:"审判期间,人民法院发现新的事实,可能影响定罪的,可以建议人民检察院补充或者变更起诉;人民检察院不同意或者在七日内未回复意见的,人民法院应当就起诉指控的犯罪事实,依照本解释第二百四十一条的规定作出判决、裁定。"

③ 实证研究显示,在变更罪名的案件样本库中,98% 左右的择重变更,都是由法院在控辩双方的争论以外自主提出并判决的,而在法院的自主变更中,有 47.5% 是择重变更,39.7% 是择轻变更。参见白建军:《公正底线——刑事司法公正性实证研究》,北京大学出版社 2008 年版,第 194 页。

④ 参见姜涛:《量刑辩护的意义与实践》,载《人民检察》2009 年第 11 期,第 62 页。

立，同时将符合另一犯罪构成的要件事实提示给法庭，但却不明示罪名，以避免给被告人及其家属造成"第二公诉人"的印象。除此之外，这些具备专业精神的辩护律师往往在二审中才进行罪名从轻的辩护。还有律师则采取了另一种折中的办法，即先在一审中尝试进行无罪辩护，在辩护意见不被采纳的情况下提出上诉，然后在二审中改变辩护策略，提出一审定性错误，应改判比指控罪名更轻罪名的辩护意见。①

三、律师职业伦理的培养

根据《律师职业道德和执业纪律规范》的规定，可以将我国律师职业伦理或道德概括为如下几类②：首先，律师在与维护嫌疑人、被告人的正当利益不产生矛盾的限度内承担真实义务，也就是说，律师的取证、举证、质证、法庭辩论等诉讼行为必须基于诚实、善意，不得向法庭提供虚假的证据或隐瞒事实，亦不得威胁、利诱他人提供虚假证据、隐瞒事实以及妨碍对方当事人合法取得证据，不得欺骗、误导、蒙蔽或欺骗法庭。③ 其次，律师对委托人承担保密义务。要求辩护律师保守在执业中获知的嫌疑人、被告人的案情秘密和个人隐私。④ 第三，律师对委托人承担勤勉诚信的义务，需要尽职尽责、勤勉地维护委托人的合法权利和利益。⑤ 这种概括，多少也和学界对于我国律师职业道

---

① 参见陈虎：《罪名从轻辩护及其限制性操作》，载《中国刑事法杂志》2010年第8期，第13页。
② 参见宋志军、李波：《律师诚信辩护问题研究》，载《山西高等学校社会科学学报》2006年第7期，第94页。
③ 例如，《律师职业道德和执业纪律规范》第22条规定："律师应依法取证，不得伪造证据，不得怂恿委托人伪造证据、提供虚假证词，不得暗示、诱导、威胁他人提供虚假证据。"
④ 例如，《律师职业道德和执业纪律规范》第8条规定："律师应当严守国家机密，保守委托人的商业秘密及委托人的隐私。"第39条规定："律师对与委托事项有关的保密信息，委托代理关系结束后仍有保密义务。"
⑤ 例如，《律师职业道德和执业纪律规范》第5条规定："律师应当诚实守信，勤勉尽责，尽职尽责地维护委托人的合法利益。"第24条规定："律师应当充分运用自己的专业知识和技能，尽心尽职地根据法律的规定完成委托事项，最大限度地维护委托人的合法利益。"

德缺失的概括①存在一定程度的契合关系。

譬如，我国的某些律师认为，交通违章、购买盗版书籍等行为属于"小节"，殊不知同样的行为如果发生在美国，就会被视为是品行不端的表现，甚至会遭到社会及律师业界的不齿与抵制。② 而我国律师的道德不端，更多地体现在执业活动过程中。例如，刑辩律师如果不合理、甚至恶意使用证据，容易激化社会矛盾或干扰正常审判。如辩护律师发现口供是因刑讯而取得时，可以通过合法渠道提出辩护材料和意见，而不应该过度依赖媒体的广泛披露而进行"突袭"，从而力求对司法机关形成过度的压力。③ 当然，对于何种使用才算"善意"，则应该根据具体情况进行考量，如果辩方穷尽了所有合法渠道而仍然不能维护合法权益，最终选择借助媒体发声，那么是否绝非不可，也值得进

---

① 有人提出，目前我国律师职业道德面临的主要问题包括丧失原则、缺乏正义；唯利是图、缺乏诚信；同行相轻、恶性竞争；业务不精、素养不高；等等。参见谭礼塘：《当前我国律师职业道德建设存在的主要问题、原因及途径》，载《湖南省科学社会主义学会年会论文集》（2007年号），第2页以下。

② 参见肖胜方：《对中国律师行业诚信问题的若干反思》，载《中国律师》2011年第10期，第44页。

③ 李某某强奸案中的部分律师表现：

陈枢（李某某一审辩护人）

表现：陈枢最初接受委托后，曾与王冉律师一同发表对此案的声明。其声明中曾称"媒体等有义务遵守法律，有义务爱护和保护未成年人，有义务爱护和保护大半生为人民群众带来歌声和欢笑的老艺术家们"。旋即引发争议。一审宣判后，陈枢宣布退出此案。

王冉（李某某一审辩护人）

表现：李某某案一审开庭第二天中午，庭审还在法庭调查阶段，控辩双方尚未完成全部举证质证，落款为王冉的辩护词就在网上曝光。

兰和（李某某家庭法律顾问）

表现：一审开庭后，兰和发微博，不仅透露了李某某姓名，还首次详细点出了本案其他四位辩护人的辩护思路，称四名律师主动为四被告人认罪。并称"奉劝被告人认罪和指认不认罪被告人犯罪事实成了律师的主要辩护内容"。此外，兰和还在8月6日发表微博，点出了本案案发地点酒吧的全名。

李在珂（案中大魏的辩护人）

表现：李在珂在8月30日发出"声明"，称"昨天下午快休庭时，梦女士突然站起身来对审判长说：大V（大魏）所作的供述是律师引导的"，首次披露了庭审上的部分情形。二审期间，李在珂发微博称本案存在嫖娼成分，"李某某一案是在有人明知受害人醉酒丧失意志的情况下仍强迫（介绍）其卖淫，李某某等五人在嫖娼过程中，因实施暴力而触犯刑律的强奸案件"。

田参军（被害人代理律师）

表现：9月14日，田参军发表微博称："杨某某是兼职打工的学生，那晚只是陪朋友吃饭喝酒。"隐约点出了被害人杨某某的身份，但无具体指向。转引自许身健：《没有职业伦理，律师就如同裸奔》，载《新京报》2013年12月7日，B04版。

一步讨论。①

在某种意义上,律师的伦理精神不仅包括律师的道德规范和原则,还包括律师在处理人与人、人与社会关系中所作的"应该如何"的价值判断和基本价值取向、价值观念,更是律师特定的精神气质或精神特性。律师的伦理精神不只要求律师应该满足相应的制度化规范或者职业道德规范,更要求其坚持对律师职业的精神追求。具体而言,不仅包括法律至上的信仰的精神、不随物欲的刚毅精神、扶弱济贫的仁爱精神、君子慎独的自律精神、明义重信的诚信精神,还要求乐群贵和的协作精神,这实质上是制度建构与精神内化的一种互动过程。②

当然,律师伦理精神的培育并非一朝一夕的事情,它的培育需要一个漫长的过程,需要社会各界的共同努力,才能使伦理精神健康发展。律师的伦理精神如同一首歌曲的旋律,它能振奋人们前进,激励人们向上,促进律师行业的发展。培育律师伦理精神,使律师沐浴在行业精神的春风里,始终保持蓬勃朝气和浩然正气,是每一代律师都要承担的历史责任。③

四、互联网与人工智能时代律师信仰的培养

互联网时代,人工智能渐渐取代律师实务中一些高重复率的工作,在简化律师日常执业难度的同时,也使一些律师面临挑战。正因为如此,律师更需要在这个时代重新竖立坚定的信仰,不忘初心,才能以更加执著的信念去磨炼技艺、踏实工作,同时,才能以平常心去面对现实与社会,做到不以物喜不以己悲,跟上这个时代的发展趋势,为社会,为我国社会主义法治建设的发展作出更大的贡献。

---

① 参见蔡艺生、任海新:《辩护律师取证的倾向性及其限界》,载《国家检察官学院学报》2011年第4期,第126页。

② 参见刘曼丽:《谈律师伦理精神的培育》,载《河北法学》2009年第6期,第198页以下。

③ 参见唐中明、谭礼塘、朱力强:《我国律师职业道德建设问题研究》,载《湖南省社会主义学院学报》2006年第3期,第44页。

第四节 小 结

"律师能否建立和增强法律信仰，直接关系到我国未来社会发展的前途和命运。"① 这绝非危言耸听。律师制度自诞生于古罗马之后，就与一个国家的民主与法治进程紧密联系在一起，成为一把可供检验的标尺。② 当今中国，律师信仰尚处于初建阶段，远未成熟，但这并不能否认律师制度对于中国法治建设的意义。只要我们有踏实的目标、坚定的理想、崇高的信仰，再加上不懈的努力，就没有跨越不了的沟渠。

无论如何，每一名合格的律师的座右铭都应该是："即使只能做一个花瓶，我也要在里面插一枝含露带刺的玫瑰。"③ 纵使是戴着镣铐起舞，也要在法律这方舞台上展现出最完美的身姿。

---

① 陈喻伟、李越：《中国律师与法律信仰》，载《河南社会科学》2005年S1期，第29页。
② 参见王利平：《律师在当代中国社会中的角色和责任——以人物和事件为线索展开》，载《中共福建省委党校学报》2009年第10期，第46页。
③ 转引自贺元甲：《重温"中国律师界的良心"——张思之》，载《赤子》2009年第2期，第48页。

第二章 沟通力：律师职业的素质之维

律师职业，是一个高度社会协作化的行业，每一位律师，都依赖着社会网络而进行业务往来。因此，如何高效而准确的沟通则成为律师的当务之急与重中之重。特别是在以"四化"即"规模化、专业化、品牌化、国际化"为发展方向的当下。

根据业界的一般解读，"规模化"主要是指律师的数量及办公资源；"专业化"主要是指律师事务所的专业化和律师个人的专业化；"品牌化"是指品牌的知名化，特别是业界美誉度或口碑；"国际化"是指有实力参与国际法律服务市场的竞争，并且在国际化的竞争中占据优势。[①]

在实现上述四个目标的进程中，无论是接受当事人委托担任民商事案件的代理人，还是接受犯罪嫌疑人、被告人的委托或相关部门的指定担任刑事案件的辩护人，律师是否具备所谓"软实力"，"就成为能够在激烈的市场竞争中站稳脚跟"甚至力争上游的重要前提。虽然尚无统一界定，但"律师软实力"可以被理解为一种律师文化的总和，主要包括律师的社会形象和声誉、律师的素质和服务质量、律师的社会交往能力和影响力等要素。[②] 在上述要素中，律师的社会交往能力与影响力占据主导作用，在很大程度上决定着律师的业务水平和职业能力，是律师软实力的重要体现。

这是因为，律师职业的特殊性导致其必须纳入特定的社会网络中才能实现生存、发挥价值。

首先，社会网络使得信任可以相互传播、扩散。剩余的不确定性和违规的

[①] 参见肖胜方：《中国律师行业"四化"问题勘误》，载《中国律师》2012年第3期，第48页。

[②] 参见尚伦生：《用律师"软实力"破解目前刑辩难的困境》，载《第三届西部律师发展论坛论文集》（2010年号），第3页。

风险性，被强大的规范和密集的互惠性参与网络降到最低。①

其次，律师需要和组成社会网络的各种立场、各种诉求、各种身份的人进行交往，需要建构各种人际关系。通过建构关系，能够增进交往双方的信任，而获得信任是一种承诺和赞同。例如，律师因为个人能力有限，需要通过当事人的关系寻找证据、挖掘证据；在刑事案件中，律师还需要引导证人作出正确的表述，从而让法官作出有利于自身的事实认定，作出有利于己方的判决；律师需要在法庭上积极配合法官，主动与法官沟通，向法官陈述自己的观点和认识，让法官接受自己的观点和主张。②

最后，从突破传统交易类型市场营销模式的所谓"关系营销学"角度来看，放弃获取短期利益转向建立和谐的长期关系的关键在于吸引、保持以及加强客户关系，进而建立并保持与客户关系的和谐是核心，是一切计划和策略的中心，通过满足客户的需求进而赢得客户的偏爱和忠诚。③

沟通技巧或者沟通意识，对任何职业的从业者都非常重要，许多工作的"打结"或者误会都是沟通不畅造成的。沟通前必须充分地了解和调查，把重点放在主要矛盾上，因为沟通的方式、方法也是情商的一种体现。学会换位思考，不仅是对对方的尊重，而且能最大限度地取得对方的理解与信任。④ 毋庸讳言，良好的沟通能力是成功的基石，同样，律师办案质量很大程度上取决于律师与当事人即客户间的沟通。但是，真正意义上的有效沟通并不只是对信念的传递，还有部分是对意念的分享。律师借助口头语言与肢体语言向客户传递种种信息，客户也用同样的方式交流，这样才能做到有效沟通。实践证明，成功的沟通不仅能够赢得更多的客源，还能够稳定老客户群，在一定程度上还可以降低内部员工流失率，避免因误解或是重复表述而浪费工作时间与精力，在

---

① 参见〔美〕罗伯特·帕特南：《使民主运转起来》，王列、赖海榕译，江西人民出版社2001年版，第197页。
② 参见高其才：《中国律师办案中的关系因素——社会资本理论视角的分析》，载《北方法学》2007年第6期，第116页。
③ 参见范秀成：《从交易营销到关系营销：营销学领域的一场重要变革》，载《南开管理评论》1998年第3期，第10页以下。
④ 参见慕雪丹：《职业律师成长记：学会"跨越"》，载《法律与生活》2016年第13期，第59页。

促使工作效率得到提升之余,还为律师事务所赚取了额外利润。① 正是基于上述考量,在人际关系营建、维护、发展的语境下,律师的人际沟通能力,即人际联络、传播及推广能力,就成为律师软实力的重要立足点。

第一节 律师沟通力的传统解读

一、律师沟通力的理论基础

所谓沟通的过程,是一个完整的双向交流过程,发送者要把他想表达的信息、思想和情感,通过语言发送给接收者。当接收者接到信息、思想和情感以后,会提出一些问题,然后给对方一个反馈,这就形成一个完整的双向沟通的过程。一般来说,人际沟通有三种功能:一是连接功能,在一个人和他所处的环境之间起一种连接作用;二是精神功能,通过人际沟通,人们能参照他人的想法而更好地作出决策,更有效地思考;三是调节功能,人际沟通可以协调人们之间的行为。在人际沟通中,沟通双方都有各自的动机、目的和立场,都会设想和判定自己发出的信息会得到什么样的回答。因此,沟通的双方都处于积极主动的状态,在沟通过程中发生的不是简单的信息运动,而是信息的积极交流和理解。另外,人际沟通借助言语和非言语两类符号,这两类符号往往被同时使用,二者可能一致,也可能矛盾。重要的是,人际沟通过程是一种动态系统,沟通的双方都处于不断的相互作用中,刺激与反应互为因果,沟通的双方应有统一的或近似的编码系统和译码系统。这不仅指双方应有相同的词汇和语法体系,而且要对语义有相同的理解。②

据此理论,简单概括而言,律师的沟通力,就应该被理解为建立在社会人

---

① 参见俞国华:《律师事务所服务营销策略探讨》,载《法制与社会》2015 年第 1 期,第 197 页。

② 参见李淑娴、焦弘:《消除人际沟通障碍 实现组织有效沟通》,载《北京大学学报(哲学社会科学版)》2006 年 S1 期,第 70 页以下。

际网络基础上的一种律师在与其他主体之间发生的,主要通过语言形式完成的人际互动关系中所体现出的能力。

之所以强调人际网络,是因为人际网络是社会各种资源及各种社会关系分配的路径与渠道。事实上,社会各种资源分配与社会关系所组成的人际网络有关,这些体现在人际网络中的社会关系一旦形成,就具有特定的制度属性。根据美国社会学家詹姆斯·科尔曼[1]的看法,体现为社会资本的各种资源需要存在于人际关系的结构之中,既不依附于独立的个人,也不存在于物质生产的过程之中,而是由构成社会结构的各个要素所组成,并为结构内部的个人行动提供便利。[2]

之所以强调人际互动关系,是因为人际交往行为在三个方面对社会生活发挥着不可或缺的作用。根据哈贝马斯[3]的观点,人际互动可使意见"沟通"成为可能,从而能继承和更新文化传统。除此之外,人际互动关系依靠语言调整行为,创立了人们之间的社会连带关系,使得每一个人都在社会中成长,成为达到个人人格同一性的"社会化"的基础。特别重要的是,真正的理性内化于交往行为之中,通过"沟通行为",有可能将人们从社会统治下解放出来,人们之间的这种"对话—交往行为"才是真正的生产力。[4]

最能说明律师的沟通力的例子,莫过于刑事律师经常行使的律师会见权。所谓律师会见权,是指刑事诉讼中辩护律师所享有的依法与被指控人会见并交流信息、沟通意见,从而达到知情和达成辩护意见,并为其提供法律帮助和进

---

[1] 詹姆斯·S. 科尔曼(James Samuel Coleman, 1926—1995 年),美国社会学家、实证派研究者。曾担任美国社会学学会主席,在美国乃至世界社会学家享有极高声誉。

[2] 参见〔美〕詹姆斯·S. 科尔曼:《社会理论的基础(上)》,邓方译,社会科学文献出版社 1999 年版,第 354 页。

[3] 尤尔根·哈贝马斯(Jürgen Habermas, 1929—),德国作家、哲学家、社会学家,批判学派的法兰克福学派的第二代旗手。

[4] 参见〔德〕尤尔根·哈贝马斯:《交往行为理论:第一卷行动的合理性和社会合理化》,洪佩郁、蔺青译,重庆出版社 1989 年版,第 120 页。

行辩护的诉讼权利。① 从基于社会网络关系的人际互动关系来看，辩护律师会见犯罪嫌疑人、被告人的行为，其实质是通过二者之间的交往行为传递信息、沟通异议，从而达成共识、实现价值。律师会见行为本质上是一种"交往行为"。换句话说，通过律师的会见行为，才能实现其与当事人之间的信息交流和意见沟通，从而得以充分了解案情，达成辩护意见，增进交往中的权利意识和主体意识，增进权利救济和自由辩护，增进刑事诉讼中的人权保障和正义捍卫。从人权保障作为一种文化的高度来看，这种交往行为"继承和更新了文化传统"。当然，律师会见行为同样依赖于"语言调整"，围绕"犯罪与否"或"情节轻重"等核心问题，辩护律师和犯罪嫌疑人或被告人之间借由语言交流、沟通，进行刑事诉讼程序主体之间的"行为调整"，创立二者之间、控辩之间以及个人与社会之间的连带关系。律师会见行为使处在这种"社会连带关系"中的每一个人都"在社会中成长"，正是这个"社会连带关系"创立过程的矛盾运动，为促成交往理性提供了动力，使得辩护律师的法律帮助职能得到实践，被指控人的基本人权得到保障，权力机关的权力行为得到规范，控辩之间的较量关系得到调整，从而使得整个刑事诉讼秩序得以规范化和社会化。②

事实上，除了律师会见权之外，律师和其他社会主体之间的社会人际交往，即通常所说的"关系"，在我国律师办理案件过程中所起到的作用也不容

---

① 《中华人民共和国刑事诉讼法》第37条规定：
"辩护律师可以同在押的犯罪嫌疑人、被告人会见和通信。其他辩护人经人民法院、人民检察院许可，也可以同在押的犯罪嫌疑人、被告人会见和通信。
"辩护律师持律师执业证书、律师事务所证明和委托书或者法律援助公函要求会见在押的犯罪嫌疑人、被告人的，看守所应当及时安排会见，至迟不得超过四十八小时。
"危害国家安全犯罪、恐怖活动犯罪、特别重大贿赂犯罪案件，在侦查期间辩护律师会见在押的犯罪嫌疑人，应当经侦查机关许可。上述案件，侦查机关应当事先通知看守所。
"辩护律师会见在押的犯罪嫌疑人、被告人，可以了解案件有关情况，提供法律咨询等；自案件移送审查起诉之日起，可以向犯罪嫌疑人、被告人核实有关证据。辩护律师会见犯罪嫌疑人、被告人时不被监听。
"辩护律师同被监视居住的犯罪嫌疑人、被告人会见、通信，适用第一款、第三款、第四款的规定。"

② 参见张学龙、卢希芬：《律师会见权与"交往理性"》，载《西南民族大学学报（人文社科版）》2007年第5期，第190页。

忽视。社会大众对于"关系"在律师办理案件中所起到的作用一般持肯定态度,认为如果律师有"关系",可能方便证据的收集与采用,有利于各方面的沟通,有利于收集各种信息甚至有利于影响判决。

在律师办案过程中,"关系"的正面作用与负面作用并存、积极影响与消极影响共生。有从业多年的律师指出,律师在依靠"关系"办案时应当区分哪些"关系"是违法有害的,哪些"关系"是合理正常的,还要考虑利用这种"关系"的动机和要达到的目的。例如,如果律师从法律上已判断自己的案件会败诉,仍然为谋取不正当的结果去跑"关系",显然是错误甚至是违法的,此时,"关系"在案件中发生的作用是负面的。就连有的资深法官也认为,如果律师在办理案件时总是想方设法依靠关系向公诉人、法官陈情,甚至送礼请吃,那么必然引起司法不公,这个后果是非常严重的。

但如果律师承办的案件被承办的法官错误判决,自己的当事人受到不公正的处理,为了纠正这种错误判决,有时确实需要律师向上级法院、领导,甚至向各级部门如人大、检察院反映,而且,如果正当的要求遇上熟悉的人处理,显然实现公正的效率就高。律师办理案件时要依法行使职责而不是过多地依靠"关系",当然律师有好的人际关系和崇高的人格修养,在其办理案件时会带来较大的便利,工作效率和结果也会让人满意。[①]

二、 律师沟通力的内在要素

如果将特定律师作为中心勾勒与其关联的人际关系网络,与其连接的重要节点分别包括公权力一方(如法官、检察官等)、当事人一方以及业界同行。因此,可以将律师沟通力的内在要素定义为律师与上述重要节点之间的人际互动关系与人际互动样态。

以律师与法官这对人际关系互动的情况为例,二者虽然各自职责不同,但因为在工作、业务方面存在相互配合、相互监督、相互制约的关系,因此这种

[①] 参见高其才:《中国律师办案中的关系因素——社会资本理论视角的分析》,载《北方法学》2007年第6期,第117页。

人际关系互动最为直接。根据调查，法官与律师之间的互动关系及相互评价，因为各自在法律共同体中所处地位及扮演角色的不同存在一定差异。例如，在律师对法官的评价中，"你对法官的整体状况满意吗？"满意率在42%，满意的理由是法官具备应有的良心和道德；不满意率占58%，不满意的理由主要包括法官的学识不足、索贿以及不尊重律师。饶有趣味的是，调查者对法官使用同一个问题问卷调查时发现，法官对律师整体状况满意率是48%，满意的理由是律师的专业精神；不满意的比例占到52%，理由是律师重利忘义、收费不公和作伪证。① 由此不难发现，在律师与法官的人际关系互动过程中，彼此的认同感并不高，而这种相对较低的彼此评价与认知，往往导致二者在互动过程中无法达成共识，甚至会因为缺乏认同造成沟通上的严重障碍。

除此之外，律师与客户的人际互动关系具有其特殊性。一方面，客户关系和人际关系具有相同的基本特征，如尊重、信任、依赖、归属感、共同目标等内涵。说到底，客户关系的本质是建立在客户与企业之间的情感联系，企业只有真正站在客户的角度，给客户以关怀，与客户建立超越经济关系之上的情感关系，才能赢得客户的心，赢得客户的忠诚。客户和律师之间建立关系最初虽然类似于商品或服务买卖关系，但应该在此基础上，努力从情感角度赢得客户。另一方面，从律师事务所的业务来看，律师与当事人的关系有法定性，带有契约关系性质。

但是，当事人在选择律师的时候，可以说对律师及其能够提供的服务没有判断基础，主要是出于对律师的近乎天然的信任。律师的服务质量很大程度上取决于其是否有责任心。因此律师与当事人的关系应当定位于带有强烈道德制约因素的契约关系。律师在服务过程中，还要不断地与客户进行交流，以便获取客户信息、了解客户的需求，并使双方达到充分的了解。因此，应当关注律师与客户的交流。② 相应的，律师的首要任务就是使客户确信自己有能力解决

---

① 参见李岘：《关于律师与法官关系的实证研究》，载《法治研究》2008年第7期，第45页。
② 参见蔡忠杰：《律师事务所客户关系管理制度研究》，载《第四届中国律师论坛百篇优秀论文集》（2004年号），第335页。

客户的问题。在这个意义上，律师在初次接触客户时，谈话的核心部分类似于诊断，也就是从客户的问题中总结出一幅图景，并且将其分类成为具有职业合法性的问题。换句话说，在律师的诊断中，至关重要的职业技能，是从事实中迅速识别客户的问题本质，并将其转化为法律问题。

但尤其需要注意的是，律师在建立自己与客户之间的信任之时，行为必须在合法的框架之内。2018年1月6日，第九届全国律协第12次常务理事会审议通过《中华全国律师协会律师业务推广行为规则（试行）》，对《中华全国律师协会律师执业行为规范》作了补充细化，其中，对律师在执业与推广过程中的许多行为进行了约束和规制，应当引起律师的重视。

事实上，律师的基本职能在于听取客户的需求，努力为客户提供有效解决问题的建议、忠告和可遵循的行动方式。成功的律师首先要做一个出色的倾听者，能够很好地进行沟通，善于分析，受过专业的训练，拥有良好的判断力和常识，为此，必须对客户和周围人的处境和感情有认同感，必须以一种专业的方式行事，并且以希望他人待自己的方式来对待他人。律师的倾听，对客户所处环境的了解和认同，以及律师表示与客户共进退的信息，也许就是律师的职能质量，这样的职能质量可以取得客户的信任，并进一步通过优质的服务，建立良好的客户关系。①

除了以良好的个人涵养和专业素养来聆听，律师还应及时主动地与顾客交流、交换信息。在非诉讼领域尤其是从事法律顾问服务业务时，更应结合顾客的业务情况和实时更新的法律、政策给予顾客有效的建议和指导。在这个意义上，律师在与客户沟通过程中，应具备从容应对客户、娴熟掌握法律、具备充沛实践经验等特质。有一位助理律师这样形容自己的"老板"——一位中国著名的证券律师是如何给客户留下深刻印象的："老板和客户谈的时候特别牛，因为他对上市这块业务熟得不得了，客户说什么他都知道。我总结他和客户谈的时候主要有三条技巧：第一个就是法律条文，他能把所有相关的法律法规一字不差地背出来；第二是他对客户情况的分析，因为他类似的项目做得

---

① 参见邹艳娥：《律师的角色与营销》，载《中国律师》2010年第4期，第87页。

多,客户的目的他可以很快判断出来,然后根据他们的目的设计方案;第三就是他的经验,他可以告诉客户以前的项目都出过什么问题,举很多例子,让客户明白每一步的风险,所以客户对他都特别信任。"①

实际工作中,律师还要处理的另外一类重要人际关系,就是与同行之间的沟通互动。律师的同行关系,虽然也包括特定团队内部的工作关系,但更多的应该是指不存在工作合作关系的律师之间的互动关系。在这里,仅通过律师培训建构、维系同行关系加以简要说明。必须承认,律师为同行提供培训服务,可以起到律师同行相互沟通的作用,不仅可以拓展同行的知识结构与执业思维,提高同行的执业技能,还能挖掘出律师执业活动中所面临的共通性难题,共同寻找解决方法,既满足同行需求,又能维系良好的同行关系。②

必须说,在同行沟通领域,律师行业之前取得的经验是比较有限的。进入21世纪之后,互联网与人工智能的发展,为同行业沟通建立了高效便捷的平台与物质基础。如今,如金杜律师事务所的"理脉"、君合律师事务所的"律携",还有"iCourt"、天同律师事务所的"无讼"、汉坤律师事务所的"简法帮"等方兴未艾,法院系统也在拓展"智慧法院"的尝试,资本与市场对律师行业的关注度越来越高,呈一片烈火燎原之势,可见此领域尚有许多余力可挖。同时,德和衡等知名律师事务所更是积极参与到包含但不限于此类网络交流平台的项目中,客观上也为全国各地的律师指明了方向和创造出进步的阶梯。

在理解律师沟通力的内在要素时,还有一个要素经常会被无意甚至有意地忽视,这就是所谓律师人际沟通的成本问题。之所以强调这一问题,不仅因为沟通成本与律师的切身利益息息相关,还因为沟通成本与沟通效率存在直接关系。换句话说,沟通成本,是决定律师沟通效率的重要因素。

事实上,律师是一个高成本职业,实际收入不是简单的税后收入,还有大

---

① 刘思达:《客户影响与职业主义的相对性:中国精英商务律师的工作》,载《北大法律评论》2008年第1辑,第43页。
② 参见王光英:《因需施教 事半功倍:律师如何给客户和同行做培训》,载《中国律师》2014年第10期,第57页以下。

量的支出是外人所不知道的。虽然许多律师不愿意详细列出自己的业务支出，也不愿意透露个人收入情况，但一个公认的事实是，律师支出中隐性支出和中介费用占据了很大一部分。隐性支出包括各种活动费用，譬如为扩大影响力，举办、参加、资助会议、评比、评选活动的费用。同时，律师为了获取案源，势必要通过多种方式对业务进行推广，譬如说，购买黄金地段广告位进行宣传，充分利用各种自媒体互相关注和打广告，制作各种名片、宣传册等书面或试听资料，甚至有的直接著书立说，为自己进行宣传。在人力成本普遍上涨的今天，这必然是一笔不小的支出。当然，这些广告行为本身必须符合我国现行法律，如《中华人民共和国广告法》《中华全国律师协会律师业务推广行为规则（试行）》，不能逾越法律、社会正义与公序良俗。

三、律师沟通力的外部表达

如前所述，律师的沟通力如果被理解为一种内在能力，那么这种内在能力的有无与其能在多大程度上在人际关系中得到表达，就成为两个密切相关、但截然不同的独立问题。

以律师与客户之间的沟通为例，可以将其总结为基本型、被动型、负责型、能动型、伙伴型等几种类型。其中，伙伴型的沟通互动关系最为理想，在这种关系中律师能够真正以客户利益为中心，与客户之间建立长期合作关系，进行互动性的沟通交流，共同努力为客户减少法律纠纷和降低法律风险，寻求合理的法务开支方法，致力于帮助客户预防和降低法律风险。但事实上，目前大多数律师依然停留在以业务为主导而不是以客户为主导的传统人际沟通阶段，基本不会主动与客户或潜在客户进行联系，在为客户提供完服务后便与客户不再联系。① 这种做法存在的问题是，一方面无法有效拓展以律师为中心的人际关系网络，势必限制律师个人业务的拓展；另一方面无法充分利用现有人际关系网络中的各个既存节点，无法充分发挥既有关系资源的最大

---

① 律师客户营销部分的内容，参见高云：《通向成功律师事务所之路》，法律出版社2003年版，第五章。

效能。

必须承认，法律服务和普通商品或服务存在较大不同，简而言之，民事法律服务中为同一客户长期、稳定、高频提供服务的概率不高。刑事辩护则更多是"一锤子买卖"，很难想象同一律师会为同一刑事被告人提供长期、稳定、高频率的法律服务。在这个意义上，拓展以律师为中心的人际关系网络，具有明显的比较优势及必要性。

固然，律师个体可以通过其所在律师事务所在国内及国际市场开设分所或扩展业务的方式分得一杯羹，但这种办法涉及庞大的资金和人力资源之投入，具有极大的不确定性，而且耗时甚久。更为重要的是，律师在这个过程中几乎完全处于被动等待的状态。这种"搭便车"的做法，显然并非首选。即使许多律师事务所选择通过律师联盟、选择性并购等方式扩展业务范围[1]，但是依然无法解决上述问题。在此环境下，律师个体如何积极主动拓展自身的人际网络，就成为迫在眉睫的关键问题。

律师想在竞争中立足，首先就必须转变观念，由过去的"酒好不怕巷子深"的固有观念向"酒好也要勤吆喝"的市场营销观念转变，制定行之有效的推广策略，加强营销知识的学习和营销能力的培养。推广是律师事务所将服务信息提供给目标客户，引起他们的注意和兴趣，激起他们乐意接受服务的欲望，一般需要投资设立自己的网站、加盟全国知名法律网站、在各类媒体上宣传及为本市有影响的重大活动提供免费服务等方式，尽可能解决律师与客户之间信息上的矛盾，采用符合法律和律师职业道德的方式将法律服务信息传递给目标客户，让目标客户更多地了解、熟悉和信任本所的服务特色，此举不仅稳定了客户群，还会吸引一些新客户。同时通过有效的推广活动，塑造了律师良好的品牌形象，从而在激烈的竞争中脱颖而出。[2]

在这个意义上，律师沟通力的外在表达，最为重要的就是通过律师营销，

---

[1] 参见丁仁、丘健雄：《具有相同或相近专业定位的律师如何实现联合或组成团队?》，载《第 2 届中国律师论坛论文集》（2002 年号），第 41 页以下。

[2] 参见刘啸峰：《浅议律师事务所的营销管理》，载《规划·规范·规则第六届中国律师论坛优秀论文集》（2006 年号），第 145 页。

使其让社会了解、客户了解、同行了解，从而提升知名度、联系度、忠诚度和美誉度。律师营销并不只是让大家知道，更重要的是让大家认可。① 通过营销，律师树立起良好的品牌形象，确保与客户之间保持良好的沟通，从而让客户对律师个人品牌的信息感知保持一致，这一点对构建客户关系的忠诚度有着深刻的影响。

例如，在圣诞节期间推出离婚咨询优惠券活动的律师事务所，顾客购买此券可享受英镑分钟或英镑小时的法律咨询，而这个价格是原来收费标准的一半。虽然从表面上看这家律师事务所有所损失，但这种营销策略收到了一石三鸟之效：一是预定该优惠券的客户能够为该所带来一批业务和一笔可观的收入；二是为自己的专业做了宣传；三是提高了律师事务所的知名度。因此这一营销策略被媒体推崇为最流行的圣诞礼物。② 当然，这个事例来自于英国，按照《中华全国律师协会律师业务推广行为规则（试行）》的规定，这个行为能不能复制到我国，还是需要商榷的。

作为一名刚入行的律师，当然可以利用既有的亲友圈、朋友圈，以建构自身的职业人际关系网络，而这也被称之为大多数青年律师的"必经之路"。③ 等到律师发展到一定阶段，就可以利用各类媒体拓展自己的知名度，树立自己的品牌。例如，笔者所创办的吉林良智律师事务所也是这一思路。建所十年有余，已经与中央电视台《法律讲堂》《我是大律师》《律师来了》等多个节目有过合作，同时在河北卫视、天津卫视等地方卫视频道也经常担任嘉宾出镜。特别是在律师事务所的成长本土——吉林省，良智律师基本上可以覆盖各大媒体节目。据统计，每年良智律师的受访次数在300余次，平均每天都有机会在不同媒体听到良智律师的声音或者看到良智律师的文字。特别是在长春地方媒体，良智律师事务所与长春人民广播"长春交通之声"频道有着长期而稳定的合作关系，在其《律师说法》栏目已合作了十余年。良智律师事务所在不同栏目上开展了不同形式的法律服务活动，录制节目、提供新闻信息，这些都

---

① 参见吕冰心：《多元化的律师需要多元化的营销》，载《法人》2007年第7期，第82页。
② 参见贾薇：《英国律师的广告营销策略》，载《中国律师》2012年第3期，第75页。
③ 参见钟辉：《关于青年律师高效成长的思考》，载《中国律师》2016年第8期，第53页。

取得了良好的社会效果。在帮助弱势群体，推动事情向有利方向发展的同时，也树立了律师的正面形象，从而树立律师的公信力。作为律师这种特殊的职业者，更应该多谋民生之利，多解民生之忧，解决好人民最关心最直接最现实的利益问题，把目光放在学有所教、劳有所得、病有所医、老有所养、住有所居等民生法律热点话题上。但是，一对一的法律服务是极其有限的，只有通过媒体的放大，才能正确引导公众，将自己的观点充分地传播开不仅有利于律师个人职业的发展，更有助于实现律师的个人价值。

第二节 互联网时代律师沟通力的新界定

如今，律师可以利用高度互联的网络化手段将个人和律师事务所进行有效推广。可以想象，在20世纪末期随着互联网的出现而提出的"全球化"理念，势必被没有国界、形式更加自由多变的"网络化服务"理念所替代，在时代发展的大趋势中，如何保有理念优势，同时具有引领潮流与舆论的沟通能力，才是下一个十年律师行业发展的趋势。

一、网络为律师的沟通力提供了倍增器

"互联网+法律"是指依托互联网技术与极致思维解决法律服务市场需求的一种全新业务模式，该模式为传统法律服务的转型与升级提供了一次难得的机遇。通过"互联网+法律"这一全新业务模式，用最低的运营成本实现法律服务行业的换代升级，必将大大拓展法律服务的广度、深度，提供更具个性化的服务，推动法律服务发生革命性的内质变革。[①]

相较于电视、电台、报纸等传统媒体，随着信息时代的到来，博客、微博、微信、网络论坛、跟帖等网络新媒体的出现及广泛使用，发布信息更加便捷，甚至有律师认为自己的博客、微博就是小型通讯社。律师借助新媒体公布

---

① 参见谢军、钱一一：《"互联网+"形式下律师业务的路径优化》，载《知与行》2015年第11期，第92页。

相关信息的情形变得普遍起来。如近年来，笔者先后开通了微信公共平台983123888，963123129等公共号，通过订阅号、服务号每日面向全国的手机端用户推送最新的法律咨询及民生法律服务经典案例和常见问题。通过"商桥"进行在线法律咨询，开通了"963123"电话咨询号码，目前咨询呼叫中心有15位律师，平均每人每天接电量在20～30组左右，然后通过大数据把需要法律服务的群体进行了细分，极大地拓宽了法律服务民生主渠道。在互联网不断冲击传统民生服务模式的法律 E 时代下，如果不能借移动端迅速就不能更好地为更多百姓进行民生法律服务。借助网络能更好地开辟传统民生服务方式之外的新媒介民生法律服务，真正做到专业法律团队不设限地让大众百姓唾手可得。

更为重要的是，以微博、微信为代表的自媒体工具自身具备极强的自发传播能力，从传播主体来看，微博、微信传播是基于病毒式的人际传播关系网，让信息像病毒一样以点对点的方式在人际圈中迅速传播。微博、微信的传播对象有别于大众传媒的传播对象，它是一种半开放的社交媒体，传播对象相对狭窄。微博、微信作为一种全新的传播渠道，通过手机通讯录、QQ 邮箱以及二维码等方式，使受众在社交链纵横交错的三维空间里互通共享，更为重要的是，微博、微信这种人际交互手段具备所谓"粘性"，即让人们不再单纯依靠制度被捆绑在一起，而是可通过情感交流联系在一起。[①] 随着互联网时代的到来，律师事务所突飞猛进地发展，这种情况绝非个案。良智律师事务所借着这股浪潮出现了二次发展，进入了一个新的高度。笔者也是借助这个势头才有现今的社会认可度和知名度。

法律服务行业永远不乏远见之士，许多同行也同样在进行着新时代的探索。很多有远见的律师事务所一直在积极探索律师事务所管理模式、经营理念创新，探索和实践新型法律服务模式，如金杜律师事务所建立平台"理脉"，践行未来之路。他们充分利用互联网、移动互联网、语音等技术和社会化营销

---

① 参见刘宗义、徐杰：《微信的传播、共享与意义建构：一个文献综述》，载《重庆社会科学》2014 年第 1 期，第 99 页。

手段打造出营销平台、协作平台和服务平台。根据客户不同层次的法律需求，匹配法律服务资源，为中小企业和个人家庭提供综合法律服务。服务内容包括在线及线下法律咨询、合同及法律文书下载、审核、代写服务、诉讼业务、非诉讼业务等。在大数据时代背景下，这样能够最大限度地发挥技术优势和线上、线下综合法律服务优势，弥补传统法律服务在价格体系、服务观念和服务标准等方面的缺憾。这种模式将开启中国法律服务的新时代。① 这一表述绝非虚妄，而是契合时代发展的高瞻远瞩，对整个行业都具有相当的指导意义。

除此之外，还有"无讼"、iCourt 的出现，再次拓宽了法律服务业的内涵及外延，增加了行业的深度和广度。但究其根本，仍然是将律师与同行、客户之间的沟通继续深化和细化，使之完美对接。

二、自媒体时代律师沟通力的新表现

新媒体赋权使得媒介成为权力的重要源泉与力量，通过个体、群体、组织等获取信息、表达思想，从而为其采取行动、带来改变提供可能。② 以网络公开的微博为例，结合我国律师针对热点案件在微博上所发表的言论，可以发现，自媒体时代律师借由微信、微博等新型传播手段所实施的沟通行为，具有如下特点：

（一）对象不确定

网络的出现，特别是微博、微信等网络社交媒体的出现，打破了传统社会的时空限制，社会活动变得虚拟，社会身份得以隐匿，加之全球化、数据化的进程不断加深，政府作为社会管理主体，传统层面上的影响力和控制力可能在网络社会中逐渐减弱。在这个意义上，网络，特别是社交媒体的出现，导致了传统社会结构的重构。③ 通过智能手机、平板电脑等愈加便捷的移动互联网终端与无线网络，微博用户随时可以发布不同形式的信息、图片、声音乃至视

---

① 参见《"律云"开启法律云服务时代》，载《中国律师》2013年第12期，第37页。
② 参见师曾志、胡泳等：《新媒体赋权及意义互联网的兴起》，社会科学文献出版社2014年版，第3页。
③ 参见刘守芬、叶慧娟：《网络越轨行为犯罪化的正当性探讨》，载《网络法律评论》2005年01期，第111页。

频。受众可以广泛且深入参与以数字化方式体现的新媒体形式,和传统媒介相比,其很大程度上突破了国家、地域、社群等制约传统传播的物理界限。① 微博的信息传递比其他传媒更具裂变性,信息的传播速度与转发功能呈现"核裂变式的几何级数效应"②。这种"裂变"效应,极大地增加了人们的交往面,改变了过去人们直线型或以地域为局限、面对面的平面交往方式,人与人之间的联系再也不是以前的网络时代那种以个人为原点的放射性联系,而是一种无中心的"互联"模式。③ 中国传统人际交往主要建立在熟人关系基础上,这也是为什么中国社会被称之为"熟人社会"的原因。和熟人交往所产生的"强联系"相比,微博等网络社交媒体可以依个人兴趣"关注"任何一个无现实联系的用户,并且可以通过"评论"和"转发"与其交流,将陌生人之间的"弱联系"无限放大。④

(二) 内容无限制

从律师针对特定案件,借由微信、微博传播的内容来看,不仅有其针对案件事实、证据或涉及的法律观点,还会涉及某些情绪化的言论,甚至批评、指责乃至谩骂。即使针对同行的执业行为,律师也往往会通过微博、微信等媒介进行评价。很多广受社会关注的案件都不同程度地遭遇众多同行质疑,如庭审时间是否足够? 辩护律师是否尽到了职责? 具有代表性的是"北海案"律师团某成员先后发表两篇博文质问:"四百余本卷宗的惊天大案,庭审半天,不超过三小时。这是不是一个真正的法庭? 该案有没有真正的辩护? 没有真正的辩护,就没有真正的法庭。不是真正法庭的法庭,必然是表演与欺骗。"其中一篇博文下方跟进的评论近700条,其中多数为同行跟进的探讨。⑤

(三) 服务非重合

当下,律师与律师事务所对互联网的应用趋于单调,大多数律师事务所仅

---

① 参见刘行芳主编:《新媒体概论》,中国传媒大学出版社2015年版,第11页。
② 张跣:《微博与公共领域》,载《文艺研究》2010年第12期,第97页。
③ 参见刘守芬、叶慧娟:《网络越轨行为犯罪化的正当性探讨》,载《网络法律评论》2005年01期,第111页。
④ 参见郭珂琼:《论新兴权利与新兴媒介——微博的自由表达机制与舆论引导的制度构建》,载《东南学术》2014年第3期,第40页。
⑤ 参见郭丽萍:《钱列阳的挨骂年》,载《发展》2013年第10期,第52页。

局限于在网络上进行信息查询和律师事务所的宣传与推广。其实，律师事务所也可通过互联网实现客户委托、法务对接、纠纷处理、项目交易等大量实务运用。从当前律师事务所的运营现状来看，已有若干律师事务所建立网上委托系统，即律师业务电子商务，使远程客户在节时省力的基础上，依托电子商务完成授权委托及付款，继而开展法务活动。故电子商务的应用在律师事务所网络化建设过程中大有空间。① 例如某家律师事务所出的第一批产品，是被称做"及时遗嘱"的服务。这种被称做"及时遗嘱"的服务，就像商店货架上出售商品一样，销售不同价位的法律服务包。购买者可以根据所付服务费的不同价位，选择在线自己完成遗嘱书写之后再由律师审查、修改，或是到律师事务所在律师的帮助下撰写遗嘱。实践中客户很愿意像选购超市商品一样挑选自己可以接受的遗嘱法律服务包。②

除了通过网络媒介推广、应用传统律师业务之外，自媒体时代律师网络沟通力的重要立足点还在于借助自媒体放大律师的声音，进而达成与公权力对象之间的平等互动。例如，有影响力的律师通过微信、微博等自媒体发声的方式，可以间接地促进审判公开，进而通过自媒体适度公开案情来促进庭审活动规范化，促进法院网站建设，推进法院司法网络公开，促进法院系统建立司法公开的考核、激励和责任机制。③

第三节 律师沟通力的养成与禁忌

一、律师沟通力的滥用危害

随着时代的进步，特别是网络科技的迅猛发展，越来越多的律师意识到庭外言论诉讼策略的意义，开始在包括刑事案件在内的庭审过程中，利用各种媒

---

① 参见谢军、钱一一：《"互联网＋"形式下律师业务的路径优化》，载《知与行》2015年第11期，第93页。
② 参见贾澂：《英国律师的广告营销策略》，载《中国律师》2012年第3期，第75页。
③ 参见范大平、杨萍萍：《刍论自媒体与司法公开、公正》，载《南方论刊》2015年第12期，第45页。

介发表庭外言论，甚至直播庭审过程。有人坚持应当通过新闻媒体进行直播庭审，其他主体，包括律师在内都不适合从事此类行为。一方面，新闻媒体是专门从事宣传的主体，无论是在措词还是在内容报道的全面性方面均具有较高水平，能够保障直播的正当性；另一方面，《法庭规则》明确规定录音、录像由新闻媒体进行。①

以律师本人对于案件的高度参与性来说，从公正的立场上看，律师显然并不适合作为庭审直播的行为者。

对于庭审部分的所谓直播暂且不论，无论律师发表庭外言论的初衷是什么，在我国当前审判不够独立的司法体制以及司法与媒体关系尚未理顺的司法环境之下，缺乏规制的律师庭外言论会对当事人权益带来伤害，对公正审判造成冲击，甚至会酿成无法挽回的恶果。更为可怕的是，这些危害难以通过有效的司法救济予以消除。这就导致律师有可能利用自己拥有的社会资源优势，通过"俘虏"司法权力集团来获取或动员稀缺资源，从而引发社会资源的分配不公，给社团组织外的社会成员和其他同业者造成福利损失，甚至带来社会总福利的得不偿失。② 而这种社会总福利的减损，就是律师沟通力滥用所引发的不当后果。

如在某些有广泛影响力的知名案件的审理过程中，姑且不论当事人行为本身如何，在穷尽所有可能的救济之前，作为律师，特别是刑事辩护律师，更应该相信证据，相信法律，用自己专业的职业素养去引导法庭的最终裁决，而非使用道德、公众情绪去"绑架"民意，甚至绑架法庭，妨碍司法公正；同时也因其极不专业的法学素养，势必将影响自己的社会信誉与业内评价。

现实中，律师滥用沟通力的典型事例除了上述情况之外，还包括私下接触法官，与法官私下勾兑，从法官处获得案源或要求法官介绍代理、辩护等法律

---

① 参见王永杰：《论微博直播庭审的利弊权衡》，载《南都学坛》2013年第4期，第72页。
② 参见高其才：《中国律师办案中的关系因素——社会资本理论视角的分析》，载《北方法学》2007年第6期，第117页。

业务，向法官打听案情。① 除此之外，律师还可能会"借给"法官交通工具、通讯工具，甚至为法官"报销"应由其个人支付的各种费用，向法官赠送购物券、代金券或打牌故意输钱，借红白喜事名义直接行贿等沟通行为屡见不鲜②，玷污了律师的职业形象，也在很大程度上干扰了司法的公平正义，危害不可谓不大。

除此之外，随着网络等新兴媒体的介入，固然可以增强律师的沟通力，尤其是让占据专业、资源、资金、人脉、案源优势的大型律师事务所或杰出律师从中获益，成为既得利益者，但也会让无法在网络时代获得话语权的普通律师面临更为艰难的竞争环境。更为重要的是，随着人工智能等科技的迅猛发展，很多传统律师业务都将被包装成产品在网络上销售，因此会直接替代低端律师所从事的基本法律业务，导致其失业。③

二、律师沟通力的法律边界

律师通过博客等新媒体发布庭外言论均有其特定目的。有时甚至会使社会

---

① 曾有一位翟姓律师给法官写信，表示"我想与您进行友好的合作，共享诉讼资源，同分可得收益。在您主审的民事和经济案件中，您可将当事人的一方介绍给本人，我可按所收代理费总额的40%作为介绍费支付给您。"翟某在这封信中还这样介绍自己：我历来注重案件来源的多样性，有选择地和有限地与部分法官的合作是多样性之一。基于这一点，我想与您进行友好的合作，一来交个朋友，二来在维护当事人利益的前提下，共享诉讼资源，同分可得收益。翟某在信中称："在您主审的民事和经济案件中，在同时具备以下三个条件而又有可能的情况下，您可以将当事人的一方介绍给本人；1. 争议金额三十万元以上的；2. 该当事人未聘请律师或可以再聘请的；3. 该当事人有可能胜诉或减少一定经济损失的。"翟某还随信附上了自己的名片。北京市司法局对此事进行调查后认为，翟某作为执业律师时间不长案源不足，为牟取不正当利益给法官写信，许诺可预期的利益向法官行贿，违反了《中华人民共和国律师法》第45条第1款第（二）项的规定。司法局据此作出行政处罚决定书，吊销了翟某的律师执业证书。翟某对该处罚决定不服，向北京市西城区人民法院提起行政诉讼。翟某诉称，他的信件发出后，没有任何法官与他联系，他也没有给任何法官支付过介绍费，他认为司法局作出的行政处罚决定书认定事实有误，并请求法院撤销北京市司法局作出的行政处罚决定书。北京市西城区人民法院审理后认为，原告以邮寄书信的方式，许诺支付法官介绍费，以达到争揽诉讼代理业务目的的行为，已构成行贿行为。依据《中华人民共和国行政诉讼法》第54条第（一）项之规定，判决维持北京市司法局作出的《北京市司法局行政处罚决定书》。参见范红萍：《北京一律师行贿法官被罚 状告司法局败诉》，载《天津律师》2005年第2期，第61页。

② 参见李崞：《关于律师与法官关系的实证研究》，载《法治研究》2008年第7期，第45页。

③ 参见邱松梅：《法律行业面对咨询科技的机遇和挑战》，载《中华全国律师协会国际专业委员会2001年会论文集》，第261页。

舆论认为，法院的最终判决被律师煽动起来的群体情绪所"绑架"，从而使法律环境继续恶化。譬如，在一些社会影响或争议较大的案件中，律师不当使用沟通力，借助媒体单方发布信息，并试图影响司法进程，则可能将承担一系列与保密义务相关以及引发不当影响的风险。特别是随着社交新媒体的兴起，律师利用新媒体发布案件信息制造舆论压力形成"虚假民意"的成本降低，但其对当事人乃至公正判决可能造成的风险却不容小觑。因此，为了避免上述风险，除了要加强司法信息的公开，规范传统媒体的自律，特别需要明确律师庭外言论的边界，严格律师惩戒制度。① 律师借助媒体发表言论、实现沟通，应受到法律法规和职业规范的必要限制。因此，律师借助自媒体推进司法公开公正的同时，也应受到法律法规和职业规范的必要限制。② 结合我国相关法律、法规及司法实务的经验，现阶段我国律师沟通行为的法律边界应当作如下认定：

（一）律师的沟通行为，不得妨碍国家司法、行政机关依法行使职权

很多国家都对律师所发表的言论等沟通行为有明确的法律限制，也就是说，律师向媒体公布的必须均为与案件有关的事实，律师职业规范禁止律师在媒体上发表对法官的煽动性意见，禁止其通过博得公众同情而对审判施加压力。具体而言，律师不得公开或者通过媒体发表有关法官品格、操守等足以损害司法尊严或者公正形象的轻率言论，但有合理怀疑者除外。除此之外，律师在接受委托的案件宣判之前，不得就该案件公开发布或者通过媒体发表足以损害司法尊严或者公正形象的轻率言论。③ 我国虽然对于律师的言论、沟通行为缺乏详尽的立法规制，但根据我国《律师执业行为规范》第14条的规定，律师不得实施妨碍国家司法、行政机关依法行使职权的行为。此外，律师执业规范中还应相应配套建立对违反律师庭外言论规则的调查和惩戒制度。④

可喜的是，很多省、市相关机构对此问题曾经先后出台过相关规定加以规

---

① 参见胡田野：《新媒体时代律师庭外言论的规制》，载《法学》2014年第1期，第8页。
② 参见范大平、杨萍萍：《刍论自媒体与司法公开、公正》，载《南方论刊》2015年第12期，第47页。
③ 参见许身健：《律师庭外言论要按拳谱出招》，载《检察日报》2013年7月31日，第007版。
④ 参见《律师执业行为规范》第17—33条。

制。例如，2011年7月，云南省高级人民法院等五机关联合制定《关于规范和保障律师依法执业有关问题的规定》，其中规定"律师不得利用网络、媒体及社会舆论实行干扰司法活动等行为"。陕西省律师协会出台的《关于律师参与办理重大、敏感及群体性案件的指导意见》规定了律师办理重大、敏感案件中的庭外言论规则，对律师的以下几种行为作出了禁止性规定：一是禁止利用网络、微信、微博等大肆炒作，发表歪曲、误导、煽动性言论，向办案机关施压。二是不得通过鼓动、发起、参与案件当事人或其他人员以非法串联、集会、游行、示威、聚众扰乱公共秩序等方式发表"行为性"庭外言论。陕西省律师协会的指导意见不仅禁止参与案件的代理或辩护律师发表上述庭外言论，而且禁止未参与办理重大、敏感及群体性案件的其他律师也不得对正在审理的案件公开发表意见和评论，不得组织、参与、支持任何形式的声援团或以在网上聚集、围观、声援等方式制造舆论压力和社会影响。此外，石家庄市律师协会也出台了类似指导意见，禁止其利用网络等媒介炒作案件，规定律师办理相关案件的进程中或案结后，未经允许，律师事务所或承办律师一律不得接受新闻媒体的采访，更不得主动投稿或上网介绍案情或评论。[①]

（二）律师的沟通行为，不得侵犯他人的商业秘密及其他合法权利

律师在自媒体上发言必须注意履行保密义务。《律师法》第38条第1款规定："律师应当保守在执业活动中知悉的国家秘密、商业秘密，不得泄露当事人的隐私。"由此可见，律师既要对国家秘密、个人隐私等保密，还要对委托人和其他人的隐私保密。出于对特殊群体利益和信息安全的保护，涉及国家机密、个人隐私、未成年人犯罪的案件审理都不能公开，这也是律师所应当恪守的言论边界。当前对于网络言论的监管，如果只主张从主体角度将案件言论权仅仅赋予某一个或者几个群体，违背了宪法的平等原则，不符合法治化的要求。司法与媒体之间一直在"磨合"的过程中寻找彼此的边界，针对律师微博等自媒体一开始就视其为"洪水猛兽"并不一定能够真正实现保障司法公

---

① 参见朱兵强：《网络时代律师庭外言论的规制》，载《北京邮电大学学报（社会科学版）》2016年第4期，第67页。

正的目的。这就特别需要强调法治化的原则和精神,即在缺乏法律规定时,网络言论后果再严重也不能够对其通过司法途径来处理,但是必须要加强法制建设,提前为管理网络言论创造立法条件。① 除此之外,律师的庭外言论还不得有损委托人权益,即律师或诉讼代理人发表涉及委托人事务的公开声明必须符合委托人的最大权益,不允许发表任何有损委托人权益的庭外言论。另一方面,律师可以对有损其委托人权益的信息进行保护性的回应,即律师或诉讼代理人对已出现的对其委托人存在明显片面或不利、致使其委托人权益受损的信息可以公开进行回应、解释或声明。②

(三) 律师的沟通行为,不得恶意僭越公序良俗及诚实信用原则

我国律师的庭外言论缺乏自我约束,有些律师似乎对利用媒体影响司法驾轻就熟、乐此不疲。实践证明,这种靠庭外言论影响司法的手法是有效的,而且有时能收到奇效。但是,该行为对司法环境的侵害也是不言而喻的。久而久之,作为专业人士的律师会忽略职业技能的作用,代之以乞求于媒体的作用,这与不按拳谱出招的拳师并无二致。律师借助于媒体为所谓受到不公正待遇的民营企业家造势,这和在媒体上为声名狼藉的性犯罪被告人洗白之行为在性质上并无不同,如有区别,也纯属五十步笑百步而已。③

相反,律师或诉讼代理人不得发表具有煽动性、仇恨性、诽谤性或者误导性、虚假性、猜测性等任何可能被合理地认为损害司法公正的言论,律师也不得支持、帮助或诱导他人发布上述言论。④ 因此,律师利用自媒体宣传或公布案情亦必须以诚信为本,不得发布虚假信息。律师运用自媒体公布案情要适度,必须遵守律师执业行为规范,超过必要限度,便有"舆论干预司法"之嫌,同时也违反了法律的相关规定。律师不得利用自媒体散布不当言论。律师

---

① 参见杨秀:《案件传播中的律师微博研究》,载《重庆大学学报(社会科学版)》2015年第2期,第146页以下。
② 参见王永杰:《论微博直播庭审的利弊权衡》,载《南都学坛》2013年第4期,第72—74页。
③ 参见许身健:《律师庭外言论要按拳谱出招》,载《检察日报》2013年7月31日,第007版。
④ 参见陈实:《论刑事司法中律师庭外言论的规制》,载《中国法学》2014年第1期,第62页。

在自媒体上散布不理性的信息、情绪化的渲染影响到普通公众时,不但不能帮助公众监督司法,实现从非理性到理性的转变,反而加大了公众情绪化的程度,招致对司法的抵触,这对司法公正也是一种打击。

因此,要保持司法独立和公平正义,虽然离不开舆论的监督,但又要对律师的言论加以适当的限制。律师在自媒体上的发言应该受到适当的规范,律师不得随意发布辩护词和代理意见。律师在案件未判决时可以适度公开可以公开的案情,但不应随意通过自媒体发布可能被合理地认为损害司法公正的言论,也不得故意帮助或引诱他人发布上述信息,更不得发布伪造的事实和法律声明,包括与事实相悖的辩护词和代理意见。① 还有一些研究者认为,中国当前对于认定律师宣传损害司法公正的规定过于模糊,操作性不强,因此设定律师言论界限时应当规定律师可以申明的三类内容,即当事人身份信息、处境情况的信息、已经发生和将要发生的程序信息以及包含在已经公开的公共记录里的信息。同时对于媒体已经出现的对其代理或者辩护的人存在明显片面或者不利宣传,律师有权通过媒体进行回应或者解释(包括警方、检方向媒体公布的信息)。总之,律师不得对包括媒体在内的第三者提供伪造的事实和法律声明。②

对于受过法学教育的律师执业者来说,拥有边界的权利才是真正可以得以伸张的权利,是一种共识。任何对于这种权利的滥用和非法使用,最后导致的结果只能是相关权利和利益的消亡。对于律师来说,需要认知到,受到限制的权利并不是困于枷锁,而是规制于绳墨,才能建立起法治的广厦。

三、律师沟通力的应然向度

在法律、法规及职业规范、执业道德的限度内,律师从事沟通行为应当从以下四个向度着手:

---

① 参见范大平、杨萍萍:《刍论自媒体与司法公开、公正》,载《南方论刊》2015 年第 12 期,第 47 页。
② 参见高一飞、潘基俊:《论律师媒体宣传的规则》载《政法学刊》2010 年第 2 期,第 5 页以下。

(一)关注公益

公益律师,本身就是最好的律师营销方式。很多公益律师通过开设公益性法律咨询服务热线、作为栏目嘉宾或主持参与一些与法律相关的电视栏目的方式推广自身业务,扩展服务途径和方式,提高律师的知名度。[1] 事实上,美国大型律师事务所新招募的法学院毕业生,都将配备到公益活动部门工作两到三年以获得实际工作经验。从这样的环境成长起来的大律师将会持之以恒地支持公益活动。美国律师事务所真真实实地开展了公益工作,通过做宣传,感动客户、吸引客户、发展客户,实现多赢的局面。[2] 在我国,此类公益律师人数众多,更值得一提的是,很多律师事务所也已经认识到了公益营销的巨大价值,并积极创新形式开展活动。例如,全国知名的金杜律师事务所,自2004年起就成立了金杜公益委员会,逐步构建内部公益事业体系,组织领导及推进该所的公益活动。2008年年初,在开展公益活动的基础上,该所捐资500万元发起成立"金杜公益基金",成为北京市第一家由律师事务所发起设立的公益基金会。金杜律师事务所目前已经形成了具有自己特色的系列公益项目。"金色童年"计划是金杜系列公益项目之一。自2005年起,该所已经在四川省、江西省、甘肃省、西藏自治区等贫困地区建立了六所"金杜课堂"。通过在大学设立奖学金的形式支持高等法学教育,目前该所已在北京大学、清华大学、人民大学、吉林大学、复旦大学等设立了"金杜奖学金"。基于公益事业的开展,金杜律师事务所在业界、当事人中间赢得了良好的口碑,并获得了"北京律师行业2010年度公益大奖""首都慈善公益组织联合会2008年度慈善优秀集体"以及"朝阳区社会公益法律服务先进集体"等荣誉称号。[3] 这便是律师行业关注慈善以增加影响力的直观范例。

事实上,每一位律师,都是法律人,入行当初,就算没怀着改变社会的伟

---

[1] 参见肖苏、简连华:《律师事务所服务营销策略研究——以江苏蓝之天律师事务所为例》,载《电子商务》2013年第10期,第41页。
[2] 参见吕冰心:《律师公益诉讼的营销价值》,载《法人》2007年第10期,第70页。
[3] 参见北京市金杜律师事务所上海分所: 《金杜模式》,载东方律师网(HTTP://WWW.LAWYERS.ORG.CN/INFO/12B25023836D4F89831ED85D23B05D0A),访问时间:2017年12月22日。

大理想，也有一丝最朴素的正义观和责任感。进入社会后，或许当初的理想在朝九晚十中逐渐磨平，但总有一群又一群的律师，没有忘记当初法学院里所学的，在赚钱养家之余，用自己的余力、身体力行做公益。笔者这里有一份很长的名单，记录着包括我们所在内的许多律师事务所进行公益活动的事迹。

以君合律师事务所为例，自2012年与河北省阜平县台峪乡白石台小学建立联系起，到如今，已经过去6个年头。白石台小学位于阜平县最偏僻的角落，是阜平县办学条件最艰苦的小学之一。这里有上百名学生，六个年级外加学前班，不到十名教师，平均每个年级连两个老师都分配不到。2012年至今，君合律师事务所每年都向白石台小学提供各类援助，包括打井、提供营养午餐、聘请老师等。2013年，白石台小学更名为君合希望小学，让这个深处深山的小学，和中国顶尖律所建立起了更深厚的联系。每年，君合律师都会前往该小学探望师生，谁又能知道，多年以后，这里会不会出现中国下一位优秀的律师呢？

（二）把握热点

除了公益营销之外，新闻营销也是律师扩大个人沟通范围、赢得美誉度的重要手段。新闻营销有一种润物细无声的效果，同样是把律师的信息传达给潜在的客户，新闻以客观、公正的形式不动声色地吸引大众目光，达到营销的作用。营销的目的在于传播律师的良性信息，提高律师美誉度，最后达到开拓案源和塑造律师品牌的目的。在新闻事件发生的时候，律师应该学会借助新闻事件进行营销。

例如"三鹿奶粉"事件中，作为律师，可以第一时间就此事件中涉及的法律问题进行深层次剖析，通过法律的评析与专业的分析，来增强百姓的法律意识、维权意识，完美地完成律师的社会性使命，同时自然也就增强了影响力，进而增强了商业性。这就需要律师增强新闻信息捕捉能力、新闻稿件写作能力、媒体资源开拓及维护能力、扎实的营销素养、丰富的实战操作经验。[1]

除了被动等待热点事件出现之外，律师还可以人为营造热点事件。作为专

---

[1] 参见吕斌：《律师也需要新闻的眼光》，载《法人》2008年第11期，第86页。

业法律人士,律师可以通过进行"民告官"之类的官司吸引媒体关注度进行个人营销。譬如,"中华牙防组事件"的参与律师因主动介入社会传播热点,而赢得了广泛的知名度和美誉度。①

(三) 突出专业

律师的沟通行为必须具备专业的沟通方法。这种专业的沟通方式体现为实质的专业性以及形式的专业性。

所谓实质的专业性,是指有效沟通最重要的是要有勇气开口,将自己内心所想表达出来,才能与他人沟通。首先,要态度诚恳。人是有感情的,在与人沟通时,当事者相互之间所采取的态度对于沟通的效果有很大的影响。其次,还需要提高自己的表达能力。对于信息发送者来说,无论是口头交谈还是采用书面交流的形式,都要力求准确地表达自己的意思。第三,要注意选择合适的时机。由于所处的环境、气氛会影响沟通的效果,所以信息交流要选择合适的时机。第四,要注重双向沟通。由于信息接受者容易从自己的角度来理解信息而导致误解,因此信息发送者要注重反馈,提倡双向沟通,请信息接受者重述所获得的信息或表达他们对信息的理解,从而检查信息传递的准确程度和偏差所在。最后,还需要积极地进行劝说。由于每一个人都有自己的情感,为了使对方接受信息、并按发送者的意图行动,信息发送者有必要进行积极的劝说,从对方的立场上加以开导,有时还需要通过反复的交谈来协商,甚至进行一些必要的让步或迂回。作为听众,要仔细聆听,接受信息,同时还要缩短信息传递的中介。②

所谓形式的专业性,是指律师的沟通形式必须满足其开展法律服务业务的现实需要。例如,通过开展全方位的客户维护,对客户进行回访,组织联谊会、培训会,定时更新客户信息,确保全过程与客户保持联络沟通状态,提高服务质量,满足客户的需求。③

---

① 参见吕冰心:《律师公益诉讼的营销价值》,载《法人》2007 年第 10 期,第 71 页。
② 参见李淑娴、焦弘:《消除人际沟通障碍 实现组织有效沟通》,载《北京大学学报(哲学社会科学版)》2006 年 S1 期,第 72 页。
③ 参见张霄云:《律所营销推介与客户维护策略》,载《中国律师》2011 年第 5 期,第 72 页。

（四）善用网络

从事互联网法律服务平台的法定地位如何定性，存在较多争议，至今未有定论。互联网法律服务平台作为新的市场探索的一个方向，像互联网金融一样，亟须明确定位。① 但有一点可以明确，在"互联网＋"思维下创建互联网法律服务平台，先进的互联网技术平台、律师事务所、律师三者缺一不可，这是先进的网络平台技术硬件与优秀的律师或律师事务所资源软件的有机融合，并非单纯的互联网法律服务机构。同时也应诚实、善意地运用网络技术，及时或定期更新，坚持原创和真实原则。② 有专家指出，无论是律师事务所，还是律师，在借由网络媒体平台进行推广或从事业务的过程中，需要以客户体验为优先考虑目标，同时将不同资源模块做好切割与分工，将资金、专业、管理与市场各个主体迅速集合到一个平台，打造完善的、具有自我优化潜能的"生态圈"。③ 一位著名律师认为，律师开微博要用实名并最好注明律师身份，比如"某某律师"这个名称，一目了然，同时要有跟职业形象相符的头像，要标注来自哪家律师事务所，要有一句体现本人理念价值观或者追求的一句口号、广告语，突出价值观。④

对于微博的原创和转发，律师应该坚守自己的原则，随意转发别人的微博会影响到自身的专注度或者专业度。在律师发布的微博内容中，律师事务所管理方面及事务所的动态占多数，这是为了营销。除此之外，还要利用微博进行关联活动的转发和呼应，给推动民主法治的人给予一定的支持与声援。从某种意义上说，立足于互联网的沟通与以此引发的法律服务，很可能代表着律师行业的将来与发展方向。

---

① 根据《互联网信息服务管理办法》第 4 条的规定，国家对互联网信息服务分为经营性与非经营性两类进行处理，规定了对前者实施许可制度，而后者实施备案制度。因此，在甄别经济属性时只要明确通过互联网法律服务平台向客户有偿提供信息或定制即为经营性行为。反之，通过互联网公开的信息均是共享性的，应为非经营性行为。

② 参见参见谢军、钱一一：《"互联网＋"形式下律师业务的路径优化》，载《知与行》2015 年第 11 期，第 96 页。

③ 参见董冬冬：《互联网思维下的律师事务所管理与运营》，载《中国律师》2014 年第 5 期，第 54 页。

④ 参见廖卫华、陈玉峰：《李海波："微"出律师的精彩》，载《法人》2013 年第 4 期，第 59 页。

第四节 小　　结

　　律师对于自身社会人际关系网络的营建与维护，是确保其能够获得生存、发展的必要前提，在"关系"盛行的中国社会，律师与其他人际关系尤其是网络主体的沟通，必须有所为，有所不为。从时代发展，特别是新媒体日新月异的发展趋势来看，媒体在社会变迁中所发挥的沟通社会与组织社会的作用，愈发显明。律师必须学会对其他社会成员的平等和自由的尊重，学会与其他成员的理性交往和沟通，懂得参与公共事务的理性协商。① 在法律、法规、律师职业规范、道德限度内，律师必须充分发挥自身的沟通能力，利用网络、平台资源以期更好地实现营建个人品牌与公信力，争取案源，获得公共领域话语权的执业目标。

---

① 参见师曾志：《沟通与对话：公民社会与媒体公共空间——网络群体性事件形成机制的理论基础》，载《国际新闻界》2009年第12期，第85页。

第三章　分析力：律师职业的技术之维

专业的知识层次、冷静细致的分析能力，是社会大多数人对律师行业从业者的基本印象。对于律师来说，这种印象也是其对自我形象、职业技能的最基本的要求。为此，大多数律师都必须忍耐更多的寂寞，将大把的时间用在知识的积累、技能的磨炼，以及对相关资源与材料的分析之上。案牍劳形、文山案海，无论以往还是现在，甚至在可以想见的未来，这都是律师生活的常态。

如今，随着互联网时代的到来，信息科技的高度发展，原本很多由人类掌握、支配和使用的知识正在被人工智能技术所替代。2016年10月15日推出的国内首款法律机器人"法小淘"，已能够基于法律大数据实现智能案情分析和律师遴选。而由iCourt于2017年推出后即在律师界取得广泛影响和接纳的Alpha系统，更是可以基于法律大数据智能生成多维度的检索报告和尽职调查报告，并可实现一键可视化，甚至具备从海量裁判文书中智能归纳特定案件的重点证据和争议焦点的实用功能。除此之外，最高人民法院新近成立的司法案例研究院也借助信息科技建构起案例的众筹模式，包括案例甄别体系、案例评选体系、案例研究分析体系，系统将通过记录这些检索行为、评价行为等，不断学习和积累数据，最终实现人工智能。① 必须承认，以"法小淘"和"Alpha系统"为代表的智能案例检索工具，通过独特的裁判文书解构系统，能识别出每一份裁判文书中的案件类型、审理法院、代理律师、原被告诉求等诸多信息，并且在巨量数据间建立关联，进而取得相当精确的检索结论。

需要指出的是，著名科学家霍金曾指出："人工智能的全面发展可能导致

---

① 据了解，人工智能在法律领域最为著名的应用是"人工智能律师"ROSS。它能够自动检索法律文档数据库，找出与用户提出的问题相匹配的答案。目前，拥有约九百名律师的美国律所Baker & Hostetler已经"雇佣"了ROSS，由其协助处理企业破产相关事务。参见孟焕良：《大数据作笔，为律师和法官"画像"》，载《人民法院报》2016年10月23日，第008版。

人类的灭绝。"① 但这种观点忽视了人工智能与人类智慧最大的区别，质言之，人类的道德观、主动性、创造力与分析力，是不会，也无法由机器所取代的。相反，借助人工智能，只会使得人类变得更强大。如果说律师所提供的专业性法律服务将被人工智能取代，那么原因只有一个：这些所谓的法律服务，或许本身就缺乏律师必要的自我创新能力和专业分析能力，因此才会被无情淘汰。

实际上，Alpha 之类的人工智能科技在法律界的应用，绝不在于将律师替代；而在于将律师从大量的在专业分析能力层面相对简单，而人力操作层面则相对繁琐的工作中解放出来，从而让律师可以将更多的精力投入到真正需要其专业判断能力、法律分析能力和创造力的工作中去。换言之，技术的进步绝不意味着律师分析力的落幕；恰恰相反，技术的进步，进一步提高了对于律师分析力的要求，因为传统简单重复性的工作将逐渐被工具所取代，需要经验和智慧进行分析的重要性则被凸显了出来。

第一节　律师分析力的合理界定

关于分析能力，我国著名法理学家张文显教授曾经十分精辟地指出："任何科学研究都离不开一定的方法。用于研究工作的方法是否正确和有效，对于科学研究是至关重要的。因为研究方法在很大程度上影响着主体的认知兴趣、课题设计，资料的识别与取舍，逻辑推理的方法以及评价的标准，以致决定着能否完成或顺利地完成其研究任务。所谓研究方法，就是主体在认识作为客体的客观世界和事物，揭示其本质并阐明其一般规律的实践活动中所遵循的一套原则、程序和技巧。心理学家赫根汉曾经做过一个形象的比喻：研究对象就像是漆黑房间里一件不能直接触摸到的物体，研究方法则是从各个角度投向该物体的光束。"② 在这个意义上，所谓律师的分析力，说到底，就是对于特定分

---

① 转引自江世亮、姚人杰：《人工智能：威胁还是机遇》，载《文汇报》2015年2月1日，第007版。
② 张文显：《部门法哲学引论——属性和方法》，载《吉林大学社会科学学报》2006年第5期，第7页。

析对象，从其提供服务的角度进行解构，化整为零加以理解的能力。①

一、律师分析力的法理基础

律师作为法律共同体的一部分，其在基本意义上应具备与法官、检察官及其他法律工作者相同的分析能力，即对于分析对象的法律关系加以分解，并分别考察这种法律关系与相关法律关系的区别与联系，精确厘定能够解决问题的主线，并以此解决问题。任何法律关系都不是孤立存在的，它们总是由不同的部分、方面、因素和层次组成的。法律关系构成的复杂性决定着思维分析的必要性。没有分析，律师根本无从把握任何法律关系的本质，更无从谈及如何解决法律关系中蕴含的法律问题。

从律师这一特定身份出发，可以认为，律师分析力的法理基础应当是分析实证法学。在上一个百年，分析实证法学与新自然法学都对法律的定义、法律的效力来源、法律的目标以及法律的研究方法予以全面回答，但是由于它们的哲学立场与研究方法不同，答案也大相径庭。就分析实证法学而言，其立场的特殊性主要体现在以下五个方面：第一，研究对象只限于成熟的法律体系；第二，认为法律是立法者有意识制定的；第三，关注律令背后的强力和限制；第四，认为法律的典型形式是制定法；第五，采纳了实用主义的哲学观点。这五个方面成为后来者在研究分析实证法学时，给其贴上的"标签"。② 之所以将分析实证法学作为律师分析力的理论基础，理由如下：

（一）律师的分析力基于实然向度

我国律师在大多数情况下，仅仅能够单纯地被动适用既存法律，易言之，

---

① 《决策科学辞典》中将"分析能力"定义为人在思维中把客观对象的整体分解为若干部分进行研究、认识的技能和本领。客观事物是由不同要素、不同层次、不同规定性组成的统一整体。为了深刻认识客观事物，可以把它的每个要素、层次、规定性在思维中暂时分割开来进行考察和研究，搞清楚每个局部的性质、局部之间的相互关系以及局部与整体的联系。另，《数学辞海》中关于"分析能力"解释为：逻辑思维能力之一。分析是指把客观事物的整体分解为各个部分、方面、要素，以便逐个加以研究的思维方法，寻求数学题解的分析法是一种执果索因的因果分析。如果这种分析机能以一定的结构形式在个体上固定下来，形成一种持久的、稳定的个性特征，这就是分析能力。

② 参见尹疏雨：《分析实证法学研究的新视角——以纯粹法理论为样本》，载《河北法学》2012年第5期，第145页。

就是侧重于法的形式，以实在法规范作为唯一的研究对象，而排除其他任何社会科学部门的因素，尤其排除价值判断因素。这种研究方法论主要是形式逻辑的方法即法律概念的推理和判断的方法。从法律思想史角度看，实然型法学范式实际上也就是分析实证法学的一般方法论。在建构起一大堆界限严格的概念、术语以及经过反复提炼的法律原则、规范之后，律师需要依靠形式逻辑意义上的缜密推理从而建立起有关法律现象的"科学"体系。①

(二) 律师分析力坚持实用主义

"实用主义虽然出生在美国，但是，它的身上也有欧洲哲学思想的明显烙印。"有人因此将实用主义的特征概括为如下四点：首先，从对于传统哲学的态度来看——批判传统形而上学；其次，从哲学观上来看——行为论；再次，从真理观上看——效用即真理；最后，从方法论上看——工具主义。② 如果将实用主义和法律相结合，我国研究者对于实用主义法学的相关梳理对于理解律师的分析力而言就变得极有价值。③ 以这种论点看来，律师在面对某一出现的问题的时候，似乎很少会拘泥于某一特定的理论而让问题的解决屈居次席。一个好的律师不能沉迷于某种单一的理论，相反，其应当试图将自己的视野敞开，从而接受不同的解决该问题的方法。法律是实用的，因为其在分析上并没有开始，也没有结束。法律实用主义也不关心那些所谓的"根本原则"或者"基本理念"，而是着重考察特定问题的解决方法。法律实用主义从根本上摒弃了所谓原教旨主义或者本源主义，导致其在具体适用过程当中并不过分依据所谓的原则或者理念，而是从事实出发，以经验作为前进的风向标。正如詹姆士所言："原则是共相，事实是殊相，因此说理性主义的思想方法最愿意从整体走向部分，而经验主义的思想方式最愿意从部分走向整体，这也许是说明这

---

① 参见冯玉军：《略论法学研究范式的历史类型》，载《甘肃政法学院学报》2004年第5期，第9页。
② 参见杨寿堪、王成兵：《实用主义在中国》，首都师范大学出版社2002年版，第5页。
③ 相关内容参见李立丰：《美国刑法犯意研究》，中国政法大学出版社2009年版，第8章相关内容，这里不再一一标注。

两种倾向特点的最好的办法。"①

二、律师分析力的构成要素

律师是个思辨的职业。法律业务，特别是诉讼业务的代理，是一个高度紧张的思维活动过程，事实依据和法律准绳必经逻辑分析这一中介环节才能联结起来。因此，科学的思维分析方式、严密的逻辑分析能力是律师最基本的智力因素。这里所谓的分析能力，即分析力，是指把一件事情、一种现象、一个概念分成较简单的组成部分，找出这些部分的本质属性和彼此之间的关系后单独进行剖析、分辨、观察和研究的一种能力。概括而言，基于律师的特定角色与立场，可以将律师的分析力划分为如下基本构成要素：

（一）解构能力

根据各个研究对象之间的内在联系，将问题简单地分解成一系列的任务或活动，也就是能够把复杂的问题分解为若干个较简单、易解决问题的能力。

这里必须要谈到一个概念，就是所谓"解构主义"。"解构"一词来源于海德格尔在《存在与时间》一书中提出的"destruction"这一德文词，弃其"破坏""毁灭"等本义不用，而用其"颠覆性的分解"喻义，表示把结构加以分解或拆开，从中把意义发掘出来，使之得到显现。解构主义与其说是一种理论，不如说是一种方法。这一点被不少西方哲学家意识到了。"解构"提供的不是一堆固定的结论，而是一种充满生机的思维方式。②律师需要解决的是纷繁复杂的社会事务，需要应用的是抽象的实然法，在这个意义上，如何基于实用主义立场，适用解构的方法去芜取菁、去伪存真，便成为一个至关重要的命题。

（二）识别能力

律师需要将其所面对的复杂法律关系中主次矛盾或矛盾的主要方面和次要

---

① 〔美〕威廉·詹姆士：《彻底的经验主义》，庞景仁译，上海人民出版社1965年版，第2页。

② 参见李燕：《解构：一种肯定性的思考——析德里达解构主义哲学观》，载《长沙大学学报》2007年第1期，第73页以下。

方面，按照重要性进行排序，在纷繁复杂的各种事件与文书中能够认识某种情形下导致事情结果发生的主要原因或主要矛盾，做到有的放矢、事半功倍。

这种识别能力的基础，在于法律关系具备一定的共性。必须承认，律师所面临的法律关系形式不同、风格各异，但如果不过分关注细节的话，就必须承认所有法律关系都可以由文字表述，文字是法律关系最重要的表现形式。除此之外，所有法律关系都应能够被执行，都应具备技术上的可操作性和道德上的合法性。这就要求律师对于法律关系的确认、践行都必须基于特定立场、特定标准的分析和论证。因为所有法律关系都是用来分配权利义务、解决社会冲突的，律师必须在有限成本的前提下，区分观念的冲突和实际利益的冲突，区分主要冲突与次要冲突，从而通过对冲突的持续关注，达到定分止争、维护社会共同体秩序的目的。①

（三）归因能力

归因是律师所从事的法律业务中最为核心的逻辑概念与逻辑任务。律师需要对同一问题或情形的不同方面之间的关系进行分析，能够将问题或事件进行多重因果链接，能够认识到多因一果，即一个事件背后可能有多种原因，或一因多果，即一个行动可能引起多种结果，或一个事件中各个部分的多重因果关系等复杂的情况。

谈到因果关系这个长期制约人类认识论的聚讼概念范畴，就必须提及18世纪的哲学家大卫·休谟。在其看来，所谓因果，有三层含义：第一是原因和结果事件之间在时空上毗连（contiguity），时空连接是因果关系的先决条件。如果两个时空相距很远的物体产生了因果作用，那么其间必然存在某种因果链条的衔接。第二是时间顺序（succession），即因先果后。第三是必然联系（necessary connection），即因果现象相伴而生，有其因必有其果。休谟指出，这三要素中，前两条是必要因素，而第三条是最重要的。休谟特别强调，因果联系不同于逻辑推论，一定来自经验，也就是说，因果概念只有一个来源，即

---

① 参见董青梅：《法学教育中分析推理能力的培养》，载《法律方法》2009年第1卷，第449页。

认识主体对经验关联现象的重复观察。如果可以一次又一次地观察到两种现象总是相伴而生，就可以认定二者之间有某种联系、某种力量，使其中一现象能够屡试不爽地、确定地、必然地产生另一现象。① 这种对于因果关系，特别是归因的经验主义归结，对律师而言具有特别重要的意义。在很大程度上，律师之所以特别强调经验，就在于经验在厘定因果关系方面的重要意义。相较之下，逻辑归因理论就显得相形见绌了。

现实中我们也不断的可以看到，律师在实际操作中，一方面，会本能地对不同事件中的共性进行提取、归因，找到其内在的必然因果联系；另一方面，律师也会对细节进行钻研，在共性之上寻找特性，更加精准、确定地提供专业法律服务。

（四）预判能力

预判能力，指预测和判断可能的障碍或结果，并事先设想接下来解决问题的步骤。能事先想出几个解决问题的方案，在权衡轻重、利弊和可能性的基础上，对不同方案进行判断和选择。例如，律师根据自己的专业知识、办案经验甚至直觉等一系列主客观条件预测案件在庭审过程中的争议焦点和案件的判决结果。常见的以海量司法案例为支撑，通过对同类案件的检索和分析，案例往往会有相似的结果。通过他人的案件判决就能够预测自身代理案件的胜诉可能性以及是否需要调解。

这里所说的直觉，主要指法律直觉，源自于哲学意义上的直觉，具备内容导向性、跳跃性与结论效力的待证性三大特点。因此，和强调形式逻辑的法律推理不同，法律直觉是以内容导向为主的，借助阅历、经验与知识而快速获得某种认识，此时既可能符合逻辑推理形式，也可能不符合逻辑推理形式，只是此时的形式作用并不显著，而且由于其与阅历、经验与知识等具有个性化的品质相联系，所以法律直觉相对于逻辑推理形式的一般性而言则具有个体性特点。除此之外，法律直觉一般具有跳跃性，即缺乏逻辑推理那种严密的过程

---

① 参见彭玉生：《社会科学中的因果分析》，载《社会学研究》2011年第3期，第2页以下。

性，或者即使具有类似的过程性，也以非线性的形式展开。最为重要的是，法律直觉的结果一般都是或然性的。但这种或然的判断毕竟是在意识清楚、理智清晰的情形下作出的，与冲动截然不同。① 如果没有这种敏锐的法律直觉，律师根本无法在短时间内作出是否接受当事人的代理要求，以及如何应对突发状况等判断，这样不仅会提高执业风险，更可能导致法律服务的质量出现瑕疵甚至缺陷。

（五）综合能力

律师所应具备的分析能力，还包括复杂分析后的综合能力，指律师能够在运用上述各项分析能力的基础上，结合具体情况、所处语境及特定的利益考量，综合评价并辨认出一个法理关系所涉及的多个方面的利害关系，并对每一个方面的利害关系进行详细说明，标出它们之间复杂的因果关系及相互影响程度，在此基础上根据不同的利益位阶及消费比，将复杂的法律关系分解成多个部分进行分析判断，能够运用不同的分析技巧进行复杂的计划或分析，在理性分析的基础上，对多种系统方案的优劣进行判断和选择，特别是成功的可能性、成本效益的比较、需求的急迫性以及对未来的潜在影响等。通过综合分析，律师可以辨别事物之间的多重联系，较为深入地分析事物之间的复杂关系；可以分析法律关系之间多层因果、环环相套的互动情况，为自己寻找最佳的法律解决路径与方案。

三、律师分析力的价值属性

律师提供法律服务是从法律规范的大前提出发，通过调查取证、查阅法律文书、研究相关法律，在掌握大量案件事实的基础上，进行符合逻辑的分析和推理，透过现象抽象出事物的本质，然后得出符合法律要求和客观事实的结论，形成正确的辩护或代理意见。同时，在庭审中，也要借助科学分析方法，巧用逻辑分析进行论证和反驳。

---

① 参见李安：《法律直觉是什么》，载《杭州师范大学学报（社会科学版）》2013 年第 5 期，第 117 页。

分析能力包括将问题系统地组织起来，对事物的各个方面和不同特征进行系统地比较，认识到事物或问题在出现或发生时间上的先后次序，在面临多项选择的情况下，通过理性分析来判断每项选择的重要性和成功的可能性，以决定取舍和执行的次序，以及对前因后果进行线性分析的能力等。

分析能力较强的人，往往学术有专攻、技能有专长，在自己擅长的领域里，有着独到的成就和见解，可以达到常人所难以达到的境界。在工作和生活中，经常会遇到一些事情、一些难题，分析能力较差的人，往往思前想后不得其解，以致束手无策；反之，分析能力强的人，往往能自如地应对大多数难题。这是因为，一般情况下，一个看似复杂的问题，经过理性思维的梳理后，会变得简单化、规律化，从而轻松、顺畅地被解答出来，这就是分析能力的魅力。

熟练运用所学的法律知识分析具体案件的能力，是包括律师在内的所有法律职业人的基本素养。对案件的分析，既要有对事实的抽象和归纳能力，也离不开法律规范的运用和论理分析能力，更需要加强事实分析与理论分析的融会贯通，即通常所说的"以事实为根据，以法律为准绳"。律师工作要面对复杂多变的法律事实，除案件情况、相关证据、有关法律条文等已知因素外，还会遇到许多未知因素，如有关案件、人证物证新情况，以及一些具体细节，论辩中出现突发性问题等，这就要求律师必备分析能力。

这是因为，法律是调整人的行为、以权利和义务为内容的社会规范。因此，规范性是法律的属性。法的规范性决定了其不可避免地存在一系列局限性。如法律自身存在立法空白和立法漏洞、法律规范的滞后性、法律规范的僵化性、法律规范的抽象性、法律规范的模糊性、法律规范的有限性，等等。① 除此之外，针对特定法律问题或法律关系，适用法律又存在位阶及可适用性等诸多技术性问题。当一个案件的事实查清以后，就要寻找所应适用的法律规范，会发现法律上与本案有关的不仅仅是一个法律规范条文，往往涉及多个法

---

① 参见徐国栋：《法律局限性的处理模式分析》，载《中国法学》1991年第3期，第56页以下。

律规范，甚至是不同法律中的法律规范。例如，关于农村集体土地使用权转让案件中，可能涉及《中华人民共和国宪法》《中华人民共和国合同法》《中华人民共和国物权法》《中华人民共和国村民委员会组织法》《中华人民共和国农村土地承包法》《中华人民共和国土地管理法》等多部法律法规。在某些案件中，还可能面临着不同位阶的法律法规之间的效力冲突问题。宪法、法律、行政法规、地方性法规等规范性法律文件之间的法律地位和效力的抵触。

更为重要的是，随着我国社会转型进程的加速深入，各种社会问题交织，深层次社会矛盾凸显，新问题、新纠纷层出不穷，数量快速增长，尤其是涉及复杂技术事实认定和法律适用的新类型疑难复杂案件大量涌现[1]，使得现行的法律规范在解决案件的过程中面临着前所未有的挑战。新型案件和疑难案件增加了案件代理的风险性和不确定性，在现行的法律规范中往往很难直接找到现成答案，或不能通过简单的逻辑推理方法解决，复杂案件往往表现为社会新出现的纠纷或极端复杂的、非典型的社会纠纷。案件的复杂性还产生于案件事实与规范间的不对称关系，主要体现为，预设的规范不能满足事实的需要。正是由于新型、复杂案件在法律规定和案件之间缺乏明确的、简单的逻辑关系，因此在案件的处理过程中应充分重视分析力在法律案件中的运用。

法律实务中，尤其是新晋律师，在进行案件分析的过程中，一直缺乏一套规范的、严谨的、系统的分析方法，每个人都根据自己的学术背景、思维模式来分析案例，欠缺一种规范的分析方法。律师常常是先确定了事实，然后就直接确定结论，其后为了支持结论再去寻找一些法律依据。更有甚者，许多法律工作者常常从事实直奔结论，缺乏推理过程。这种现状表明系统的法律分析方法在实务中未能得到广泛的重视。缺乏统一的法律分析方法、分析思维作为基础，这对提高律师职业群体的业务能力极其不利。因此，探讨正确严谨的法律思维方式、分析方法，对律师掌握案例分析的基本方法具有十分重要的意义。

---

[1] 例如，根据最高人民法院2014年发布的《中国法院知识产权司法保护状况白皮书》，全国法院新收知识产权一审案件数量激增，新增案件分布出现从沿海发达地区向中西部地区迁移的态势。涉及复杂技术事实认定和法律适用的新类型疑难复杂案件大量涌现，案件审理难度不断加大。参见李娜：《新收知识产权一审行政案上升243%》，载《法制日报》2015年4月21日，第05版。

第二节　律师分析力的适用方法

司法活动，尤其是诉讼活动，势必存在胜负之分，换句话说，法庭里只有赢家与输家。如果的确输在事实和法律层面，那么客户或许不会对律师有太多怨言，但若因为律师在法律分析方面出现错误，则显然无法得到客户的谅解。需要明确的是，即使律师的论辩并不存在明显的逻辑问题，也未必胜诉，但存在逻辑缺陷或明显违背法律原意的论证则一定不会获得司法支持。① 在这个意义上，律师是否具备如下分析力，就成为左右诉讼胜负抑或法律服务质量的关键。

一、逻辑分析法

律师思维的特殊性与形式逻辑关系十分密切，其所有思维活动，都要运用概念、判断、推理这个基本的逻辑分析思维形式。要学会在法律文书中准确使用概念、定义，正确地运用直言判断、假言判断、选言判断，严谨地进行归纳推理、演绎推理、类比推理，准确地运用同一律、排中律、矛盾律、充足理由律，等等。由此，正确地运用形式逻辑、严格遵守形式逻辑的基本规律已成为律师论辩的必备条件。②

（一）论证法

所谓法律论证，以刑事辩护为例，是指律师为了维护当事人的权益，首先确定结论命题，然后反驳控方小前提，选择利己大前提，以实现所拟定的辩护目标，这种逻辑活动通常称为法律论证。③ 律师最经常适用的，就是三段论论证法。因为较为常见，这里不多论述，只是提醒律师注意，在运用三段论时必

---

① 参见杨建军：《逻辑思维在法律中的作用及其限度》，载《华东政法大学学报》2008 年第 5 期，第 7 页。
② 参见万小丽：《律师论辩逻辑——律师逻辑论辩的四要素》，载《东北农业大学报（社会科学版）》2006 年第 1 期，第 110 页。
③ 参见梁庆寅、张南宁：《论刑事辩护中的法律论证》，载《学术研究》2005 年第 2 期，第 85 页。

须确保前提的真实性、中项的同一性以及推理形式的正确性。除此之外，律师常用的论证法还包括因果互证法，即依据因果之间的必然联系，以原因证明结果或以结果证明原因。当然，律师在使用这一方法的时候，需要善于在纷繁复杂的案件关系中找出具有因果关系的事例，因果推导过程需要合情、合理、合法，从而达到肯定或否定的目的。在三段论和类比论证法之外，律师还会使用所谓类比论证法，即根据两个或两类对象在一些属性上相同或相似，从而推出它们在其他属性上也相同或相似的论证方法。这种论辩方法灵活、机智，如果运用得当，可以极大地展示出律师的雄辩才华。①

（二）驳论法

美国前总统亚伯拉罕·林肯②在担任执业律师时，曾在其所代理的一起刑事案件中精彩地运用反证法，成功揭穿了控方证人的伪证。下面，就是林肯质询检方证人的一段对话：

林肯："你是否亲眼看见被告开枪杀人？你认清是小阿姆斯特朗吗？"

证人："是的。"

林肯："你在草堆后面，小阿姆斯特朗在大树下，相距有二三十米，你能看清楚吗？"

证人："看得很清楚，因为当时月光很明亮。"

林肯："你肯定不是从衣着等方面认清的吗？"

证人："不是从衣着方面看清楚的，我敢肯定看清了他的脸蛋，因为月光正照在他脸上。"

林肯："具体时间能肯定吗？"

证人："完全可以肯定，因为我回到屋里时，看了时钟，那时是十一点一刻。"

林肯："我不能不告诉大家，这个证人是个彻头彻尾的骗子！"

---

① 参见万小丽：《律师论辩逻辑——律师逻辑论辩的四要素》，载《东北农业大学报（社会科学版）》2006年第1期，第111页。

② 亚伯拉罕·林肯（Abraham Lincoln, 1809—1865年），第十六任美国总统，政治家、思想家，黑人奴隶制的废除者，内战结束后不久，林肯遇刺身亡，是第一个遭遇刺杀的美国总统，也是首位共和党籍总统。

林肯不容置疑的口气使举座皆惊。林肯接着说:"证人一口咬定 10 月 18 日晚上十一点钟在月光下认清了被告人的脸。请大家想一想,10 月 18 日那天是上弦月,到了晚上十一点,月亮早已下山了,哪里还有月光?退一步说,也许证人把时间记错了,就算提前一些时候,月亮还没有下山。但那时月光应是从西边往东边照射,草堆在东,大树在西,如果被告脸朝大树,月光可以照在脸上,可是证人就根本看不到被告的脸。如果被告脸朝草堆,那么月光只能照在被告的后脑勺上,证人又怎么能看到月光照在被告的脸上呢?又怎么能从距离二三十米的地方看清被告的脸呢?"①

林肯使用的就是在驳论的时候经常适用的归谬辩驳法,即为了反驳对方的论点、论据,首先假定它为真,然后由它推出荒谬的结论,最后根据充分条件假言推理"否定后件就要否定前件"的规则,确定它是假的。归谬辩驳可以放大谬误,使人们对错误的论点或论据看得更清楚。律师常用的辩驳方法还包括直言辩驳法,即引用事实判断或理论观点,直接确定被反驳论题或论据的虚假性。直言辩驳法是简便而有力的反驳方法,律师在论辩中,经常遇到论辩对方作出的判断明显错误,或引用法律条文不当,或指控事实不准确,这时,运用此法针锋相对,直接推出一个矛盾或对立的结论,就会使对方和法庭认可,达到论辩的目的。除此之外,律师还会使用到所谓的假言辩驳法,即根据不同的条件关系,运用逻辑的假言推理形式进行反驳的一种方法。② 律师还可以使用一种极有力度的辩驳方法,即二难辩驳法。此法是以假言判断和选言判断为前提,并且根据前提中假言判断和选言判断之间的逻辑联系推出结论的演绎推理。论辩的对方只要提出一个断定两种可能的选言命题,然后又由两种可能性

---

① 参见张虹:《律师辩护中的逻辑问题》,载《法律逻辑与法律思维——第十七届全国法律逻辑学术讨论会交流论文》(2009 年),第 152 页。
② "只有现场发现烟头,犯罪嫌疑人犯案时才吸过烟,只有犯罪嫌疑人吸过烟,犯罪嫌疑人才有吸烟习惯。"检方实际是在强调,犯罪分子在现场吸烟不一定能在现场发现烟头,但在现场发现烟头,犯罪分子有可能吸过烟。但由于制作者混淆了充分条件假言推理和必要条件假言推理,极大地削弱该起诉意见书证明犯罪嫌疑人涉嫌犯罪的效果。参见崔超:《我国法律文书领域法律逻辑应用现状与改进刍议》,载《贵州师范大学学报(社会科学版)》2015 年第 6 期,第 104 页。

引出使对方难以接受的结论，就会使对方陷入左右为难的境地。①

二、语义分析法

语言是人类描述事物、表达感情、交流思想的工具，是人类思维的直接体现和思想的物质外壳。应该说，文本分析，或者说语言分析，即分析语言在人们的经济活动以及社会交往中的习俗、惯例和制度生成和演化中的作用，从历史的角度来看，由来已久。②尤其针对法律而言，法律本身就是语义分析或语言分析，是通过分析法律语言的要素、结构、语源、语境，而澄清法律规定的混乱、求得真知的方法，来源于语言学哲学，即语义分析哲学。也就是说，在寻找法律定义时，"不是仅仅盯住词，而是也看到这些词所言及的实际对象。正在用对词的加深认识来深化对现象的理解"。在部门法哲学研究中，语义分析方法有其独特的作用和优点：第一，语义分析方法是以分析语言的要素、结构，考察词语、概念的语源和语境，来确认、选择或者给定语义和意义，而不是直接采用定义的方法或从定义出发。这有助于克服部门法学当中的"定义偏好"现象。第二，在法学研究中，在很多意见对立的场合，在很多沸沸扬扬的论战中，争论的原因和焦点往往是由概念、范畴的歧义引起的。常常参与争论的双方虽然使用同一词语，但其负载的意义和包容的信息却很不相同，甚至代表截然相反的观念；争论双方还时常将一些类似的或同一的词语使用于不同的事例。③造成这一局面的主要原因在于法律文本的模糊性。在研究者看来，导致案件复杂疑难的几种情况中④，只有"规则模糊"情形属于语义学范畴。这是因为法律存在"开放结构"⑤的问题，也就是说，任何法律规则的含

---

① 参见万小丽：《律师论辩逻辑——律师逻辑论辩的四要素》，载《东北农业大学报（社会科学版）》2006年第1期，第112页。
② 参见韦森：《语言的经济学与经济学的语言》，载《东岳论丛》2009年第11期，第8页。
③ 参见张文显：《部门法哲学引论——属性和方法》，载《吉林大学社会科学学报》2006年第5期，第9页。
④ 其他几种情况包括规则空白、规则竞合以及规则不合理。
⑤ 所谓法律的开放结构，是指其由初级规则与次级规则构成，包含意义确定的核心与意义不确定的模糊地带，总会存在不包含于法律规则含义的核心区域内的案件，这就意味着该类案件在法律上是不确定的，因而法官无法找到解决该类案件的法律理由，因而法官对于该类案件的裁决属于自由裁量权范畴而非法律的适用。

义都有一个"确定的核心"以及"模糊的边缘"。当待决案件落入规则含义的"核心"区域时,则为常规的简易案件;反之,则属于疑难案件。①

司法实务中,如果律师掌握了语义分析的技巧,就能够充分发挥其本职作用,反之,则将葬送当事人的合法权益甚至生命。例如,某刑事判决书这样写道,"在甲的鼓励下,被告人乙继续实施杀人行为",显然,文书制作者混淆了鼓励和教唆的内涵和外延。另外一份刑事判决书写道:"张某某在某市某区某商场强行抢劫李某某的财物。"但抢劫本身就包含了强行的意思,故增加"强行"犯了概念重复使用的错误。②

相对于法官的法律解释的中立性,律师的法律解释是具有偏向性和利益导向性的。鉴于特殊的职业角色与地位,律师以试图寻找有利于己方当事人的正当性理由的心态去筛选、理解法律规范并整理、重塑法律事实,以达到追求己方当事人获取有利裁决结果的最终目的。因此,律师构建法律解释的思维过程是一种逆向性思维过程,即从其所要追求的有利于己方当事人的司法裁决结果返回到法律规范的选择与适用及事实的整理与重塑的过程。

在司法过程中,只有法官的法律解释才具有合法性、有效性,并最终对司法裁决产生决定性的影响。因此,律师的法律解释只有在得到法官的理解与共识,从而转化为法官的法律解释时,才可能具有现实意义。律师所构建的法律解释不能脱离法律规则体系的约束,不能脱离法官可接受的范围,不能在法律解释的过程中过分专断与随心所欲。此时,"经验"对于律师所建构的法律解释有着不可或缺的重大意义。这种"经验"不仅仅是法律知识的累积,法律思维的沉淀,更重要的是对法官思维的"预测能力",对"共识性"沟通的把握能力。有经验的律师在做出法律解释前,必然要对法官的思维模式做出预测,找出法官进行法律解释的规律性,并结合自己的利益导向做出法律解释,而这个法律解释应该具备完全自足和自我支持的法律论证,以寻求说服法官达

---

① 参见赵英男:《法律的开放结构与疑难案件的成因——兼论语义学方法于法理论研究中的限度》,载《西部法学评论》2016年第5期,第16页以下。
② 参见崔超:《我国法律文书领域法律逻辑应用现状与改进刍议》,载《贵州师范大学学报(社会科学版)》2015年第6期,第104页。

成共识的法律解释的可能性。①

三、价值分析法

"价值"这一概念之所以重要，就在于它揭示了实践活动的动机和目的。在人类的实践活动中，外界事物与人不仅仅是存在与感知的关系。外界事物作为人类所改造的对象，与人类建立了新的关系即价值关系。按照历史唯物主义的观点，法的价值是法满足主体，即人或其集体所需要的积极意义，是需要主体研究、认识、评估的客观对象。这种积极意义的有无、大小，不决定于人（主体）的主观认识，而决定于法的性质、特征和不同人（主体）在不同时期的不同需要。②

从价值关系的角度来看，任何一个法律规范都是一种价值准则，因为它作为一种规范必然会要求人们做出某种行为或禁止做出某种行为。在这里，前一种行为被认为是正当的，是有价值的，后一种行为则被认为是非正当的，是无价值的或负价值的。

法作为调整社会生活的规范体系，它的存在本身并不是目的，而是实现一定价值的手段。也就是说，社会中所有的立法、执法和司法活动都是一种进行价值选择的活动。在部门法哲学研究中强调价值分析方法，首要的目的在于克服部门法学研究中比较流行的工具主义、技术主义和教条主义及其造成的弊端。其次在于校正被扭曲的或滞后社会发展的价值标准。③

这是因为包括形式逻辑规则和法律规则在内的形式规则与价值判断是形成法律推理方法的基本要素，缺一不可。律师都知道，由于法律规定的抽象、概括乃至疏漏，案件情况的变化多样，法官从大、小前提到判决结论的法律推理活动，是一个包括认知、心理、情感、偏好等多种因素的复杂的操作过程，也

---

① 参见马靖云：《法律解释视域下的律师沟通之维》，载《学术交流》2015 年第 1 期，第 124 页。
② 参见冯玉军：《略论法学研究范式的历史类型》，载《甘肃政法学院学报》2004 年第 5 期，第 7 页。
③ 参见张文显：《部门法哲学引论——属性和方法》，载《吉林大学社会科学学报》2006 年第 5 期，第 10 页。

就是说这一过程包含了法官个人的价值判断。法官的价值判断表现在对案件事实的认定、对法律规范的理解及对法律的适用三个方面。在不同的情况下，法官政治或经济上的偏见、道德立场、人生经历及职业教育背景等都会影响到其所做出的司法判断。①

反观律师，在实务中需要解决的法律焦点问题数目不等，但必须理解，甚至迎合法官或当事人在解决每一个焦点问题时所追求的特定法律价值，需要在深思熟虑后慎重进行价值判断和利益平衡，包括法律效果和社会效果的平衡。如果有儿子起诉父亲搬出自己出资购买的房屋，那么法官将在这类案件中追求对所有权的绝对保护，还是把所有权放到民法原则和整个法律体系中去考虑所有权的保护问题？是追求所有权保护价值的最大化，还是着重考虑对民法原则和父母受子女赡养权利价值的保护？是单纯追求法律效果，还是在综合考虑法律效果、社会效果后进行权衡？②

四、实证分析法

在《政府片论》一书里，边沁把就法律问题发表意见的人分为两种，一是解释者，二是评论者。解释者的任务是揭示法律"是"什么，评论者的任务是揭示法律"应当"是什么，前者的任务是叙述或者探讨"事实"，而后者的任务是探讨"理由"。③ 律师固然不是有权的法律解释者，但也绝非简单的评论者。虽然其使命与任务不能实质等同于哲学意义上的实证主义④，但其强调法律与道德的分离，对于律师而言在认识上和政治上具有十分重要的意义，这使律师能够不受"法应当是什么、应当追随什么样的意识形态、应当起什

---

① 参见梁庆寅、张南宁：《论刑事辩护中的法律论证》，载《学术研究》2005年第2期，第88页。
② 参见杨玉泉：《民事案例分析的基本方法与法律思维——请求权——法律关系双向分析法》，载《成都行政学院学报》2006年第4期，第35页。
③ 参见〔英〕边沁：《政府片论》，沈叔平译，商务印书馆1995年版，第97页。
④ 限于篇幅，这里不对哲学上聚讼纷纷的实证主义概念多做评述，但围绕实证主义争论频繁的五种意义包括：主张法律是人类的命令，主张法律和道德间无必然联系，主张法律概念的分析是值得从事的有意义的工作，主张法律体系是一个封闭的逻辑体系，主张道德判断与事实陈述不同等。参见〔英〕H. L. A. 哈特：《实证主义和法律与道德的分离》，翟小波译，强世功校，载《环球法律评论》2001年夏季号，第186页。

么作用"的影响,用确定的标准精确地分析和描述,这有助于防止因认为现行法符合道德而盲目服从现行法律秩序,防止以法律不符合道德为由故意或错误反对现行法律秩序,从而有效地保持和运用道德批评的武器。①

运用实证主义,律师可以进行实证分析,即从整体中分解出部分,从表象中抽象出规定,从而认识法的共同要素和普遍属性;逻辑分析即分析法律概念、法律命题在逻辑上的相互关系,以建立一个逻辑严密的法律制度或理论体系,律师可以先对法律制度进行逻辑分析,使法律制度成为一个结构严谨、条理分明的逻辑体系,之后对法律概念间的逻辑关系进行分析,使法学理论成为一个科学的、严密的、完善的理论体系。②依仗自然科学和数学的方法,实证主义认为科学的认识只能奠基于观察事实的基础上或在逻辑和数学的领域内获得。这样取得的知识才能被称为实证的知识,否则就会被称为"形而上学"或"意识形态"的知识。在实证阶段,人们抛弃了历史学、哲学或科学中的假设性建构,主要关注事实的联系和经验性的考察。作为一种科学的态度,实证主义反对先验的思辨,并且将研究的触角局限在了经验材料的范围之内。③

与此同时,新兴科技与法治理念的发展也为实证分析提供了更加广阔的前景和舞台,关于实证主义的分析方法,以在刑事辩护中验证辩护效果最为重要的指标"无罪辩护策略"为例,通过实证研究,律师将发现,在中国目前特定的司法环境下,无罪辩护效果可能表现为侦查阶段的销案,起诉阶段的不诉和审判阶段的无罪判决、撤诉样态。一方面,无罪处理制度空间狭小及不当的辩护策略等因素,将使得我国的无罪辩护效果很差,无罪辩护意见很难被官方采纳,其中以无罪判决尤为明显。但在另一方面,律师的努力和官方在法律与外部压力之间的能动作用使得无罪辩护对刑事案件的处理产生一定影响,尤其表现为对起诉阶段案件定性及审判阶段量刑的影响。

---

① 参见张文显:《当代西方法哲学》,吉林大学出版社1987年版,第100页。
② 参见黄文艺、强昌文、段书军:《分析法学三论》,载《法律科学·西北政法学院学报》1995年第3期,第32—36页。
③ 参见张志文、峥嵘:《分析实证法学的司法观及其哲学基础》,载《河南工业大学学报(社会科学版)》2014年第1期,第83页。

需要指出的是，虽然个案比较方法在社会科学中应用十分广泛，但并不能从经验上论证因果。许多质性研究转向事件过程的叙述，即利用现有理论，从因果机制上解释具体的事件发生链。对具体因果链的解释是理论演绎和经验分析的反复碰撞。从这个意义上讲，个案研究都是事后分析，可以提出假设而不能检验假设。① 如果把人类理性分为经验理性、先验理性和超验理性的话，那么，与这三种理性相对应的法律，或者说，分别建立于这三种理性之上的法律在内容、甚至性质上会明显有别。② 这就要求律师应偏重适用经验理性，并在运用经验理性的同时注意经验理性的有限性，这也符合实证主义的要求。

第三节 律师分析力的养成

律师分析能力的养成，在律师的职业中起着至关重要的作用。从当事人的角度来看，固然很少会有出庭应诉的机会，但任何诉讼恐怕都算得上颇为不堪的经历。诉讼作为文明的游戏规则之一，不仅存在胜败之分，更存在残酷的人生体验。在这个意义上，可以通过律师的介入，凭借其在经验与逻辑之间自由往来的分析力，合理解释案件，经由诉讼程序让证据与事实、行为与秩序、经验与逻辑、法律与生活都能找到自己安身立命之所在，确保取得圆满的诉讼结果。③ 虽然就算熟悉所有逻辑的细节也未必能成为称职的律师，也没有人主张说单凭逻辑教条便能写出答辩状、进行言辞辩论④，但这绝对不是说律师逻辑能力不重要，更不意味着律师不需要进行任何逻辑训练。相反，提升律师的分析力，首先需要进行的便是形式逻辑方面的训练。

一、形式逻辑的训练

举个例子，人们对故意杀人罪应受刑罚处罚的规定都十分熟悉，所以当谈

---

① 参见彭玉生：《社会科学中的因果分析》，载《社会学研究》2011 年第 3 期，第 29 页。
② 参见谢晖：《判例法与经验主义哲学》，载《中国法学》2000 年第 3 期，第 75 页。
③ 参见林广海、姜姗：《在经验与逻辑之间》，载《人民司法》2008 年第 13 期，第 59 页。
④ 参见缪四平：《法律逻辑教与学》，载《重庆工学院学报（社会科学版）》2007 年第 7 期，第 19 页。

及某被告人构成故意杀人罪时，就会得出该被告人会受到刑罚处罚的结论。但其背后的三段论推理过程是：所有故意杀人罪都会受到刑罚处罚，被告人构成故意杀人罪，所以被告人会受到刑罚处罚。在这个看似想当然的逻辑推理中，体现了形式逻辑当中结论有效性及过程性的特征。① 相反，如果违背了上述形式逻辑的基本原理，就会使得律师在自身的司法实务中遭遇障碍甚至犯下错误。②

---

① 参见李安：《法律直觉是什么》，载《杭州师范大学学报（社会科学版）》2013 年第 5 期，第 118 页。

② 以"药家鑫案"为例，在该案中，药家鑫的辩护人就曾犯下若干明显的逻辑错误。例如该辩护人说：客观事实表明，被告人在本案中没有预谋、没有计划，甚至没有明确的结果。任何犯罪必定要追求一个必然的结果，也必然会有一定的预谋。而本案被告人的"杀人灭口"行为，无异于飞蛾扑火，结果不言自明。这不仅仅是令人难以理解，无法容忍！同时也表明他所追求的这个结果，不仅荒唐，显然也是没有明确的目的。

这段话可以转换成逻辑表达形式如下：
没有犯罪预谋；
没有犯罪计划；
没有犯罪结果；
任何犯罪→犯罪结果；
任何犯罪→犯罪预谋。
辩护人企图如下推理：
因为"任何犯罪→犯罪结果"，所以"没有犯罪结果→没有任何犯罪"，因为已知"没有犯罪结果"，所以没有任何犯罪。因为"任何犯罪→犯罪预谋"，所以"没有犯罪预谋→没有任何犯罪"，因为已知"没有犯罪预谋"，所以没有任何犯罪。

上述推理的形式过程没有错误，但是，推理所依据的事实与规则是错误的，因而结论也就不成立。在本案中，确实没有证据表明被告人有预谋有计划地要杀害被害人，但随车带上了一把二十多厘米长的尖刀却表明被告人确实有预谋有计划地要杀害他认为需要杀害的任何人！辩护人居然说本案甚至没有明确的结果，难道被害人被杀死不是结果吗？这么清楚的结果竟然能说成没有明确的结果！如果犯罪未遂也算是犯罪结果的话，那么，任何犯罪确实必然导致有犯罪结果。但是，任何犯罪却未必一定就有犯罪预谋；否则，临时起意的犯罪、辩护人所喋喋不休的"激情犯罪"就不算犯罪了。"没有犯罪结果"是辩护人强加的，是典型的诉诸武断的逻辑错误。

即使"任何犯罪→犯罪结果"是成立的，但是，由于有明确的被害人被杀死的犯罪结果，"没有犯罪结果"不成立，所以无法推知"没有任何犯罪"。由于"任何犯罪→犯罪预谋"不成立，所以不论是否有犯罪预谋，都不能推知"没有任何犯罪"。辩护人说：本案被告人的"杀人灭口"行为，无异于飞蛾扑火，结果不言自明。这不仅仅是令人难以理解，无法容忍！同时也表明他所追求的这个结果，不仅荒唐，显然也是没有明确目的的。

注意，辩护人既承认了"杀人灭口"，又确认"结果不言自明"。辩护人刚刚说是"没有明确的结果"，现在又说"结果不言自明"了，自相矛盾来得实在太快！既然辩护人承认了"杀人灭口"，那就应该知道"杀人"是手段，"灭口"是目的。无法想象辩护人是通过什么样的高妙逻辑推知"显然也是没有明确目的"的！这才是真的荒唐。

由此可知，辩护人论证被告人"没有预谋、没有计划"的逻辑是错乱的。虽然如此，辩护人合理的律师逻辑，总是从所要追求的最有利的判决结果返回到作为大前提的法律规范，再到作为小前提的事实的证明的思维过程。因为法官对备选的裁判规则进行选择时要受到规则体系的限制，所以律师提出的论辩如果得不到规则、原则的支持是没有意义的。律师只有将演绎法律推理与举证责任相联系，才能充分发挥分析力的作用。① 限于篇幅，下面结合相关研究者的梳理②，对律师常用的几种逻辑框架作如下介绍：

（一）反证法

反证法是先假定原论题为假，通过论证推出该假设论题的逻辑矛盾，从而证明原论题为真。这是从反面证明命题为真的间接证明方法。其结构形式为：

论题：A

证明：假设非 A 真，

如果非 A，那么 B，

已知非 B，故非 A 假（运用充分条件假言推理的否定后件式），

仍然继续说道：“被告人没有预谋、没有计划，其主观恶性与预谋犯罪、图财害命、报复社会、危害公共安全等案件的主观恶性具有本质区别。"这句话的逻辑比较复杂，需要如下拆开来进行分析：

没有预谋、没有计划→主观恶性不深；

预谋犯罪→主观恶性深；

图财害命→主观恶性深；

报复社会→主观恶性深；

危害公共安全→主观恶性深。

"预谋犯罪→主观恶性深"可以成立；但是，"没有预谋、没有计划→主观恶性不深"于法无据，不能成立。辩护人又犯下"自定逻辑"的逻辑错误，"图财害命→主观恶性深"是成立的。但是，"图财害命"却有多种可能，例如，可能是没有预谋没有计划地临时起意图财，由于受到反抗，就又害命了；有可能是有预谋有计划地图财，由于受到反抗，就又害命了；也有可能是为了图财而害命。如果是第一种情况，按照辩护人的"没有预谋、没有计划→主观恶性不深"的逻辑，应该得出"主观恶性不深"的结论，但是根据辩护人的另一个逻辑"图财害命→主观恶性深"又能得出"主观恶性深"的结论。这就又自相矛盾了。"没有预谋、没有计划→主观恶性不深"与"图财害命→主观恶性深"必有一个为假，而"图财害命→主观恶性深"已知为真，所以，"没有预谋、没有计划→主观恶性不深"为假。转引自冯浩文：《药家鑫案二审辩护词之法律逻辑错误》，载《经营管理者》2011 年第 22 期，第 158 页。

① 参见唐孝东、武正雄：《论律师法律推理的逻辑性》，载《玉溪师范学院学报》2007 年第 11 期，第 52 页。

② 下列介绍参见张虹：《律师辩护中的逻辑问题》，载《法律逻辑与法律思维——第十七届全国法律逻辑学术讨论会交流论文》2009 年，第 154 页。不再一一标注。

根据排中律，所以 A 真。

对某些命题直接证明其"应该如此"较困难，但用反证法证明其"非此不行"往往能达到立论的目的。

（二）淘汰法

淘汰法是通过论证除原论题以外的其他可能性为假，从而证明原论题为真的间接证明的方法。其结构形式为：

论题：A

已知：A 或 B 或 C，

论证 B、C 均不成立（运用选言推理的否定肯定式），

所以：A 成立。

（三）归谬法

归谬法是假设被反驳的论题为真，并从此推出明显荒谬的结论，从而证明被反驳的命题不能成立的方法。它是一种间接反驳方法。其结构形式为：

论题：A 假

证明：假设 A 真，

如果 A，那么 B，但 B 假，

所以 A 假（运用充分条件假言推理的否定后件式）。

二、法律关系的分析技巧

如果说逻辑分析能力是律师分析能力的基本单元，那么法律关系的分析，就成为律师分析能力的核心。法是"理"与"力"的结合："理"是基本的，是法的内容，是把与利益有关的什么行为确认为权利和义务的问题；"力"是必要的，是法的形式，是使这种权利义务成为法律上的权利义务，成为国家的强制性命令，有国家强制力的保障，以指导并统一人们的行为。而这种被法律明确的权利义务关系，就是法律关系。[①]

例如，最高人民法院《关于贯彻执行〈中华人民共和国继承法〉若干问

[①] 参见孙国华：《法的本体是法律关系》，载《检察日报》2005 年 2 月 8 日，第 04 版。

题的意见》中规定:"相互有继承关系的几个人在同一事件中死亡,如不能确定死亡的先后时间的,推定没有继承人的人先死亡。死亡人各自都有继承人的,如几个死亡人辈分不同,推定长辈先死亡。几个死亡人辈分相同,推定同时死亡,彼此不发生继承,由他们各自的继承人分别继承。"该类事实认定中,推定"长辈先死亡"的事实认定结论并不必然是逻辑上正确的结论,并不必然与日常逻辑推论结果相同,事实上,先死亡的可能是晚辈。① 由此不难看出,逻辑分析是法律关系分析的前提,但法律关系分析的结论,未必与逻辑分析的结果吻合。

那么,律师的法律关系分析能力又该如何训练养成呢? 下面,拟结合相关研究者的介绍②,对此问题加以说明。

例如,甲、乙在火车上相识,甲怕自己到站时未醒,请求乙在 A 站唤醒自己下车,乙欣然同意。火车到达 A 站时,甲沉睡,乙也未醒。甲未能在 A 站下车,为此支出了额外费用,甲要求乙赔偿损失。

本案需要解决的是甲请求乙赔偿额外费用的法律关系是否存在。分析过程应当包括如下步骤:第一,要假定存在请求权并检索请求权法律依据。第二,从应适用的法律规范确定适用该规范的法律事实构成。第三,比照案例中的事实条件,如果具备了事实构成要素,则根据该法律规范,推定假定的法律关系存在,当事人请求权成立;反之,案例的事实不符合法律规范的事实构成要素,则推定该法律关系不存在,那么当事人请求权也不成立。

法律规范的基本形式是使一定法律后果与一个抽象的事实构成相联系。如果对于法律后果有利害关系,就必须考察相应的法律事实构成是否已经实现,这些事实构成要素均已经实现,即发生相应的法律后果,只有一项事实构成不成立,则法律后果也不存在。

结合到本案中:

---

① 参见杨建军:《逻辑思维在法律中的作用及其限度》,载《华东政法大学学报》2008 年第 5 期,第 9 页。
② 参见沈春女:《简论法律职业技能的养成——案例练习在民法教学中的应用》,载《知与行》2015 年第 3 期,第 139 页。下面不一一标注。

首先，判断甲请求乙赔偿的法律关系性质。这是特定的行为义务的判断过程，当找到了对此种义务或者与之相应的请求权规定的规范之后就找到了解决问题的突破口。由于甲的请求权属债权请求权，因此可能存在侵权请求权、合同请求权、不当得利请求权以及无因管理抑或单方允诺、缔约过失请求权。乙的行为显然不是违反侵害他人人身和财产权利的义务的侵权行为，也不是无因管理和不当得利，是否属于合同或者单方允诺的请求权需要看当事人双方是否存在法律行为或者意思表示。乙同意到站唤醒甲，乙的同意显然不存在效果意思，不构成意思表示，当然不存在法律行为。乙的同意并不能产生法律效力，因此不是合同之债或者单方允诺之债，唯一可能就是由于一方违反安全保障义务或者诚实信用义务致使另一方损失而承担的损害赔偿责任。因此，通过排除其他请求权，确定甲请求乙赔偿的权利系一方违反诚实义务或者安全保障义务而形成的损害赔偿请求权，当然这一请求权需要后面的证明才能最终成立。

其次，检索该请求权所依据的法律规范。法律推理区别于一般的理性判断的标准在于其存在确定的法律依据。寻找应适用的法律规范，安全保障义务的请求权主要依据的是《中华人民共和国侵权责任法》（以下简称《侵权责任法》）第37条规定，诚实信用义务的请求权主要依据的是《中华人民共和国合同法》（以下简称《合同法》）第42条缔约过失责任的规定。除了直接适用的法律规范，还需要寻找补充性规范，如《侵权责任法》第6条、第15条、第19条规定，从而使法律规范的事实构成要素完整。最后，根据法律规范，确定法律事实构成要素。根据《侵权责任法》规定，当事人违反安全保障义务应当承担的赔偿责任的事实构成要素中，除了违反安全保障义务、故意、造成损害后果等事实要素外，责任主体系公共场所的管理人或者群众性活动的组织者。而《合同法》关于缔约过失责任的事实构成要素除责任主体故意、违反诚实信用义务、造成损失后果等事实要素外，还需要具备"在订立合同过程中当事人一方违反诚实信用义务，造成另一方损失而承担的赔偿责任"。

通过将案例适用于上述法律，比较本案事实，显然，乙方虽然向甲方作出同意的表示，但并不存在效果意思，双方未形成信赖关系，故不存在违反诚信义务的过错；而且乙方并不符合公共场所管理者或者大型群众活动的组织者，不负有安全保障义务。由于案例中当事人关系不符合法律规范的事实条件，因此不应当适用该规范，那么假定的请求权也不存在。这一思考分析过程中包含了事实判断、法律关系判断、法律规范的判断和解释、归纳法律事实、比较分析法律关系等思维过程。

三、法律数据库的使用技巧

信息时代的到来使得律师执业的样态发生了诸多变化，其中之一即法律数据库在律师执业活动中对于律师分析力产生了重要影响。

由于法律数据库具有容量大、及时、便捷等特点，使其在提供法律信息方面显示出明显优势，随着互联网和现代信息技术的普及推广，法律数据库作为新型的检索工具越来越受到包括律师在内的法律界人士的关注。目前，法律数据库种类较多，且提供的数据内容趋向专业、实用、准确。功能强大、更新速度快的网络在线型数据库成为服务主导。①

（一）律师对于网络数据库的选择

目前，我国法律数据库提供商数量不少，但其中较为常见的是中国法律资源阅读检索系统（简称"北大法宝"）和中国法律资源全互动数据库（简称"北大法意"）这两大法律专业数据库，二者收录并提供各种法律文献服务，为各大法律院校、法律实务机构提供各种专业文献信息服务，在很大程度上满足了律师事务所、司法机构、政府机关、公司法律部门和法律院校以及法律工作者个人的业务、教学、研究、学习等需要。"北大法宝"建库较早，对我国中文法律专业数据库的建设起了很大的推动作用。但"北大法意"、iCourt 等作为大数据作为后起之秀，却在数年之内迅速发展，无论在文献种类还是在价格、服务方式上，都略胜一筹。②

英语系法律类数据库主要以 LexisNexis、Westlaw International、Hein Online

---

① 参见建设、郭叶：《国内法律专业数据库之比较》，载《法律文献信息与研究》2008 年第 4 期，第 50 页。

② 参见程雪艳：《国内两大中文法律数据库比较研究》，载《河南图书馆学刊》2007 年第 4 期，第 10 页。

三大法律数据库为主。Hein Online 数据库的特点是期刊回溯年限长，而 Westlaw International 和 LexisNexis 数据库则是综合性的法律数据库，它们均是以法律资源为特色的专业数据库，内容丰富全面。从各数据库所收录的内容及其特色上分析，Hein Online 数据库以期刊论文回溯与国际法见长，是一个非常有价值的法律研究工具，在论文文献的全文传递上具有便捷、全面的优势，适用于用户进行馆际互借和资源收藏。而 Westlaw International 与 LexisNexis 法律数据库的优势则在于完备的判例、案例、法规条例以及时事新闻的报道与更新，能够通过快速高效的法律信息动态服务于各律师、律师事务所、政府以及学院等。Westlaw International 与 LexisNexis 法律数据库收录内容的重合率较高，约为70%，但 Westlaw International 侧重于法令、法规的应用及相关案例的分析，而 LexiNexis 则更侧重于法令、法规在诉讼与法律纠纷中的具体实施。[①] 当然，针对西班牙语、日语、德语等小语种，也可以在国内主要高校图书馆寻找到相关数据库的链接，但因为适用概率较小，这里不多介绍。

值得一提的是，随着我国司法实务越来越重视裁判判例的研究，特别是随着最高人民法院要求裁判文书上网公开的推进，越来越多的执业律师开始关注裁判文书，目前业界也存在诸如"中国裁判文书网"等提供案例全文检索服务的专门网站。裁判文书的公开为律师进行大范本的实证分析提供了可行性基础，法律科技的进步为律师进行实证分析提供了便利的条件。大量人工智能法律科技都是以裁判文书为基础进行的，而有了这些法律科技的辅助，又可以帮助律师更加容易地进行法律实证分析。比如，Alpha 数据库检索，可以依据特定检索规则得到的刑事案件以判决结果进行分类，让律师在研究过程中快速定位到目标案情。

(二) 中文法律数据库的使用技巧

限于篇幅，这里仅结合"北大法宝"及 Alpha 数据库数据库相关开发单位

---

① 参见齐东峰：《国外三大法律数据库内容收录比较及适用范围研究》，载《情报杂志》2011 年第 S1 期，第 40 页。

的介绍①，首先，对"北大法宝"这一中文法律数据库 V5 版的使用要点加以简介。

"北大法宝"数据库的使用特色之一在于其所特有的"北大法宝引证码"，这一做法填补了数据库资源引证空白、不规范的局面，具有专业程度高、实用性强的特点。除此之外，"北大法宝"的另外一个亮点就是其所具备的检索结果动态分组筛选功能，通过这一功能的实现，可以使得对法律法规的效力级别、发布部门、时效性、分类作统计汇总。在司法案例中，则体现为对案例的分类、案由、案件情节、审理程序、审理法院以及终审结果做统计汇总。在法学期刊库，体现为对作者、作者单位、论文分类、期刊年份的统计汇总。"北大法宝"还首创了法条联想功能，将孤立的法条与相关的法律、法规、规章、司法解释、案例分析、专家文献、条文释义、实务指南、法学教程等资源关联在一起，后来又进一步推出了"法宝之窗"，使得检索结果变得更为直观。

作为"北大法宝"数据库的主要着力点，其所开发的检索方式具备检索提示、多种命中条件以及多种方式检索等特点，并且具备辅助检索功能。尤为值得一提的是，凡是注册"北大法宝"的用户都可以享受到数据库提供的个性化服务，如存储对其个人有用信息的收藏夹，对用户其他相关信息的实时更新存储，以及对用户最近搜索、最近浏览内容的记录等。

然后，我们再来看 iCourt 推出的 Alpha 系统。

Alpha 系统本身集成了 20 个法律专业数据库，可以一键实现多个数据库的内容检索；还包括一个 iCourt 自主研发的 Alpha 数据库，其特色在于其特别注重用户体验，其设计专注于节省律师的时间，在很多细微的操作上研发出了更加方便的设置方式，从而实现大幅缩减律师在检索等相对简单重复的工作上耗费的时间。比如，其对案例文书进行了二次解构，可以很方便地对特定内容进行一键剪藏。由于 Alpha 不仅仅包含检索工具，同时是一套人员协作、知识管理系统，剪藏的内容还会自动关联到 Alpha 系统中相关的案件项目内，优化办

---

① 具体内容参见郭叶：《北大法宝 V5 版中文法律数据库检索与利用》，载《法律文献信息与研究》2011 年第 1 期，第 38 页。下面不一一标注。

案团队的知识管理,并且可以一键生成检索报告,智能形成可视化图表,从而节省进行相关文书、报告及图表的制作时间。

Alpha 的律助功能可以自动进行多维度的智能检索:能从法官、当事人、案由等维度进行案件的检索,并可以生成相应的检索报告,从不同角度智能分析出大量对案件处理有实践指导价值的信息;甚至能够通过大数据的智能分析得出案件的关键证据、争议焦点。

第四节 小　　结

分析力是律师的生存之源。强调逻辑能力本身不是为了否认实际的司法过程中会涉及很多价值判断的事实,也不是为了否认法律推理在司法过程中的作用,而是为了更好地明确逻辑在法律中的作用。因为逻辑的一个重要作用是简化思维,帮助更快、更方便地寻找思维过程中的错误,法律中使用逻辑推理的作用也应该如此。[①] 只有掌握有力的分析工具,具备强大的分析能力,积累丰富的分析经验的律师,才能不断向上攀登,获得更高的职业地位与职业成就感。

[①] 参见张芝梅:《法律中逻辑推理的作用》,载《华东政法学院学报》2006 年第 3 期,第 26 页。

第四章　细节力：律师职业的差分之维

"上帝存在于细节之中，魔鬼隐藏在细节之中。"日本的南部铁器，因为对于细节的极致追求，点铁成金，赋予铁壶这种极其普通的铁制品以极高的附加值，使其成为铁器中的奢侈品。在现实生活当中，也有一个销售上百亿元、利润过十亿元的投资项目，因为一个茅厕问题，最终彻底流产的实例。[①] 因此，天同律师事务所首席合伙人、无讼网络创始人蒋勇在为《和助理说：像大律师一样行动》[②] 这本收录有327处法律执业细节的呕心之作所作的推荐语中写道："很多充满困惑的年轻律师并不是不懂得大道理，而是在日常的工作中缺乏手把手的悉心指导。"易言之，年轻律师缺乏执业细节的打磨与训练。而细节力正是区分律师水平高低的重要参照点与标准点。

第一节　律师细节力的框定

细节，可以指细密、微小的情节、环节或情况。在这个意义上，所谓细节力，即是对细密、微小的情节、环节或情况的敏锐感、洞察力，以及对其的掌控力和驾驭力。

或许并非所有的律师都具备上面所提到的这种细节力，但屹立于风口浪尖的杰出律师却一定具备超群的细节力。例如，被称为"中国证券市场中小股东维权第一人"的严义明律师，在遭遇三名歹徒持铁棒袭击，致其右肩肩胛骨骨折并有多处外伤的情况下，还可以缠着绷带坐在电视台摄像机面前，耐心、细致、异常冷静地重复陈述着他在律师事务所遭袭击的全过程，不放过每

[①] 参见王世渝：《大公司忽略的小细节连载三：环境篇——一个茅厕毁了百亿投资》，载《商界：评论》2010年第1期，第141页。
[②] 参见吴清旺：《和助理说：像大律师一样行动》，法律出版社2016年版。

一个细节①，其在紧急情况下依然可以发挥的超人细节力，可见一斑。或许有人会问，即使其不是律师，或许也具备类似的细节力，易言之，这是特定人所具有的特殊细节力，而非律师的细节力。对于这种质疑的回答，最直接的方式就是对于律师的细节力加以界定。

一、何谓律师的细节力

以一己之力代理"2004 年西班牙烧鞋事件"②的季奕鸿律师，为赢得对纵火犯的有罪判决，独力应对被告方的 28 名西班牙律师，整理卷宗材料 3 000 多页，七年中往返埃尔切和马德里 20 余次，行程 2 万多公里，所花费用超过 10 万欧元，共拍摄 300 余张现场照片，整理长达 200 个小时的电话录音，准备 150 个法庭提问。连西班牙法官最后也由衷地赞叹："只有你们中国人才会做这么细致的工作！"③如果将此视为律师细节力的一种表现，那么，可以从中总结出哪些重要内涵呢？

(一) 律师的细节力具有相对性

易言之，在参照系不明的情况下，是不可以盲目指出律师是否具有细节力、具有何种细节力的，更没有办法厘定律师细节力的大小，这是因为细节本身具有相对性及历史性。

概括而言，与社会生活比较，法律是细节；与法制系统比较，立法、司法、执法、守法、监督都是细节；与立法比较，司法是细节；与司法体制比较，法律方法是细节。在法学领域，与法理学比较，刑法学、民法学、诉讼法学等部门法学是细节；与部门法学总论比较，分论是细节。从历史维度来看，细节具有历史性。一个国家在不同历史时期对细节的理解是不同的。在当代中

---

① 参见徐琳玲：《"诉讼之王"严义明》，载《南方人物周刊》2009 年第 19 期，第 53 页。
② "2004 年西班牙烧鞋事件"是指 2004 年 9 月 16 日晚，近千名西班牙鞋商和鞋厂工人聚集在埃尔切市的中国鞋城内，号召当地人"把进入这个城市里的所有鞋子烧掉"，一些不法分子设置路障、毁坏公共财物、强行闯入华人店铺、抢劫华商的运鞋卡车、放火焚烧华商仓库，埃尔切市资产超十亿元人民币的 64 家华人鞋商蒙受了巨大损失。
③ 易超：《中国律师 7 年打赢西班牙"烧鞋"案》，载《海内与海外》2011 年第 8 期，第 34 页。

国,随着市场经济的发展、依法治国理念的深入,民事诉讼的作用越来越重要,已成为最重要的法律领域之一。在中国改革开放之初,法律面前人人平等原则、社会主义法律体系、人治与法治、法的本质、权利义务、依法治国等细节问题,如今已转变为法学的宏观问题。随着我国法学的发展,一些细节问题逐渐找到了较完善的理论解决方案①,而这也成为讨论律师细节力的具体语境,换句话说,对律师细节力的讨论必须纳入到相对性及历史性的框架下进行才有意义。

(二) 律师的细节力具有实时性

细节决定成败。律师的细节力,固然是律师追求成功的基石,但更应该是律师安身立命的根本。这就要求律师在每一个环节、每一个方面把功夫做实,周全严密地防范风险,力求每一言、每一行不授人以柄。律师在执业过程中,很可能卷入如下的罪名,如妨害作证罪,毁灭、伪造证据罪,帮助当事人毁灭、伪造证据罪,泄露国家秘密罪,包庇罪,诈骗罪,诽谤罪,贪污罪的共犯,逃税罪,行贿罪等。在这个意义上,律师的职业风险不可谓不大,所以在执业过程中,律师要时时刻刻注意保留相关记录与证据,对当事人尤其如此。如所有款项要经过事务所,不与当事人私了,要不怕麻烦,尽可能请当事人手写授权书,等等。② 只有在执业全过程中关注细节,不失小节,最大限度规避职业风险,才有可能在细节处追求完美,创造职业的新高度。

二、 律师细节力的构成

人情礼往、为人处世,皆有细节。简单地起立、让座、倒茶、办事、送客这一简单接待之道,就包括了如此多的细节,具体案件更好比是由一个一个奇形怪状的小拼图组成的图案,而这些奇形怪状的小拼图就是细节。以刑事案件为例,在侦查阶段,侦查人员收集证据就像是把所有相关的、似是而非的甚至

---

① 参见刘风景:《法学工匠的角色定位——倡导注重细节的法学模式》,载《法制与社会发展》2010 年第 6 期,第 122 页。
② 参见王演兵:《律师防范执业风险的三大内功:节制・敏锐・细致》,载《中国律师》2010 年第 5 期,第 44 页。

错误的小拼图都拢在一起，形成了一个有轮廓但不清晰的图案。而审查起诉阶段，公诉人对证据的审查就像是把所有的小拼图再重新拼一遍，客观判断小拼图之间的连接性，重视每一个细节，去伪存真，查漏补缺，只有这样，一张清晰的、完整的、正确的图案才能形成。① 反观辩护律师，就是要从细节出发，发现检方提交的拼图中那些不契合之细节，进而将其彻底推翻。

虽然从形式上来看，可以将律师的细节力作不同划分，如程序细节与实体细节，外在细节与内在细节等。但所有的这些分类中的不同细节，又都包括普通细节与特殊细节两种要素。

所谓普通细节，是指符合事物发展普遍规律，因而合乎人的正常思维方式而自然而然发生的、带有必然性的事实。例如林肯用月相辩冤，正是利用违背常理的普通细节，从而击中了虚假证言的要害。在刑事案件中，一个有正常思维的人都会注意到自己言行的逻辑性和客观性。人在趋利避害心理的左右下，肯定会故意编造谎言来逃避侦查，除非发觉罪行已经暴露。在审讯的特定环境下，犯罪嫌疑人精神高度紧张和敏感，单独的一句谎言可以做到合乎常理，但对照前后内容，就难以保证逻辑一致。因此普通细节一样具有鉴别供述真伪的作用。所谓特殊细节，是指违反常规、带有偶然性的事实因素，这种细节是基于个案的特定条件才可能产生的，因此往往难以编造。还是以刑事案件为例，侦查实践中经验丰富的警察往往可以凭借罪犯作案是"左撇子"的特征，锁定犯罪嫌疑人，这种特殊细节有很高的证据价值，具有排除他人作案的嫌疑，罪犯即使后期翻供也不可能被法庭采纳，可见特殊细节具有高度的证明力和排他作用。和普通细节相比，特殊细节因具有一定的偶然性，相比较而言更难以编造，或者即使编造也很容易被证明不实，在现实生活中非作案者本人往往无法知晓，因此，特定细节的证明价值更高，特定细节越多、越具体，供述的真实性就越强。根据普通情节与特定情节的不同属性，包括律师在内的法律人可以做出如下判断：第一，普通细节能做到大体一致，前后吻合，则可以判断其

---

① 参见王燕、莫孙华：《审查犯罪嫌疑人供述与辩解的技巧》，载《中国检察官》2010 年第 1 期，第 53 页。

真实性较强，但不能由此得出必然为真的结论，是否真实仍需要结合其他证据来证明；第二，普通细节有违生活常识、不合逻辑，则虚假翻供可能性较大；第三，特定细节相一致，如果不能提供相反证据证明，则这些相吻合的特定细节就可以作为认定案件部分事实的依据。①

三、律师细节力的价值

西方有句格言："细节是魔鬼。"律师不重视细节，将会导致自己无法很好保护当事人的合法权益，无法很好履职尽责，甚至给当事人造成巨大损失。例如，在某些涉及知识产权的案件中，由于专利文件属于法律文书，对其撰写有极高要求，应当字斟句酌。这是因为社会公众需要通过权利要求书确定专利保护的范围，以尊重他人的权利、约束自己的行为。专利申请文件的撰写质量对专利申请能否授权，以及授权之后能否得到维持并获得合理的保护，都存在至关重要的作用和影响，稍有闪失就可能导致全盘皆输。②

反之，如果律师能够抓住细节，善用细节，则可以避免当事人的损失，甚至为当事人谋取极大的利益。例如，某律师曾在为顾问单位修改一份收购汽车4S店的股权转让合同过程中，未雨绸缪，为了当事人自身的合法利益，从细节着手，将"定金"改成"订金"，将"确定"改成"商定"，最终在收购协议因故未果、双方对簿公堂的情况下，凭借"订"字避免了600万元的定金赔偿，凭借"商"字免除了因价格协商不成而构成的巨额违约责任。③ 在刑事

---

① 参见程宏：《论细节在审查翻供中的运用技巧》，载《中国检察官》2011年第22期，第63页。

② 如果申请人在撰写细节上存在无知和错误，如在原始说明书中对于关键技术方案没有任何记载，使得之后自己的主张缺乏说明书的支持，在答复专利审查员修改要求时一味盲从，就会导致专利无效的后果。在涉及专利侵权的案件中，往往不仅涉及专利申请文件的撰写、审批、专利侵权诉讼、专利无效请求程序及各程序之间的关联性，在实体方面，除了涉及"禁止反悔"原则的适用，还涉及对权利要求的"清楚""以说明书为依据"以及"功能性限定"等重要法律法规的理解与适用。参见李雪春：《从一案例看专利申请文件的撰写、审批及其对后续程序的影响》，载《实施国家知识产权战略，促进专利代理行业发展——2010年中华全国专利代理人协会年会暨首届知识产权论坛论文集》（2010年号），第9页。

③ 参见吴清旺：《关注细节：走向成功的法门——一个执业律师的体会》，载《中国律师》2008年第7期，第86页。

案件中,律师能否关注细节,更成为决定当事人罪与非罪、刑罚轻重乃至生死的关键问题。例如,在某起涉及官员受贿的案件中,虽然行贿受贿双方都交代了贿赂金额为 2.3 万元现金,但关注细节的律师就需要考虑,普通贿赂金额一般都是整数,较少会出现这种不合"常理"的零数,因此,就需要以此作为一个单独问题详细调查①,如果最终证明相关数额中包括部分合法费用,就可以以此为根据减轻当事人的刑事责任,甚至因为不满法定数额认定当事人无罪。

说到底,律师的细节力的核心价值,即在于其与匠人精神的契合。

律师的定位,就应当是法律工匠。作为工匠的律师,应当强调法律细节,同时兼具法律信仰,秉持法价值、法理念。拥有深切价值体验和浓烈人性关怀的律师,不再是"只是训练有素的狗"②,而是具有执著情怀的法律匠人。律师的这种匠人精神在司法活动中是不可或缺的。司法,就是无数个合理合法的细节共同构成一个完整和正当的程序。法院的裁判、复杂疑难的案件,都是由许多关键的或者看上去无关紧要的或者确实无关紧要的细节连接起来的。在细节方面出现失误或错误,表面上看是低级错误,然而,这些低级错误被放置在社会中,若再经过放大,就不单纯是个人言行的疏忽了。正是这些细节上的瑕疵,将一个个完整的案件裁剪得支离破碎,引起当事人、公众对法律的轻蔑、怀疑和对司法工作者的不满,有些甚至严重损害司法的权威。正所谓"起端虽微,流弊必大"。司法活动绝不可采取"不拘小节"的工作态度和方式。律师肩负实现社会公平正义职责,必须保持足够的细心和耐心,重视和完善细节,做好每个细节性的工作。③

---

① 参见张宝珠:《如何运用谋略"问清问透"案件细节》,载《中国检察官》2013 年第 4 期,第 61 页。
② 刘风景:《法学工匠的角色定位——倡导注重细节的法学模式》,载《法制与社会发展》2010 年第 6 期,第 126 页。
③ 参见肖瑜:《以司法细节阐释核心价值》,载《人民法院报》2012 年 6 月 17 日,第 002 版。

第二节 律师细节力的体现

在热播电视剧《金牌律师》中，帅哥美女律师上演的跌宕曲折的情节，让不少观众沉醉其中。有叫好的，自然就有砸场子的。不少律师就对一些剧情的编排以及细节的处理，如在法庭上律师可以随意站起来走动、可以随意打断对方代理人的发言等等表示不满。① 之所以出现不同声音，主要就在于律政剧中对于律师外在细节的处理不够严谨，有误导观众之嫌。

一、律师的外在细节力与内在细节力

（一）律师的外在细节力

在香港，虽然庭审向公众开放，旁听人员可以随意进出，但中途退场的人员会在出门前转身面向大法官席站定，毕恭毕敬地鞠个躬，然后再推门离开。一开始，观察者以为这是律师的专有规矩。但后来才发现，哪怕着便衣的普通人也同样行礼如仪。② 反观我国内地一些庭审过程中，相关人员存在随意走动喧哗，旁若无人地接手机、抽烟等严重滋扰法庭的行为。司法文明的高下，就在这外在细节的分毫之间显露无遗。

律师的外在细节同样重要，限于篇幅，这里仅从穿衣这点对此加以说明。律师作为公众人物，不应在着装上冒险。除律师袍之外，男律师着装最先考虑的就是合身，虽然在西服和衬衣的款式、颜色上没有太多选择，但可在领带等细节的用色上彰显个性，突出风格。③ 同时，应当注意，律师穿着西服时，领子应靠紧衬衫并低于衬衫1.5厘米左右，衬衫袖长以握手姿势出现时应比西装袖长1.5厘米，应穿着黑色系带的制式皮鞋，女性律师着装时虽然自由度相对较大，但切记不露肩、不能穿吊带裙或无袖的裙子、不露膝以及不露脚趾。④

---

① 参见洪流：《金牌律师》，载《新民周刊》2014年第29期，第91页。
② 参见牟笛：《香港天价律师费背后的律师们》，载《法律与生活》2015年第2期，第25页。
③ 参见李谦：《律师着装之道》，载《中国律师》2014年第10期，第82页。
④ 参见蔡樱梓：《律师需要掌握哪些商务礼仪（上）》，载《中国律师》2015年第5期，第81页。

如果穿着随便，视法庭如街市，视庭审如儿戏，就会出现之前提到的因为不穿律师袍出庭而遭到律师协会处罚的情况，更会严重侵犯法庭的严肃性。

（二）律师的内在细节力

与大众的期待不同，同样作为社会中的人，从心理学的"心理偏差"理论出发，包括律师在内的司法参与者也是仅具有"有限理性"的人，也会受到各种心理偏差的影响。根据目前对刑事司法中心理偏差的研究，刑事司法的参与者如讯问人员、鉴定专家等，同样会受到这些心理偏差的影响。而美国法律研究者对本国已经纠正的刑事错案的研究表明，这些案件的参与者包括警察、检察官、法官、辩护律师、证人、鉴定人等，也都受到了前述心理偏差的影响。[1]

因此，所谓律师的内在细节力，一方面要承认自身认识的有限性及出错的可能性，另一方面，还要学会换位思考，也就是说，事件中的其他利益方会怎么想？以对方的能力，能对事态控制到什么程度？那么，"我作为进程中的一方，大概该如何去影响？在哪一个阶段发挥能量？我该如何满足要求？"[2]

以刑事案件为例，辩护律师和自己的当事人也就是犯罪嫌疑人或被告人接触的过程中，需要使用换位思考的方法，基于心理偏差性，揣摩其真实的内心活动，获取最为全面、最为真实的信息，从而做到有备而战，而非成为被当事人利用的棋子。

根据相关研究者的实证分析，一般而言，不同类型犯罪嫌疑人或被告人在不同时期，可能会出现或存在如下心理活动或状态，而律师需要对此有所了解，以便准确地做出有针对性的反应。需要指出的是，被告人上述几种心理在整个审判阶段不是孤立的、一成不变的，而是互相交叉、互相渗透、互相转化的，可能一个时期这种心理占上风，另一时期那种心理占上风。被告人同时存有几种心理的情况也屡见不鲜。审判实践中有的被告人从侥幸心理转变为抵触心理，最后又转变为悔恨心理。被告人的心理转变是一种复杂的，有时甚至是

---

[1] 参见黄士元：《刑事错案形成的心理原因》，载《法学研究》2014年第3期，第36页。
[2] 徐琳玲：《"诉讼之王"严义明》，载《南方人物周刊》2009年第19期，第54页。

微妙的心理过程，与羁押环境，与律师工作，更与审判人员的工作态度、方式、策略、水平等因素密切相关。

表 1　供律师参考的犯罪嫌疑人、被告人内心活动图表①

心理偏差类型	犯罪人类型	出现阶段	表征
惧怕心理	初犯、偶犯或可能被处以重刑的罪犯	刚刚被讯问或采取强制措施	语塞、战栗、手足无措，一个简单的细节、一段普通的过程也会叙述得颠三倒四
侥幸心理	经济犯罪、团伙犯罪人	刚刚被公安或检察机关接触，或刚采取强制措施后不久	对公权力机关的言行非常敏感，内心矛盾，情绪波动大，有自杀、自残迹象
悔恨心理	偶犯、初犯、女犯	被限制人身自由	由悔而恨，精神负担过重、进食少，自杀、自残
抵触心理	累犯、惯犯、重刑犯或可能遭到错误羁押的无辜者	羁押一段时期	"怎么也是个死""随你怎么办"以及"怎么也要辩"
立功心理	累犯、惯犯、重刑犯、贪污贿赂及经济犯罪人	羁押一段时间	迫切要求同审判人员交谈，乐意回答问题，主动坦白、交代、揭发自己及他人的所有问题，而不管其真实性、确切性、重要性
无所谓心理	惯犯、未成年犯罪人及自恃"有背景""有关系"的犯罪人	刚刚被讯问或采取强制措施	松弛、消极、麻木不仁，嬉皮笑脸，催促赶紧结案

即便心理素质再好的人也无法完全掩饰内心的紧张与惶恐。这就是所谓"做贼心虚"，一定会在眼神、表情、肢体等的细节变化中表露出来。通常情况下，眼睛躲闪逼视，目光黯淡游移，且时而窥视，手、脚、肩部不规则不协调抖动或扭动，假哭、干号等有悖自然的肢体语言或情绪即表示他

---

① 参见高金岭、贾群：《被告人在审判阶段的常见心理》，载《河北法学》1989年第6期，第42—43页。

(她)在撒谎。注重细节也包括留意对方的体型、衣着、饰物、谈吐、嗜好、习惯性特征与其职业、经历、年龄、生活地域，特别是与案情、调查访问、现场勘验、已获证据等的关联，发现疑点、蹊跷和隐秘。细节变化往往转瞬即逝。①

二、律师的程序细节力与实体细节力

(一) 律师的程序细节力

从理论上来讲，任何对案件细节的疏漏都有可能导致判决的不公，法官只有对这个庞杂体系中的全部细节进行逐一检测之后，才能保证判决的公正。虽然从实然层面，案件的所有细节似乎根本无法穷尽，但是一个包含有限细节的案件事实是完全有可能相对独立形成的，这主要得益于诉讼程序的设定。② 而在诉讼程序中，律师细节力依然呈现出明显的实时性和相对性，也就是说，在不同阶段、不同案件中，律师的细节力呈现出不同深度的不同样态。

下面，从诉讼的全过程这一宏观层面以及刑事审判庭前会议这一微观层面，对于律师的所谓程序细节力加以举例说明。

宏观而言，按照诉讼程序的进程，律师在庭审之前，应时刻保持紧张状态，小心自己的言行，杜绝任何隐患。例如，律师在会见当事人或者证人时，应当注意事先和当事人一方签订详细合同，明确禁止当事人一方向律师提出如阅卷、送信、胜诉等可能导致律师面临相关职业风险的要求。在与当事人或当事人的亲友、家人会面时，律师应当确保同时有两人在场，如实记录会见内容，被会见者应逐页签字。律师应尽可能安抚当事人。会见犯罪嫌疑人或被告人时，虽然可以向其介绍家人近况，但不要涉及具体案情。律师应全面、准确、细致地告知当事人权利，向其了解案情和想法，不应为其传递信息，夹带物品，透露卷宗中的证据，示意翻供。不要未经控方认可向被害人或控方证人

---

① 参见李彧：《刑事讯问的十个误区及其应对》，载《江西警察学院学报》2012年第3期，第43页。
② 参见王宽：《司法三段论小前提的相对独立性探讨——对"耕牛"案的另一种解读》，载《广西政法管理干部学院学报》2011年第4期，第32页。

取证，在会见证人时，不得以请吃、送礼、威胁、说服等方式促成证人改变证言。不要与当事人谈自己和法官有关系之类的话。不要一个人办案，在未获得经验丰富律师参与、帮助的情况下，不建议受理强奸等难以取证而被害人主观感受难以客观化、陈述难以前后统一的案件。①

微观而言，律师在刑事程序中的庭前会议这一具体诉讼程序中，应关注如下细节问题，并结合具体案件的情况，从当事人的利益出发，做出具体的法律决定，或提出具体的法律要求②：

1. 注意承办案件的属性、涉及的罪名

如究竟属于公安机关还是检察院的立案侦查范围，注意案件的级别管辖，犯罪地是否与审理的法院相一致，被告人居住地审理是否更有益，犯罪行为地和犯罪结果地是否一致，选择何地管辖更为适宜，共同犯罪的被告人是否应当合并审理，是否属于在当地有一定影响力的或者影响比较大的案件，是否属于适用法律具有普遍意义的案件等。

2. 关于回避的问题

着重注意审判人员、检察人员、侦查人员是否是本案当事人及其他有利害关系的人、辩护人、诉讼代理人，是否有违反规定会见当事人及委托人的情形，是否为本案当事人推荐、介绍辩护人或诉讼代理人，是否存在接受财物、宴请或其他支付费用活动，是否借用本案当事人或者委托人款物等。

3. 是否存在侦查机关收集的对被告人有利的证据未提交的问题

着重通过阅卷查看所有言词证据的取得时间地点，与看守所的提讯记录、抓获经过等材料进行对比，看是否存在所作讯问笔录未提交的问题，是否存在讯问不做记录的情形，是否存在所做记录与同步影像资料不一致的情形，这类证据如果存在，即使不能作为非法证据排除，但可以以真实的影像资料作为证据而不以笔录作为证据。

---

① 参见王演兵：《律师防范执业风险的三大内功：节制·敏锐·细致》，载《中国律师》2010年第5期，第44页。

② 参见赵静、冯振国：《刑事诉讼中庭前会议的准备及注意事项》，载《新西部（理论版）》2014年第23期，第73页。

4. 非法证据排除问题

最高人民法院《关于适用〈中华人民共和国刑事诉讼法〉的解释》第四章第八节专门规定了非法证据排除，但该章节仅解释了什么是刑讯逼供，以及什么属于可能严重影响司法公正的情形，仅对被告人供述和辩解及证人证言如果属于非法取得的证据予以排除，并没有具体规定物证、书证如果收集程序不合法，经辩护律师提出后又不能补正或进行合理解释时，是否应当作为非法证据进行排除，该种证据的效力如何认定。

5. 关于出庭证人、鉴定人问题

一般公诉机关在提起公诉时并不提交出庭证人、鉴定人名单，如果辩护律师认为应当提供或者按照法律规定应当提交。

6. 关于不公开审理的问题

主要审查是否属于涉及国家秘密或个人隐私的案件，是否属于涉及商业秘密的案件。①

（二）律师的实体细节力

所谓律师的实体细节力，是指律师在涉及案件实体部分的法律问题上，对于特定实体细节问题所展现出来的关注、掌控及证成或证伪能力。例如，在刑事案件中，因果关系的有无往往是控辩双方争论的焦点。在一起故意伤害致死案件中，证据显示所谓受害人患有脑部某种原发性恶性肿瘤，但无证据证明其最终死于肿瘤本身。被告人可能存在击打受害人枕部的加害行为，但不可能造成其罹患原发性恶性肿瘤的情形，且无证据证明加重病情及造成其他颅脑损伤的可能性，因此，现有材料不能排除被告人的行为与受害人的死亡之间具有因果关系。② 概括而言，从实体角度来讲，可以将一个实体性法律问题分成动和静两个部分理解。

---

① 参见赵静、冯振国：《刑事诉讼中庭前会议的准备及注意事项》，载《新西部（理论版）》2014年第23期，第73页。
② 参见李卓凝：《浅谈死刑案件的法医临床学问题》，载《全国第十二次法医临床学学术研讨会论文集》2009年版，第296页。

1. 一般认为，所谓静的实体法律部分主要包括法律关系的构成三要素，即主体、客体、内容①

其中，主体即法律关系的参加者，是享有权利和承担义务的人。在不同的法律关系中，主体有单一的，也有多元的。当主体是多元的时候，也就意味着该法律关系较为复杂，参与者较多。甚至还有研究者主张刑事法律关系中不应存在所谓犯罪主体的问题。在其看来，犯罪主体是四要件犯罪构成理论中的一个要件，同时也是争议较大的一个要件。如果从学术史的层面对犯罪主体作为犯罪构成的一个要件的形成过程进行考察，就会发现，犯罪主体本身蕴含着的矛盾正是四要件犯罪构成理论的内在矛盾的体现。随着三阶层犯罪论体系引入我国，犯罪主体将被析分为行为主体与刑事责任能力，分别在构成要件和责任中加以研究，因而犯罪主体的概念将不复存在，这就是一个犯罪主体消解的过程。② 客体，是指作为法律关系内容的民事权利和民事义务共同指向的对象。根据民法理论上关于权利本质的通说，权利由特定利益与法律上之力两要素构成，本质上是受法律保护的特定利益。此特定利益之本体，即是权利的客体，亦可称为权利的标的，或权利的对象。需要强调的是，客体并不仅限于"物"，还包括行为、人格权、精神利益等。随着社会的发展变迁，客体的种类也越来越多。例如人格权的客体除有生命、财产之外，还有肖像、名誉、隐私等；知识产权的客体系人的精神的创造物。随着社会进一步的发展和法律的完善，客体的多样性会更加丰富、更加完善。至于法律关系的内容，即是民事法律关系的内容，是指法律关系主体所享有的权利和义务主体所负的义务。例如，在买卖关系当中，买受人和出卖人都是主体，双方既是权利的主体，又是义务的主体。买受人享受的权利是请求出卖人交付商品或者进行服务；出卖人

---

① 例如，传统上，刑事法律关系一般采取所谓二元论，其所涉及的研究基本上是从犯罪人（加害方）的角度着手的，很少从被害人（受害方）视角去考察。但作为确定刑事法学研究架构的刑事法律关系，其主体应当包含被害人，即应将传统的刑事法律关系，即犯罪人与国家的"二元结构模式"改造为犯罪人、被害人和国家的"三元结构模式"。参见刘贵萍、许永强：《论刑事法律关系"三元结构模式"的建立》，载《国家检察官学院学报》2003年第3期，第1页以下。

② 参见陈兴良：《犯罪主体的消解——一个学术史的考察》，载《环球法律评论》2011年第1期，第5页以下。

的权利是请求买受人支付相对应的价款。反之,买受人的义务是支付给出卖人价款,而出卖人的义务是对所收到的价款交付对方所购买的商品或者提供相对应的服务。而支付价款和交付商品就是买卖关系的内容,支付价款的行为和交付商品的行为就是买卖关系的客体。①

2. 一般认为,所谓动的实体法律部分可分为"动因"和"动型"两种

所谓动因,包括事件和行为。其区分的标准为是否以人的主观意志为转移。事件的客观发生无法以人的主观意志为转移,故在实践中大多作为影响因素之一予以考量。在理论和实践当中,大多研究的是行为。民事行为是指行为人基于自己的意志设立、变更、终止民事权利义务关系的行为。从行为的方式、行为的时空特别是行为的程度,来对法律问题进行界定。同一种行为,实施的程度不同也会导致出现不同的法律后果。至于动型,则是指权利的状态,包括权利的产生、变更、消灭。权利只有通过产生、变更、消灭这一过程,才能推进法律关系的变动和前进,所以权利的变动即是法律关系的变动。而能够引起法律关系产生、变更、消灭的原因,则是法律事实,即依据法律的规定,能够引起民事法律关系变动的客观情况。②

三、律师的法律细节力与证据细节力

(一) 律师的法律细节力

律师作为法律工匠,进行法律解释是其分内之事。法律规范是抽象、概括的规定,需要通过法律解释这座桥梁才能适用于具体的人和事。规范的一般性造成其与每个具体"事件"的特殊性之间存在"隔阂"。法律解释作为两者之间的媒介,起着"具体化"规范的作用。法律解释特别是文义解释,功夫往往用在一个语句、一个单词、一个标点等细节性问题上。在这个意义上,目前颇为流行的所谓"法教义学"对于律师而言就显得颇有意义。

这是因为,法教义学具有特别强烈的个别性,此种个别性具体表现在如下

---

① 参见华夏:《浅析将法律问题细化和深化》,载《法制博览》2015年第18期,第133页。
② 同上。

两个方面：其一，法教义学的研究对象并非包括所有的法律现象，而是由一些特定的法律所组成的"历史性的以及因此是个别性的"法秩序；它的任务也并不是越过某国特定法秩序而研究对于世界各国法秩序而言都具有普适性的规则，而恰是在其独特性中理解个别的法秩序。其二，由法教义学的实践性（其所具有的面向司法个案提供建议与答案的特征）所肇端，法律个案以及与其所对应的个别性法规范及其解释方案甚至相互之间关联脉络等细节性因素乃是法教义学格外关切的内容。除法教义学以外，其他诸多以法现象为研究对象的学科都概括地研究"法"这个标的，其往往置身于法体系之外，以整个法秩序作为批判或者分析的对象。它们不会专心致志地去探究某个条文规范的正义内涵，而是常常通过把整个法秩序还原为现实力量对比关系，从而全面、彻底地批判现行实在法制度。法教义学则不同，虽然为了避免解决法律问题时产生的评价矛盾，也从事概观性的规范之间的相互协调工作，但其主要关注的是法体系内部各构成部分，即法规范以及规范之间的脉络联结，故而其研究多执著于细节，这一特征亦凸显了法教义学的保守性。① 在这个意义上，法教义学对于提升律师对法律解读的细节力而言，具有极高的方法论意义。

值得一提的是，虽然我国并非判例法国家，但目前司法实践越来越注意指导性案例的作用。指导性案例的指导作用，主要体现在当法律存在冲突、模糊、漏洞或空白等问题时如何适用法律。法律模糊，是指在法律规范中出现的、具有类属和性态不清晰，互为中介的客观事物在相互联系和相互过渡中呈现出亦此亦彼性。其在理论上分为两类情形：类属不清晰和性态不清晰。比如，最高人民法院发布的指导性案例中第六号案例涉及《中华人民共和国行政处罚法》第 42 条的规定，行政机关做出责令停产停业、吊销许可证或者执照、较大数额罚款等行政处罚决定之前，应当告知当事人有要求举行听证的权利。本案所涉"没收较大数额财产"未被明文列举，且此条款没有规定上位概念，该行为是否在"等"的"射程"之内尚待论证，故可归于类似性的法

---

① 参见白斌：《论法教义学：源流、特征及其功能》，载《环球法律评论》2010 年第 3 期，第 10 页。

律模糊。而法律规定对法律事实未在时间、空间、性质、程度、数量等方面做出清晰界定，构成差异性法律模糊。①

在判例运用方面，案件事实的"区别技术"具有明显的细节特征。律师在辨析判例时，总是首先查看该先例是否"对得上"，也就是该先例和待决案件是否有着同样或近似的案情和争议焦点。任何先例都有着独特的案情事实和设定精确的法律争议焦点，其法律判决仅适用于这些案情事实和争议焦点。待决法律争议是和判例的具体事实紧密相连的，不能根据判例的关键事实精确界定待决法律争议，或将待决法律争议界定得太窄或太宽泛，或没有将全部关键事实考虑进去或超出了判例的具体事实范围，都会使人们在理解和适用相关判例时出现偏差。②

（二）律师的证据细节力

在一起涉及强奸的案件中，律师充分利用会见当事人时无意获得的一个细节，并围绕这个细节，精心设计了对于证人的质证环节③：

辩护人：他们在什么地方强奸你？

受害人：他们把我推倒在床上，一个人把着我的胳膊，一个人把着我的腿，我动不了，被告人就上来了。

辩护人：床上有被子么？

受害人：没有，只有床单。

辩护人：那你是躺在床单上么？

受害人：不是，那上面还有个枕头。

辩护人：枕头上还有什么？

受害人：手纸。

辩护人：枕头上为什么要放手纸？

---

① 参见刘金林：《重视发挥指导性案例法治引领功能》，载《检察日报》2016年11月18日，第003版。

② 参见刘风景：《法学工匠的角色定位——倡导注重细节的法学模式》，载《法制与社会发展》2010年第6期，第124页。

③ 参见罗力彦：《律师问出的真相（上）——王平等六少年轮奸案》，载《民主与法制》2011年第7期，第70页。

受害人：怕把枕头弄脏了。

辩护人：谁放的？

受害人：我。

在上面提到的案例中，律师充分运用其所掌握的"手纸"这个证据细节，在证明所谓受害人在与被告人发生性关系的时候具有合意，从而否定强奸罪成立方面起到了极大作用。而这就是律师的所谓证据细节力，即能够在证据中抽丝剥茧，发现证据中的瑕疵与不足，从而最大限度发挥律师的应有作用，维护当事人的合法权益。如果律师没有做到这一点，就很可能危及当事人的合法权益，甚至造成冤假错案。

在司法实践当中，也确实的存在因为种种无心甚至有意的程序、行为违规或违法而导致当事人利益受到损害的事件。可以想见，如果这些案件的辩护律师能够及时发现办案人员的违法违规行为并当庭予以指出，也许可以在很大程度上改变案件的进程，进而影响当事人的命运。

必须承认，强调律师的所谓证据细节力，并不是要求律师掌握专业的证据鉴识技能，或者事必躬亲，由其本人对于案件的证据加以整理分析。这种证据细节力要求一名成功的律师，一名拥有证据细节力的律师，应当具备丰富的证据常识，并且积累丰富的证据收集经验，从而了解相关证据的采集、整理、分析过程及相关问题点。

例如，律师实务中经常会遇到争议双方关于相关法律文书中加盖印章真伪的争议。这个时候，律师就必须了解到，一般情况下，公文材料形成后在其文中或落款处会同时盖有单位的印文或捺印的指印，而其印油会缓慢地往外扩散，常态下印油在前期扩散明显，到八个月左右达到最大值。因此，通常的检验手段是将需检验的材料在实验室中放置一段时间后检测其印油的扩散情况，经过多次测定其扩散速率后与已知的该款印油随时间扩散的相关实验数据相比较，就能得出文件形成的绝对时间。同时，观察同期样本的油痕扩散现象，将其扩散速率与检材相比较，从而判断文件形成的相对时间。但是在印油扩散不明显、油痕较淡的情况下，检验方在显微镜下放大观察并不能找到其油痕的边缘，在文检仪的特种光源下也只能略微观察到少量油痕，也就是说，在这种情况下,传统检验方法就不能发挥其作用。那是不是就无能为力了呢？律师应该了解到,在这种情况下,Photoshop 强大的图像处理功能,不仅弥补了显微镜与文检仪的不足并取长补短,还能使油痕充分显现,而且对检材条件的要求较低并且适用的范围也比传统检验更广。另外,Photoshop 并不需要在原材料上进行标记,它不破坏材料,是一种绿色、新型的检验手段。[①] 如果律师能够对此方面的知识有精准掌握,就能够建议当事人有针对性地选择鉴定机构,或者为鉴定机构提供合理化建议,从而实现甄别真伪的法律目的。

又例如,在强奸等刑事案件中,受害人是否与犯罪嫌疑人或被告人发生过性关系,是检方需要证明的第一个问题。对此,辩方律师就需要了解公安机关在提取相关痕迹物证的过程中,容易出现哪些疏漏,存在哪些问题,以便有针对性地对其加以质证。统计显示,公安机关对于受害人阴道擦拭物、受害者内裤、床单、擦拭生殖器用卫生纸等检材提取率较高,其余生物检材提取率较低,检材个体识别率除胚胎、擦拭生殖器用卫生纸、避孕套较高外,其余检材个体识别率较低。造成这种情况的原因主要是公安机关现场勘验不及时、不仔细,使部分物证灭失或遗漏。公安机关往往忽视对受害人的人身检查,或人身检查不及时,导致因受害人着衣洗涤、身体冲洗等使物证灭失。公安机关忽视诸如受害者乳房、胸腹部、外阴、肛门、大腿、手指等部位的检查及嫌疑人生殖器上、避孕套上是否有受害人的血液、阴道分泌物、阴道脱落细胞、手指或指甲缝内是否有人体组织等的检查和提取。公安人员对强奸过程中可能发生的性侵行为考虑不全面,忽略肛门、口腔、胸腹部、手指、脚趾等部位生物检材的提取,而且提取方法往往不规范、不正确,送检不及时,保管不符合规范。更为重要的是,公安机关在对受害人进行人身检查时,忽视加害人的损伤检查,忽视其衣着的检查,或者身体检查不全面,忽视对受害者体液的检查和提取,从而无法证明受害者体内药物成分这一判断强奸手段的间接证据。

---

① 参见方姚、沙万中:《Photoshop 在判定文件形成时间中的应用——以具体案例的检验为例》,载《广东公安科技》2015 年第 1 期,第 49 页。

表 2　提交的生物检材统计表①

检材名称	预检验项目	检材提取案例数（例）	个别识别率（%）
阴道拭子	精斑	110	66（60%）
受害者外阴拭子	精斑或唾液斑	0	0（0%）
受害者胸腹部拭子	唾液斑、精斑	4	2（50%）
受害者肛门拭子	精斑或唾液斑	0	0（0%）
受害者大腿拭子	精斑或唾液斑	0	0（0%）
受害者裤头	精斑	103	57（55%）
现场床单	精斑	89	27（30%）
擦拭用卫生纸	精斑	87	87（100%）
阴茎拭子	血、唾液、脱落细胞	0	0（0%）
避孕套	精液、阴道脱落细胞	2	2（100%）
手指附着物	血、脱落细胞、组织	1	1（100%）
毛发	精斑、毛发 DNA	11	2（18%）
胚胎（胎儿）	胚胎组织 DNA	2	2（100%）
受害者口腔拭子	精斑	0	0（0%）

第三节　律师细节力的养成

有一天，美国通用汽车公司的庞蒂亚克部门收到一封客户投诉信："这是我为了同一件事第二次写信给你，别人会认为我疯了，但这的确是一个事实。"

"我们家每天在吃完晚餐后，都会以冰淇淋作为饭后甜点。由于冰淇淋的口味很多，所以我们家每天在饭后才投票决定吃哪一种口味，然后由我开车去买。"

"但自从最近我买了一部新的庞蒂亚克后，问题就发生了。"

"你知道吗？每当我买的是香草口味冰淇淋时，我从店里出来车子就发动

---

① 转引自牟宏书、李宝强、张昊：《120 例强奸案法医学回顾分析》，载《中国法医学杂志》2016 年第 4 期，第 377 页。

不了。但如果我买的是其他口味的，车子就能顺利发动。为什么呢？"

庞蒂亚克的总经理对这封信心存怀疑，但他还是派了一位工程师去查看究竟。工程师经过观察，找到了问题的关键。原来，这部车从熄火到重新激活，需要较长时间，如果时间较短就会发动不了，而这一情况发生的原因是"蒸气锁"出了问题。因为这位老兄买其他口味的冰淇淋耽搁的时间较久，引擎有足够的时间散热，重新发动时就没有太大的问题，但是买香草口味时，由于花的时间较短，太热的引擎无法让"蒸气锁"有足够的散热时间。① 这个例子，无疑是执著于细节、善于发现细节的典型范例，那么，律师的细节力又该如何养成呢？

一、律师应习惯关注细节

律师在办理案件过程中要关注案件的细节。一个案件的细微之处看似不起眼，但只要仔细研究和分析总能得到意外的收获，有时甚至成为扭转案件的关键点。例如，在某涉案数额巨大的煤矿购买案中，律师所代理的煤矿一方对购买方并不了解，订立合同时对方到场仅出示了名片，后随即从个人账户向煤矿方面支付了定金。律师敏锐地发现了上述细节的不寻常性，实地走访买方注册地的工商局，在该市工商局查询了买方的工商登记资料，发现其声称的法定代表人与工商登记机关登记的法定代表人不相符，再经公安机关查询得知其在工商登记中使用的法定代表人身份证复印件是虚假的。随即律师又到买方注册地寻找该公司，但注册地并没有发现该公司。在这种情况下，律师考虑到煤炭经营属于必须经国家批准的专营项目，所以立即去查询买方出具的《煤炭经营资格证》的合法性，发现许可证已经过期，也就是说，买方目前已经不具备煤炭经营资格。在综合考察上述细节之后，律师向客户提出建议，认为继续履行合同已不可能，只能以收回本金和定金为预期，并确定了"以打促和"的宗旨。②

又例如，在我国工程实务界，存在大量的"包工头"，即所谓"项目经理

---

① 参见张朝全：《提升校长的"细节力"》，载《今日教育》2008年第11期，第39页。
② 参见白敏、杨波：《一起煤矿买卖合同纠纷案件代理体会》，载《当代法学论坛（2008年第4辑）》2008年，第163页。

负责制"或"项目责任制"。因此，在实践中一般每一个工程项目启动后，都会启用一枚工程项目章。但根据我国法律的规定，项目部并不是法人，不具有独立承担民事责任的能力。① 因此，律师需要注意到这一法律细节，在为下游产业的材料商、供应商提供法律服务的过程中，对于加盖"工程项目章"的合同等法律文书的法律效力保持敏感性，防范项目部解散或项目经理亡故、逃跑、被捕、赌博欠债等意外因素造成合同相对方的利益没有法律保障的不利局面。

二、律师应习惯反思细节

在之前一起引发全国热议的非法集资案中，就有律师质疑其中的一些细节问题，譬如赃款的去向等关键内容至今还是个谜。根据最高人民法院《关于审理非法集资刑事案件具体应用法律若干问题的解释》第3条第4款的规定，非法吸收或者变相吸收公众存款，主要用于正常的生产经营活动，能够及时清退所吸收资金，可以免予刑事处罚；情节显著轻微的，不作为犯罪处理。在这个角度上，如果该案的律师能够将钱款去向一笔笔调查清楚，或许该案的最终结局会发生一定改变。通过这个案件，我们也可以看到，律师应该对于细节问题具有一种条件反射般的反思能力。

事实上，在我国，律师，尤其是刑辩律师，很少会前往案发现场作实地调查。因此无法发现公安方面在现场收集证据过程中出现的严重问题。② 现实中，姑且不论执法人员是否在专业素养方面良莠不齐，执法过程是否违法违规的问题。即使是正常取证，相关执法人员在取证过程中也不可避免地会存在瑕

---

① 参见徐波：《合同加盖"工程项目章"在审判中的司法处理》，载《中国招标》2012年第50期，第31页。

② 在我国，公安机关在侦查案件中现场勘验不仔细，甚至出现严重疏漏的情况并不罕见。例如，在2008年4月29日"杨苏宁杀人案"中，现场勘查笔录制作极不规范，没有记录现场勘查人员的单位、职务及现场勘查指挥员，没有见证人单位、住址，没有记录现场保护情况和具体变动情况，没有填写《现场提取痕迹、物证登记表》，整个现场勘查笔录粗糙、马虎，现场勘查笔录与照片不一致，存在重大出入。例如，勘查笔录上记录"距尸体三十四厘米处地面发现一枚血足迹，小三角排列成网格状，标有PEAK字母"，而现场照片却反映的是两枚血鞋印呈"V"字状重叠，现场照片还没有放比例尺。本案现场勘查笔录仅记载现场留有7处血痕，并提取血迹足迹一枚，且均未送检，就连现场遗留血迹是人血还是动物血，是被害人所留、犯罪嫌疑人所留或者是其他第三者所留，这些都无法得知。

疵甚至明显的错误,这种显现不仅仅存在于我国,也广泛存在于世界各地的司法实践当中。那么,作为当事人的代理人,作为律师,就很有必要在面对证据时关注细节、把握细节、放大细节、辨识细节,以期证明这些证据真实有效。毕竟,在刑事领域,律师需要信奉"铁证如山""Evidence is everything"这些信条,真正的为当事人负责,为专业负责。

三、律师应学会放大细节

俗话说:"要想得到甘泉,井要挖得深。"单纯发现细节,只是律师获得细节力的基础前提。律师需要深入现场,走访当事人,收集证据,通过这样不断深入挖掘,培养自身的思维方法,唯有如此,才能够发现、深挖相关细节背后的东西,才能够通过准确展示细节或特点来更好地发现重大问题或风险。也就是说,律师不仅要学会发现细节,而且还需要学会放大细节,以小见大。

以小见大,通过深挖细节实现宏大诉讼目的的做法并不罕见。在著名的"东京审判"中,盟军方面证人威尔逊的证词里提到,一个中国妇女被日军强奸,两个月后出现了二期梅毒的症状。日籍辩护律师抓住这个细节不放,声称:"根据我的观察,我当然是外行,可能所说不对,但梅毒二期症状要在感染后三个多月才会出现。"虽然毕业于普林斯顿和哈佛医学院的威尔逊医生立即声明,梅毒感染后六个星期到三个月都是发病期,但伊藤仍不依不饶地主张:"无论如何,根据我看的书,我只能得出结论,既然要花三个月的时间才能出现症状,那么,这位妇女的梅毒就不可能是由两个月前日本士兵的强奸所传染的。"在辩护过程中,律师伊藤开始说据他自己观察,后又改口说是看书,一个"外行"对一个医生的专业知识表示否认,其用意显然是"攻其一点,波及其余",企图通过否认起诉方证人的某一个证词,来达到否定整个起诉方证据的目的。①

在我国的司法实践中,如果律师能学会从案件表面对细节入手,进而放大

---

① 参见张生、翟意安:《东京审判南京大屠杀案的辩护——以控、辩双方质证为中心的考察》,载《抗日战争研究》2008年第4期,第4页。

细节，不仅可以发现导致问题出现的原因，更可以为当事人提供规避或降低风险的合理化建议，为律师寻找附加值产品，同时实现更大的社会机会。

例如，某城郊供电局为规避经营风险，在某保险公司投保了供电责任险。某日早晨狂风暴雨突降，该供电局辖区内的一电线杆被刮倒。第二天傍晚，途经此处的徐某触电，送医院抢救无效死亡，徐某家属遂将供电局告上法院，要求供电局赔偿医疗费、丧葬费、抚养费等费用共计5万元。法院审理后认为，电线杆被刮倒虽是自然灾害暴风雨引起，但供电局没有对线路进行及时抢修或采取其他有效措施，导致了徐某触电身亡，应当承担侵权责任，判令供电局赔偿徐某医疗费、丧葬费等费用计人民币3.5万元。供电局与徐某家属的赔偿案结案之后，供电局依据法院的判决书向保险公司提出索赔。保险公司认为，此次事故的原因是暴风雨，而根据《供电责任保险条款》，暴雨等自然灾害属于责任免除的内容，保险公司不应当承担保险责任。供电局坚持法院判决的认定，认为其所管理的供电线路因自身工作过失导致了徐某的死亡，并且依法承担了民事赔偿责任，因此保险公司应当承担保险责任。后来双方经过多次争论，最终协商一致，由保险公司承担赔偿责任。供电局聘请的律师并未停留在这一层面，而是深入反思本案涉及电力企业作为承担无过错责任的特殊行业，如何从法律层面规避风险的问题，向供电局提出，可以采取如下四种措施减少或降低自身风险，其中就包括以供电责任险降低损失；利用"回执"，证明企业已履行"告知"义务；用清晰明确的《供用电合同》，证明双方的产权关系；用录音笔、摄像机进行现场取证等多样化的方式，解决拒绝签字整改的问题。①

四、 律师应学会善用细节力

律师需要能够发现细节、把握细节、放大细节，但这并不意味着律师要滥用细节力。例如，在一起涉及相邻纠纷案件的开庭现场，承办法官因患感冒，不时掩嘴咳嗽，中间休庭时，原告律师递给承办法官几粒润喉含片吃。后来这

---

① 参见魏民、廖彬琦：《从细节中规避法律纠纷》，载《中国电力企业管理》2007年第20期，第44页。

个案件原告胜诉，被告就以他当场看到原告律师在法庭上送东西给法官为由，多次到院领导处或检察院去信访要求查处。①

那么，什么是善用律师的细节力呢？以刑辩律师为例，刑辩律师一般不应纠缠细枝末节，但绝不能放过案件中的关键细节。在一起受贿案件中，举报人检举受贿人，同时表示，送了钱给受贿人后，受贿人对他的态度更不好，处处刁难他。这明显有悖于"拿人钱财、与人消灾"，因此辩护律师申请举报人出庭，并通过质证，让举报人露出了马脚。刑辩律师善于发现此种细节，往往能够改变当事人的命运。②类似的情况还包括被告人被指控受贿 2.3 万元，但所谓行贿人与被告人担任领导的单位总共发生的业务量仅有 10 万元，毛利不足 3 万元，从法理来讲，受贿是指权钱交易，行贿人为了更大的利益向受贿人送钱，换取受贿人提供的方便从而获得更大利益。如果这样，就很难接受行贿人行贿数量超过实际获利的情况。③

除了要善于利用"不合常理"发现重要细节之外，律师还要充分利用自己长期执业所累积的经验和专业知识，发现案件可能的突破细节。例如，文书中加盖的钢印印文的特有细节特征具有独特性和一定的稳定性，在检验时应该注意发现和利用。但是这些特征易受到盖印压力大小、纸张薄厚等条件的影响。要提醒检验方关注钢印的特有细节特征，如痕壁特征、立体角度特征、印透特征、图案边缘、翘起特征以及金属氧化物附着物特征。④

律师应善用细节力，甚至是在明知不可为的情况下，也依然要充分利用自己所发现的细节，为当事人寻求哪怕一点点可能仅具形式意义的权益保障。著名律师王波曾为一个震惊港澳的杀人案案犯做辩护律师，尽管嫌疑人的杀人事实无可辩驳，但王波还是从一个容易被忽略的细节中发现了问题：对嫌疑人"抢夺枪支"等指控明显不足，因为在嫌疑人拿走被害人手中枪支之前，被害人已经昏迷，虽然这样做并不能改变被告人的死刑判决，但细节的严谨却是真

---

① 参见肖瑜：《以司法细节阐释核心价值》，载《人民法院报》2012 年 6 月 17 日，第 002 版。
② 参见汤忠赞：《读〈找到辩点〉有感》，载《中国律师》2011 年第 3 期，第 81 页。
③ 参见陈明：《"疑罪从有"到"疑罪从无"——一起受贿案彰显出的法律正义》，载《中国律师》2007 年第 7 期，第 78 页。
④ 参见王晓光等：《钢印印文特有细节特征初探》，载《刑事技术》2016 年第 3 期，第 237 页。

正的法律精神。① 而这也正是律师善用细节力的核心意义。

五、 人工智能对于律师细节力的辅助

电脑在细节排查方面的效率远胜于人脑，法律科技的不断发展，能够大幅度提升律师处理细节的能力。比如 iCourt 研发的 Word Alpha 可以自动找出文档中的失效法规、错别字、风险词汇、重要词汇，定位并给出替换意见；可以自动对文档中涉及的所有主体生成尽职调查报告，对于存在法律问题或者法律地位存疑的主体突出标识。这些工作，曾经都需要律师巨细靡遗地逐一排查确认。有的法律文书，涉及几十个法律主体，发掘出其中有意义的信息是对律师细节力的巨大考验；事实上很多律师都不会一一进行排查，导致很多公司其实已经注销，或者相互之间存在复杂的法律关系等这些细节被淹没。但是现在，这些问题都获得了人工智能的帮助。律师可以快速定位到数万字的文档中少量存疑的地方，利用其分析能力，对这些疑问点深入研究，就可能取得突破性的进展。

合同、法律文书的撰写辅助系统，也对律师处理细节的能力发挥了巨大的作用。比如，Word Alpha 内置大量的各领域合同范本，并对大量优质合同进行了分章节、分条款的拆解和组合。律师在撰写合同时只需要在相应位置根据需要选择条款或者章节的模板，然后稍加调整，就可以投入使用。Word Alpha 的研发领导者 iCourt 合伙人郑玮曾经在天同律师事务所执业，是最高人民法院最年轻的出庭律师。郑玮律师也是一位极具细节力的律师。他说起自己在天同律师事务所执业的时候，曾撰写一份有几百条款的合同直到凌晨三点，但仍旧心中忐忑，不敢入睡——因为无法确信自己是否已经排查尽一切可能的风险。想必正是这一份对细节的追求，以及对处理细节的律师工作之不易的理解，催生出他去领导研发这样一款辅助律师进行细节处理的软件的原因。

然而这并不是说，所有细节都可以完全交给人工智能来处理了，律师从此以后只需要思考宏观的、战略性的问题。由于法律关系所直接关联的社会关系

---

① 参见阮加文：《王波律师和他永远的守望》，载《法人》2008 年第 5 期，第 60 页。

千差万别，很多案件之间具有极大的特殊性，远非模版或者机器演绎所能得出的"一般性"结论可以涵盖与应对的。而人类大脑在关联性思维能力及处理复杂系统中的问题的能力上还远胜现阶段的电脑。所以，至少就现阶段而言，虽然在人工智能的帮助下，律师处理细节所需要耗费的工夫大幅减少；然而，细节力仍旧是律师必不可少的专业素养。

总而言之，在人工智能的发展下，以及科技不断发展的未来，法律实务对于律师细节力的要求并没有变弱，因为其所针对的具体内容不是一成不变的。律师用好智能工具的能力可能远远超过逐字阅读文本寻找问题的能力来得重要。律师的职业敏感度、关联思维能力等技术未能超越的东西将成为决定其竞争力的关键要素。

第四节 小 结

当年周总理宴请波兰国家领导人，正当宾主频频举杯、气氛十分热烈时，送菜人员上了一道冬瓜汤，顿时波兰客人变得严肃起来。总理发现，原来厨师把冬瓜雕成了与纳粹德国的标志相似的柱花型，引起了饱受法西斯蹂躏的波兰客人的痛苦记忆。周总理这个时候拿起筷子说："来，让我们一起消灭法西斯。"及时消除了厨师无意间在雕花细节上造成的国际误会。这既是周总理睿智的表现，又是领导人成功化解细节失误带来的国际影响的典型事例。[①] 与此类似，法治改革同样也需要细致入微、精益求精的雕刻。法律是理性和经验的结晶，是一门具有实践理性技艺的学科。法律职业共同体应该成为一个雕刻法律的职业群体。法律是以规则为材料塑造的作品，兼具实用性和审美性。[②] 在这个意义上，真正的法匠必须具备超群的细节力。具备了细节力的律师，才能真正像匠人一样，对于自己所提供的法律产品精雕细琢，为当事人提供具有区分度的高品质法律服务。

[①] 参见柳春：《论细节的战略价值》，载《重庆日报》2007年9月30日，第001版。
[②] 参见刘武俊：《法律需要雕刻》，载《学习月刊》2005年第3期，第26页。

第五章　说服力：律师职业的核心之维

在《威尼斯商人》中有一段让人印象深刻的庭辩部分，剧中人鲍西娅在法庭上言道："且慢，还有别的话哩。这约上并没有允许你取他的一滴血，只是写明着'一磅肉'；所以你可以照约拿一磅肉去，可是在割肉的时候，要是流下一滴基督徒的血，你的土地财产，按照威尼斯的法律，就要全部充公。"①这段台词，无疑是社会大众极为耳熟能详的知名辩词。人生如戏，现实中的律师同样需要说服力。在某种意义上，将律师的全部工作描绘为说服也不为过，其重要性对于律师这个职业而言不言而喻。

本质而言，法律意义上的说服属于法律语言学研究的范畴。法律语言学有广义和狭义之分，国外的法律语言学主要指狭义的研究，重点包括法庭话语、法庭口笔译、法律文件的可读性和理解性、庭审语言证据的应用、书面语和口语的作者鉴定等。近些年来，包括庭审辩论在内的庭审语言成了法律语言学研究的焦点，因为在所有法庭活动中，法庭辩论最具有代表性，抗辩最为激烈，语言的使用最具特色。②反之，只有从法律语言学的角度出发，才能够对于律师的说服力加以理性反思与技巧完善。

第一节　律师说服力的理论基础

毋庸置疑，法律是由语言表达的。语言是执法者开展工作的主要工具，是包括法庭审判在内所有司法活动得以完成的必要手段，因此，对司法话语进行分析具有极强的重要性。另一方面，法与权力紧密相连。因此，在法律话语研

---

① 〔英〕威廉·莎士比亚：《莎士比亚喜剧集》，朱生豪译，中国书店出版社2006年版，第117页。
② 参见吕中舌、辛继红：《电影法庭辩论语言的语音特征及其文体效果——〈杀死一只知更鸟〉个案分析》，载《外语教学》2009年第1期，第35页。

究中,已经不能再停留在法律文本本身,而是应当加入一个新的因素,即权力。① 这也就是说,在讨论律师说服力的理论基础时,必须首先从司法的话语权理论入手。

一、司法权势与话语权

在有关权力的社会理论框架中,话语被认为是建构和维持权力关系的重要手段。权力本质上就是说话的权力。根据社会学家和语言学家的界定,"权势"是指交际双方的社会地位、身份、势力有明显的距离。根据话语分析理论,会话一方常通过控制会话主题、话轮等对另一方进行控制。话语权可通过话轮和地位在结构层面,以及通过在该地位上能有效实施的控制互动层面来实现。② 话语是权力的表现形式,所有权力都是通过话语来实现的。权力可以通过谈话中说话者所占的话语地位、说话者所采取的话语行动,以及他们所能利用的话语资源加以体现。在结构层面,话语中的权力可通过话轮以及说话者所能利用的话语空间加以体现。在交际层面,可通过说话者在他们所能控制、利用的空间体现。换句话说,权力是说话者在谈话中用来完成某些行动的话语资源。③ 以最为典型的法律话语即法庭话语为例,庭审参与各方的话语互动,包括法官的审判,公诉人和辩护人、代理人的诉讼,原被告的陈词、答话,以及证人、鉴定人的证言,实质上体现了话语各方之间的权力分布和动态互动过程。法官、公诉人与辩护人是主要的发话人,被告、证人、鉴定人是主要的回答者。这种问与答的关系,体现的就是话语使用者社会身份和地位的不同。更为重要的是,法庭话语使用者具有不平等的权力关系和不平等的话语权。法官、公诉人享有"特权",被告人"无权"。庭审中,法律赋予法官、公诉人一些"先在的权力"。如整个庭审过程由法官主持、支配,法官、公诉人可以主动发问被告,被告不能主动提问等。这种权力分配的不平等使得法官、公诉

---

① 针对法律语言国内有代表性的研究成果,可参见廖美珍:《法庭问答及其互动研究》,法律出版社 2003 年版。
② 参见王建:《从司法过程中的话语权看法律语言与司法正义的互动关系》,载《外国语文》2010 年第 5 期,第 63 页以下。
③ 参见吕万英:《法官话语的权力支配》,载《外语研究》2006 年第 2 期,第 9 页。

人与被告人在交际中暗藏冲突。①

(一) 律师在司法话语权体系中所处位置

司法互动过程，实质就是话语权力关系的运作过程。因此，司法话语权力作为微观层面上的一种人际关系，其实就是"支配他人的能力"，体现为具体角色承担者对特定权力对象施加影响，以实现其意志要求的行为与过程。以庭审话语权为例，庭审交际参与者之间的任何形式的话语，是对所涉案件事实的言语再现，是在特定地点、按照特定程序和规则以互相说服的方式进行，由具有不同话语目的的参与者实施，各自取得一个符合自己目的和利益的结果的话语互动活动。庭审话语实践参与者依诉讼类型不同而各异。民事案件中，参与交际的人员主要包括法官、书记员、参与诉讼的当事人（包括原告、被告）、诉讼代理人（原、被告律师）、证人和鉴定人等；刑事案件中，主要包括法官、书记员、公诉人、刑事诉讼当事人、委托诉讼代理人、辩护人和证人等；行政诉讼案件中，则主要涉及法官和因起诉或者应诉参加行政诉讼的人以及证人等。② 其中民事和刑事的部分参与关系，可见图1。

具体来说，法庭言语角色的话语权大致有三个层级：第一层级是法官。法官在法庭上代表国家行使审判权，因此而被赋予了权力。法官在法庭上具有最高权威，法庭所有其他人员对法官的讲话应尽量贴近正式礼貌用语。法官可以根据庭审需要向所有在庭的人发出指令或提出疑问，做出决定。他提问时对方必须做出回答。但是除了对律师等的请求做出许可或否定外，他们一般不回答问话。第二层级是公诉人或控辩双方律师以及原被告。法庭上除了法官之外，公诉人或律师的权势次之。因为他们具有法律专业知识并熟悉法庭审理程序，他们懂得怎样使用专业语言或语言策略及言语策略等来达到他们的目的，由此具有一定的权利。因此，他们在法庭上最为活跃，他们对法官一般不发问，只提出请求，采用的是正式的、礼貌的用语。他们可以向他方律师和证人等发

---

① 参见邓彦：《法庭话语中祈使句的人际意义研究》，载《中北大学学报（社会科学版）》2016年第3期，第70页。

② 参见柯贤兵、明瑞龙：《庭审话语权力博弈不对称研究》，载《湖北科技学院学报》2014年第5期，第25页。

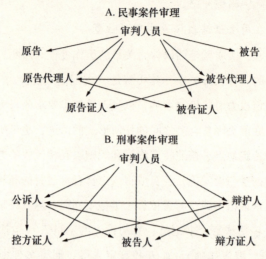

图1　民事案件审理、刑事案件审理中部分参与关系图

问，但采取的问话方式不相同。对于他方律师的问话，则与他方用语相对应；对于他方律师及他方证人，问话的礼貌程度降低。他们有权要求他方律师或证人回答他的提问，而在刑事案件中，国家公诉人代表国家提起公诉，因此比辩护律师更具权势；相对应的，民事案件中的原告及其律师与被告及其律师相比更具话语优先权。第三层级是证人及刑事案件中的被告人。证人分一般证人和专家证人。专家证人因为具有专业知识而更具权势，他们除了回答问题之外还会在法庭上宣读鉴定结果或者提出建议。一般证人及刑事案件中的被告人最不具权势，他们不能向法庭上的任何一方提出问题，也不能打断或引入新话题，一般只能答话，且答话的内容常受法官或律师的影响，不能凭自己的意愿偏离或转换话题。因此，他们很少有话语主动权，只能等待他们的话轮，有时证人甚至要等上好几天才能有机会获得话轮，在话语权这一点上是完全被动的。但他们并非毫无话语权，因为他们对语言的使用也具有一定的手段。① 曾有研究者选择美国联邦最高法院2 000次言词辩论的记录，搜集了来自大法官们的20多万个问题，并将研究结论公布，在过滤掉无效问题之外，发现诉讼结果与大

---

① 参见余素青：《法庭言语的制度性特征分析》，载《修辞学习》2008年第5期，第39页。

法官对律师提问频率存在关联，谁被问到次数多，谁输的面就大。①

在这个过程中，律师通过在给证人的问题中预设大量对自己有用的信息，并同时尽可能地使用让证人减少输出信息的问题类型，法庭上证人的信息输出是有限的，对犯罪事实的叙述主要不由证人完成。因此，可以认为律师在法庭过程中常常获得比证人大得多的权力，而证人的思维和回答模式也会受到律师的影响。在这个意义上，律师掌握的权力过大会误导裁判者，从而产生错判和误判；在法庭上应该多给予证人一些陈述事实的权利；最重要的是应当全面普及大众的法律知识，让公众充分了解自己在法庭上可使用的权利和负担的责任，只有这样才能保证司法程序的公正和正义。②

（二）律师话语权的理论属性

如前所述，法律话语与权力有密切关系，机构权力与话语和话语权力有密切关系，机构权力通过话语反映出来，话语又反过来加强了这种权力。对此，可以通过如下庭审对话加以证明：

公诉人：行。就是——你们在这个三月三号，就是在这个，这一天，放火的之前，就是说，你们带，都带什么东西了，放火之，放火的时候？

被告人：我不知道带什么东西了。

公诉人：当时去的时候带什么东西了？

被告人：当时我不知道。当时他就只是说你跟我办点儿事去，让我出去。我说上哪儿啊！他说你就别管了。

公诉人：等会儿啊，张某某，刚才我跟你说了。

被告人：嗯。

公诉人：希望你珍惜今天的机会。

被告人：是。

公诉人：这种机会不多。

被告人：是。

---

① 参见何帆：《言词辩论：大法官与律师的舞台》，载《司法》2009年第00辑，第284页。
② 参见武婷：《论交叉质询中律师与证人的权势关系》，载《双语学习》2007年第11期，第226页。

公诉人：让你实，要实事求是讲。

被告人：是实事求是。

（停顿4秒）

公诉人：你们去的时候都带什么东西了？

被告人：我、我一概不知。

（停顿2秒）

公诉人：都带什么东西了！

被告人：后来只是出事儿以后我知道，带了撬棍了，带了那个汽油了。①

如上可见，检察官也好，被告人也好，不同社会角色都在强调行为的社会属性，话语角色则注重说话者的言语行为及其在言语行为过程中的作用。从交际者人际关系建构来讲，社会角色关系具有固定社会意义的关系，如父母和子女、老师与学生、领导与下属等。话语角色关系则着重指话语参与者在话语产生时的动态性互动关系，如话轮转换的说话者和听话者互动。言语交际既是信息交流的过程，也是一种社会交往。这个过程中，话语参与者根据社会规范和话语情景语境选择恰当的角色关系，用相应的言语或非言语表达方式传达话语信息，实现交际目的。② 正是从这个角度出发，有研究者主张，应当从法律语言理论的角度，将法律话语的基础理论，特别是将司法辩论界定为"目的理论"和"合作理论"两种。

所谓目的理论，是指在社会交际活动中，一个说话人一般总是希望或者期待或者要求互动的对方或者他人做出所需要的那种贡献。对方是否提供这种贡献，首先也是最重要的是要受目的和目的关系制约。这样才能解释得了现实交际互动中的种种合作和不合作的现象。③ 对目的的追求是律师采取不同话语策略的根本原因。也就是说，不同的目的关系致使律师采取不同的话语策略。那

---

① 参见廖美珍：《中国法庭互动话语 formulation 现象研究》，载《外语研究》2006年第2期，第8页。

② 参见柯贤兵、李正林：《法庭调解法官话语角色转换研究》，载《湖北社会科学》2014年第5期，第154页。

③ 参见廖美珍：《目的原则与法庭互动话语合作问题研究》，载《外语学刊》2004年第5期，第51页。

么，为什么在律师与当事人的互动中总是律师采用不同的话语策略控制着话语的主导权呢？这还是可以回到律师话语权力的问题。说话者的话语权力一直以来是批评话语分析理论研究的核心，哪里有话语哪里就有权力，权力是话语运作无所不在的支配力量。①

所谓合作理论，是指法律话语中交际的各方参与者之间的权力关系严重的不对称，这一点甚至可以从法庭的座次布置看出来。其中，法官的位置最为突出，这就说明法官的权力最高，因为他（她）是依法行使国家审判权的法定主体，代表的是国家权力。法官的法庭话语权力远远高于其他任何交际参与者，法庭的话语权也由法官分配。当然，法庭中除了法官之外，还有其他一些交际参与者的权力相对于另外一些参与者较高，他们对于权力较自己低的参与者的权力压迫也都是通过双方的话语交际体现出来的。从严格意义上来说，那些话语量最多的人往往处于法庭话语权力的统治地位。②除此之外，在不同的会话活动类型中，谁先发话，什么时候替换话轮、打断话语及如何控制话轮、中止话轮和控制话语都和会话参与者之间的相互关系有关。在法庭审判这一会话活动类型中，语言使用者之间的相互关系对语言使用有很大的制约。话题的选择受到法庭审判的限制，通常由法官控制话题。审判主要是由问答形式构成，即话轮的类型主要是问与答。无论是问话还是答话，问话权属于法官、公诉人和律师，而证人和被告通常是就法官和律师提出的问题给予回答或回应。在法庭中，最有权力的法官可以随时讲话或打断他人，但却不被他人打断，可以在任何时候开启一个新的话轮；证人则只能等待被给予话轮，他们对自己何时说话、说些什么没有较多的选择；律师可以打断证人，但是通常情况下证人却不能打断律师。③ 在这个意义上，不同权力的主体只能选择使用与他们权力地位相匹配的言语行为，否则，他们的话语会被认为是不恰当的，甚至有悖于

---

① 参见何菲菲、孙炳文：《目的、律师话语、权力》，载《湖北工业大学学报》2012年第6期，第82页。

② 参见杨锐：《刑事审判中公诉人的机构角色与语言研究》，载《安徽文学（下半月）》2012年第5期，第108页。

③ 参见江玲：《法庭话语的会话活动类型之语用分析》，载《重庆师范大学学报（哲学社会科学版）》2010年第4期，第120页。

常规的。这样一来,审判结果会对他们非常不利。① 正是在这个意义上,才出现了所谓司法话语的合作理论。

(三) 律师话语权的理论分类

1. 律师话语的结构权力与情景权力

基于社会研究者对话语权力的划分,可以把话语权力划分为机构权力和情景权力。律师话语是一种典型的机构话语,具有机构话语的一般特征。律师在与法庭上其他角色对话时,话轮的转换不是按照自然会话的规则进行的,而是遵循法律程序有序进行。法庭的对话以问答为主,无论话语的结构是否以问句形式出现,说话者要么是提问要么是回答或者是根据指令进行陈述,并且对话双方的话语角色一般是固定不变的。那么,律师在与当事人和证人的对话中始终是提问者,并且始终是以机构身份参与会话交际,而答话方不论职位或身份始终是权力较低的答话者。如果答话者不按律师的要求回答提问,律师有权使用话语策略强制答话人按要求作答。因此,机构权力能保证律师与当事人和证人互动的连贯性,保证法庭互动遵照法律程序有序进行。

情景权力是一个比较宽泛的概念,就是说在法庭互动中除了机构权力之外的所有的不对称的话语权都属于情境权力。律师的情境权力能够得以实现,主要是因为律师与当事人和证人的专门知识和受教育的程度的不对称以及个体讲话自由度不对称、专业知识不对称。法律的专业性使得律师和法律门外汉之间形成了一座天然的屏障。尽管参加诉讼的人当中有一些人会在上法庭之前查阅相关的文献或咨询有关法律人士,但是其浅薄的法律知识是难以应对律师的提问的,更何况是那些教育程度低下的当事人或证人。可见,律师与参与诉讼的人之间的专业知识是极不对称的。律师的专业法律背景知识是其话语权力建构的基础。在法庭这种情境当中,专业知识的多少决定话语权力的大小。在法庭互动中,律师讲话的自由度明显要高于当事人和证人,从话语类型来看,权力高的律师使用的话语类型比当事人和证人要多得多,因为律师几乎可以使用任

---

① 参见唐怡群、杨秀珍:《从言语行为理论角度试析法庭话语中权势关系》,载《重庆科技学院学报(社会科学版)》2010年第2期,第117页。

何类型的话语。①

2. 技术分类

按言语行为将话语划分为五类即阐述类、指令类、承诺类、表达类和宣告类。从权力指数来看，宣告类的话语象征的权力指数最高，指令类次之。在法庭审判中，宣告类、指令类和阐述类是经常使用的话语类型。宣告类话语类型仅限法官使用，律师除了不使用宣告类话语类型外，其他话语类型的使用度是非常高的。律师使用频率最高的是指令类话语，如"接着往下说，把你所听到的见到的向法庭如实交代""直接回答我""请如实回答""能不能把你们当时的原话说出来""希望你如实交代"等。从对答话人产生的效果来看，指令性话语是控制性非常强的言语行为，而且律师能够自由地使用这类话语。答话者必须按照律师的指示作答，否则律师就会运用打断、重述、评论、诱导性提问、封闭性提问等话语策略对其进行话语上的控制和支配。② 可以通过表3，对于断言类、指令类、承诺类、表情类、宣告类和告知类等六类法庭言语行为加以例说③：

表3　法庭言语行为部分列举表

[审判长]：下面你就起诉书指控你故意杀人罪的犯罪事实进行陈述同时由公诉人进行发问。	指令类
[公诉人]：被告人李××，今天××市中级人民法院公开开庭审理你涉嫌故意杀人一案，你既可以作有罪供述，也可以作无罪的辩解。	告知类
但必须实事求是，	指令类
你的认罪态度也将影响对你的量刑，	告知类
你听明白了吗？	指令类
[被告人]：明白。	承诺类
[公诉人]：刚才公诉人宣读了起诉书，本院起诉书指控你犯故意杀人罪是否属实？	指令类
[被告人]：不属实，我没有杀人。	断言类

---

① 参见何菲菲、孙炳文：《目的、律师话语、权力》，载《湖北工业大学学报》2012年第6期，第92页。
② 同上注，第93页。
③ 参见潘小珏：《法庭言语行为分类》，载《海外英语》2014年第16期，第238页。

（续表）

[公诉人]：你认识本案被害人林××吗？	指令类
[被告人]：不认识。	断言类
[公诉人]：你和×玉什么关系？	指令类

司法活动中通常有下列交际双方：法官→当事人（原告、被告或律师）；一方当事人的律师→另一方当事人；公诉人→被告人；警方→犯罪嫌疑人；法官、公诉人、警方→证人；律师→证人。位于左边的交际方一般来说具有较高的权势地位，往往会控制话轮和主题，从而使权势方通过优势地位控制话轮和话题，权势方通过提问方式控制话轮和话题，大量使用评论对话题进行控制。相对而言，弱势方话语权的保障需要各方的努力，例如，当事人本来就不是很有胆量在法庭上说话，在被法官打断之后，更是不敢在法庭开口说话了。由于交际双方的身份和地位存在差异，当这种差异在一定的语境中渗透或直接介入到言语交际中时，就造成权势关系对话。司法过程中的话语双方都清楚自己的话语角色，根据需要选择话语角色或者根据语境的变化而调整自己的话语角色，以使话语同角色相适应。法官、警察、公诉人、律师等权势方基于其机构所赋予的优势地位，其交际风格通常是强势风格，而证人、原告、被告等非权势一方由于处于从属地位，交际风格则为弱势风格。权势方往往会通过各种手段控制话轮和主题，影响司法的公正性。①

二、法律对话的言语行为理论

一般认为，法律言语行为是被赋予相应权力的说话者依据一定程序把社会行为规则语言化，把语言化后的社会行为规则系列化；再由被确认具有相应权利的说话者，如司法人员、律师、当事人、利益相关者等，经过规定的程序，用系列化、语言化的社会行为规则衡量具体社会行为的过程。法律言语行为的构成性规则总体上包括法典准则、话语权准则、一致性准则、程序准则、证据

---

① 参见王建：《从司法过程中的话语权看法律语言与司法正义的互动关系》，载《外国语文》2010年第5期，第63页以下。

准则、时间准则、易读准则等。因此决定法庭言语行为主要的构成性规则应包括法理准则、话语权准则、程序准则、证据准则、辩论准则。① 既然法律是语言，法学就是一门语言学。可以用语义学、句法学、语用学来研究法律和法学，因此有"法律语义学""法律句法学""法律语用学"等等。可以用文化语言学、社会语言学、心理语言学、认知语言学、神经语言学、符号语言学、历史语言学等等来研究法律和法学，因此有"法律文化语言学""法律社会语言学""法律心理语言学""法律认知语言学""法律符号语言学""法律神经语言学""法律历史语言学"之分。②

（一）对话行为的策略

根据研究者的概括，律师对话行为的策略主要包括以下三种③：

1. 指示策略

指示策略，即在法律规定性规则的架构下，法官或审判长利用指示类的言语行为策略来操纵话语的权力，支配其他说话人的权利和义务，维持法庭秩序，规约原被告的言语行为，从而辨识案情真相。例如：

被告律师：有一点我想在这里补充一下，凡是未经法庭质证的证据法庭都不应采纳。

法官：这一点我知道，不要你提醒。

被告律师：（无语）。

2. 预投策略

除此之外，较为常见的对话策略还有所谓预设策略，即言语行为中可以推导出来的背景信息。预设有着非常重要的语用功能和效果，法官、检察官以及律师均可以利用信息的不对称达到说服、诱导的目的或者设置语用陷阱实现自己的言语行为。在辩论中，控辩双方均会善于利用预设，而且善于发现和判断对方话语中的预设，以便应对自如。通常辩护律师多用无罪预设，而在公诉人

---

① 参见赵军峰：《法庭言语行为与言语策略》，载《广东外语外贸大学学报》2007年第2期，第91页。
② 参见廖美珍：《论法学的语言转向》，载《社会科学战线》2006年第2期，第202页。
③ 参见赵军峰：《法庭言语行为与言语策略》，载《广东外语外贸大学学报》2007年第2期，第91页以下。不再一一标注。

的起诉、指控、对被告人的询问和演说中则多用有关被告人的有罪预设。例如：

公诉人：你在这些合同诈骗和诈骗当中总共骗取了多少钱？

被告人：呃，经我手的，老百姓买房直接把钱交给我的大概是110余万元。

3. 重述策略

重述策略，即重复被告人说过的某些内容，表示赞成、补充、责备、批评、得出结论或者从中提炼出一个未被原说话者表达清楚的意义。重述属于机构话语中占权力优势的法官、公诉人乃至律师拥有的释义方面的优先权，是法官等享有强势话语权的言语行为主体有时采用的另外一种策略，这实际上是对以上强势言语策略的补充，其目的是为了缓解由于法庭语境中权力不平等分配所造成的"社会距离"。尽管强势言语行为主体为了维护法庭的机构权力以及法律的尊严通常会严厉、刻板甚至咄咄逼人，但是为了充分实现法律言语行为的总目标，他们有时也会动用一些缓冲的言语手段，比如在程序化的讯问之后加上用以缓解气氛的重复问句，以减少弱势言语行为主体如被告人由于情绪紧张而产生的胆怯和不安。例如：

法官：你是什么时候被逮捕的，记不记得？

被告人：大概两个月前。①

（二）对话行为的结构

对话分析法的研究中，较为重要的学术进展与发现就是对"话轮"即轮流讲话机制和"相邻对"的发现与分析。② 这是因为谈话的结构意味着不同互动形式会反复出现，形成规律。话语结构是动态的，人们根据具体情景语境与交际目的调整话语结构。在一个题材内，说话人对话语的选择呈现出规律性和倾向性。当对话双方合作程度高、对抗程度低时，简单的对话结构出现的数量

---

① 参见赵军峰：《法庭言语行为与言语策略》，载《广东外语外贸大学学报》2007年第2期，第91页以下。不再一一标注。

② 参见廖美珍：《中国法庭互动话语对应结构研究》，载《语言科学》2003年第5期，第77页。

更多①,否则话语互动就会以更为复杂的结构实现。② 这里,仅结合相关研究者的分类,对对话行为的内在结构加以介绍。③

1. 简单问答式

即一问一答对称结构,作为最简单、最利索的一种结构,一问一答就能解决问题。没有前导对应,也没有后续对应或行为,属于典型的相邻对,也是法庭问答互动中最多的结构现象。例如:

律师:之前是否因强奸罪入监服刑?

被告人:是。

而这种情况又存在两个问题加一个答案,以及一个问题加两个答案的变体情况。限于篇幅,这里不多赘述。

2. 简单问答+后续行为模式

在这种结构中,后续行为不是对应的不可或缺的构件,回不回应,有礼貌上的因素,有情景的制约,也有位势上的原因,也有纯话语上的原因。例如:

律师:事发之后,你为什么要跑哇?

被告人:当时我心里特别害怕,人死了,肯定是大事,所以我心里害怕就跑了。

律师:嗯。你被抓获以后,对上述问题向公安机关是这样如实陈述的吗?

被告人:是。

除了用语气词作为后续行为模式之外,这种模式还有其他变体,如问答加一次后续来回结构、主问答加连环后续结构等。也就说是答话人在回应问话人的后续语的时候,如果又增加了一些信息或用不同的方式重复答话的说法,问话人于是接着重复答话人的后续语的增补信息或变换的说法,从而形成一种链

---

① 典型的简单对话结构为一问一答式,如:
律师:当时屋里有没有灯?
犯罪嫌疑人:没有灯。
② 参见黄萍:《中国侦查讯问话语的对应结构研究——侦查讯问话语系列研究之一》,载《外语学刊》2010年第4期,第84页。
③ 参见廖美珍:《中国法庭互动话语对应结构研究》,载《语言科学》2003年第5期,第77页以下。不一一标注。

式结构。例如：

律师：在这么多起诈骗当中，你是充当什么角色啊？

被告人：我大部分的就是跟在后面，有的时候我也当二手。

律师：当二手？

被告人：啊，当第二个人。

律师：当第二个？

被告人：啊。

3. 主辅结构式

所谓"主辅结构"，指的是在一个"对应"中有一个（或多个）辅助来回，一个主要来回。在这种结构中，第一轮互动来回起辅助或导引作用，紧接着的第二次互动交换是目的。因此，虽然可能有一个以上的来回，但是把它视为一个互动结构体。

律师：被告，你知道受害人和你爱人有暧昧关系么？

被告人：清楚。

律师：所以案发当天你怀疑受害人在你家，所以提前请假回家捉奸，这个情况你能讲一下经过么？

被告人：我看到了我爱人的微信，知道他们约当天在我家见面，于是我就假装出差，到了单位和单位领导请假，打车回来，进门之后发现他们在床上，就拿起厨房里的菜刀去砍他们了。

4. 包孕结构式

在会话分析派那里，这种结构或叫做"插入系列"，这种"内包"结构是在答话人对问话所指不清楚、无法回答、只有弄明白问题以后才能回答时出现。有些是由于答话人不明白问话人的意思引起的。

律师：你有过前科？

检方证人：你说的哪次前科？

律师：呃，你曾经因为诈骗罪入狱服过刑？

检方证人：我是被冤枉的。

除此之外，还有重复结构式，即由于答话人答非所问，问话人不得不重问而产生的结构,以及上述多种结构的套用、连用等复杂结构模式。①

(三) 对话行为的种类

根据研究者总结,可以将法律对话行为分为阐述类对话行为、指令性对话行为、承诺类对话行为、表达类对话行为以及宣告类对话行为等几类。

阐述类对话行为指说话人陈述或描述他认为真实的东西,它的适从方向是说话人的话语符合客观现实。说话人的心理状态是确信的,话语的命题内容取决于所断言的事实。断言、宣称、陈述是这类对话行为最典型的例子。例如:"东西虽然是你自己的,但设施是国家的,是国家规定的。"指令类对话行为指说话人不同程度地指示听话人做某事。它的适从方向是让现实发生改变以适应说话人的话语。说话人的心理状态是愿望和需求。话语的命题内容是让听话人做某种事情。指示、命令、建议和请求都是这类对话行为具体的例子。例如:"您先别跟我提这些观点。不同的设计,不同的流量,不同的串联,水流的流向是不一样的,我不去给您分析……"承诺类对话行为指说话人对未来的某个行为做出不同程度的承诺,主要包括许诺、威胁、保证等。它的适从方向是让现实发生改变以适应说话人的话语。说话人所表达的心理状态是意图。话语的命题内容是说话者即将做某事。例如"我给您十天的时间……"表达类对话行为指说话人表达对现存状态的感情或态度,如道歉、抱怨、感谢、祝贺等。它没有适从的方向,因为说话人在表达这类行为时,既不试图改变客观现实以适应说话人的话语,也不希望话语符合客观现实。不过,话题命题内容的真实性是预先设定的。例如:"毕竟他们刚结婚,小,不懂得这些事。"宣告类对话行为话语的说出,使世界发生了变化,主要包括任命、宣告等。它的适从方向是客观现实符合说话人的话语,同时又让话语适应客观现实。它不需要真实条件或不表达任何心理状态。这类话语所表达的命题内容与客观现实是一致的。一般来说,这类对话行为要求有相应的机构性规约,要求说话人具备一定的权力或地位来执行这一行为。例如:"咱们开庭之前先说一下案子的相

---

① 参见廖美珍:《中国法庭互动话语对应结构研究》,载《语言科学》2003年第5期,第77页以下。

关情况。"其中,阐述类和指令类这两种对话行为在法庭中的使用最为频繁,而表达类使用最少,承诺类和宣告类对话行为居中。[1]

三、法律语言中的修辞

修辞是一种载意、求效的话语手段,在某种程度上可谓艺术,通过言语的优化操作促使话语意图化,是一种创新求异的语用策略。法律修辞在功能上表现出社会功利价值趋向,其效果往往需要避免华而不实,防止急功近利,忘记言语本身的实质而拘泥于形式。法律话语中的修辞往往包含期待特定诉讼请求的主题性陈述、宣称或者命题得到支持,从而实现一种影响判决走向的可能语用效果。法律修辞并非独白的语词策略,而总是面对特定听众,并受到时空情境要素和言说目的等条件的约束。[2]

(一)律师法律修辞的常见种类

法律活动的目的,旨在厘定权利义务,维护个人利益。律师为了尽可能实现公众利益及当事人利益,需要当面或和潜在的听众进行交涉。因而,能够修饰调整语言、提高表达效果、增强认知的修辞论辩方法就显得十分重要。法律实务中,律师修辞论证方法的具体运用既可以体现在以口头的方式,也可以表现在书面的形式中。修辞论辩的口头方式需要灵活机动,运用到多样化的语言技巧,比如要善于利用沉默、以动情的语言服人、让语言栩栩如生、通过重复强调重点、善用比喻手段、善于把握节奏、要控制好情感、使用有力的语言风格、善于使用修辞问话、做到条理清晰。[3] 律师修辞论辩的书面形式,比较典型地体现在诉状、辩护词以及其他法律文书当中。

对于律师常用的修辞类型,区分种类较为繁杂,例如,较为传统的观点认为,律师的法律修辞方法包括反复、引用、注释、辨析、幽默,以及比喻、对

---

[1] 参见唐怡群、杨秀珍:《从言语行为理论角度试析法庭话语中权势关系》,载《重庆科技学院学报(社会科学版)》2010年第2期,第112页。
[2] 参见徐梦醒:《法律修辞在司法话语中的运用》,载《许昌学院学报》2014年第3期,第79页。
[3] 参见焦宝乾:《法律中的修辞论证方法》,载《浙江社会科学》2009年第1期,第46期。

比、排比、婉曲、描述、反问、设问等。① 这里，仅结合"夏某某故意杀人案"中律师的辩护方法，对于当下律师特别是刑辩律师经常适用的修辞种类加以说明。

有研究者以"夏某某故意杀人案"辩护词为研究对象，从结构角度梳理出律师所适用的四大类修辞方法，即描绘类、换借类、引导类、形变类。所谓描绘类，包括比喻、比拟、摹绘、夸张等方法，其共同特点具有描述和被描述两部分，被描述部分是描述部分的描述对象，例如，律师使用象声词，让法官及在场人员对现场发生的行为具体可感，如临其境，如闻其声，也为后面夏俊峰的防卫行为赢得人道主义的普遍同情。所谓换借类，包括借代、引用、反语、双关等，从修辞结构形式和修辞意义上看，其共同特点是换借部分出现，被换借部分不出现。律师引用翔实的数据资料，以及2000年至2010年间出现的真实案例，来证明自己的论点具有普遍性及众所周知性。当这些社会事实已深入人心，成为共知共享的常识时，势必造成行动者建立条件反射，无需经过深思熟虑而做出理所当然的反应。引用的事例和数据既说明贩夫走卒之不易，又引导法庭上下人员合理化联想，更重要的是为被告营造可信可悯的法庭氛围，进而让法官认同律师的观点。所谓引导类，包括对比、反复、排比、层递、顶真等，从修饰结构和修饰意义上看，其共同特点是由两个或两个以上的语句构成，为首的语句是引导部分，后随语句是被引导部分。引导部分根据辞格的导向怎么引，被引导部分就怎么随。律师提出："以至于夏某某在防卫时失去了右手食指；以至于他完全不记得是否用刀捅了被害人；以至于发生了他完全没有料想到、也根本不希望发生的两死一伤的后果。"连续细致描摹当时搏斗情况，强调夏某某当时惊恐失措的心理状态，在场面失控和激烈的情绪下，当事人懵了，在突发的瞬间无法估计自己的行为及伤害后果，并无主观恶意。所谓变形类，包括有析字、节缩、省略、反问、倒装、仿拟等。从修辞结构形式和修辞意义上看，其共同特点是变形语句对被变形语句给予结构形式的变化，不是变得面目全非，而是对被变形语句给予全部或部分保留。例如律师

---

① 参见一凡：《试谈法庭辩论中的方法与技巧》，载《现代法学》1993年第6期，第85页。

反问:"难道不仅要把死刑适用于经济或非暴力犯罪,而且还要适用于防卫过当或者正当防卫的案件吗?因正当防卫被执行死刑,曹海鑫的悲剧成为河南司法史上洗刷不掉的耻辱,难道在21世纪的今天,在辽宁重新上演这一悲剧吗?"① 当然,上述各种类型的方法还可以套用、连用。

(二)律师法律修辞的特例

除了上面提到的常见修辞方法之外,律师还会结合案件的具体情况以及个人的执业经验、素质水平等因素,使用如下特殊的修辞方法,限于篇幅,这里仅仅摘要例说。

1. 律师的移情策略

以刑事庭审辩护的律师修辞为例,在很大程度上,法庭辩论的成功除了取决于证据、法律之外,往往还取决于语言策略的技巧,因此律师在辩论时需要换位思考,站在法官的立场上选择修辞方式,因此,律师在法庭辩论中往往大量采用语用移情策略,其中使用较频繁的主要有人称指示语②、模糊限制语③和语气系统(疑问语气④、虚拟语气⑤)。而这些策略的选择主要是律师为了顺应听者心理世界、律师心理动机和庭审规范等交际语境因素而做出的动态选择。它们可以帮助律师通过换位思考,预期听者的心理和需求,引导听者从律师的视角解读话语,达到预期的语用移情效果,从而拉近与听者的心理距离,

---

① 参见张翼:《积极修辞在刑事案件辩护词写作中的运用——以夏某某故意杀人罪死刑辩护词为例》,载《福建警察学院学报》2013年第5期,第90页。

② 如用第一人称复数指代第一人称单数。例如,"在这里我们可以推测出,他的意图并不是要对孩子弃之不管,他返回现场的目的就是不放心这个孩子能否被收养,这恰恰证明了他和一般犯罪行为人的犯罪目的是不同的,他遗弃不是抛弃,而是无奈。"

③ 例如,"基于被告人能够真心悔过,且主观恶性较小,犯罪情节相对轻微,辩护人恳请法庭对被告人从轻处罚。"

④ 例如,"假如我们有个工厂生产一种美国制式的彩电,标价2 000元人民币,虽然价钱不高,但由于制式不同仍不能卖出,我们能说这台彩电一块钱不值吗?能说谁偷了白偷吗?原告的作品也一样,暂时卖不出不等于它没有价值和使用价值,其价值和使用价值依然存在。"

⑤ 例如,"普通人都知道携带假币是违法犯罪的,如果一个人身上携带数额较大的假币,肯定会藏得很严,保护得很好,更不会忘记自己携带的假币放在什么地方,而本案被告是一个心智正常的人,他拿出雨披,却把假币弄掉在地上,由此可见,他对委托人给他的东西里面藏有假币是不明的。"

实现与听者的心理趋同，顺利达成其交际意图。①

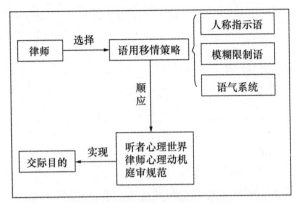

图 2　法庭辩论中律师语用移情策略的顺应分析②

2. 律师对于情态动词的使用

分析表明，情态动词依附于语境而存在，具体的庭审语境不但可以推导出情态动词的隐含意义和预设意义，而且还促使话语双方在相互估量和判断的博弈中对情态动词实施较为复杂、频繁的取向转换和量值调整，以实现话语权力的此消彼长，即博弈均衡。

表 4　情态动词在法庭会语中的频率（次）及比例分布③

参与人情态分类及量值		法官	公诉人	辩方律师	证人	被告
道义情态	高	17（6.8%）	9（2.8%）	7（2.5%）	0（0%）	0（0%）
	中	101（40.2%）	97（30.1%）	72（25.9%）	2（1.0%）	0（0%）
	低	38（15.1%）	49（15.2%）	35（12.6%）	23（12.2%）	3（2.1%）
认识情态	高	2（0.8%）	0（0%）	4（1.4%）	1（0.5%）	0（0%）
	中	10（4.0%）	37（11.5%）	28（10.1%）	35（18.5%）	20（14.3%）
	低	9（3.6%）	28（8.7%）	19（6.8%）	56（29.6%）	41（29.3%）

---

①　参见胡锦芬：《中国法庭辩论中律师语用移情策略研究》，载《长春师范大学学报》2015年第9期，第93页。

②　同上注，第90页。

③　转引自何静秋：《法庭话语中情态动词的动态博弈研究》，载《重庆交通大学学报》（社会科学版）2013年第3期，第132页。

（续表）

分类及量值	参与人情态	法官	公诉人	辩方律师	证人	被告
动力情态	高	15（6.0%）	4（1.2%）	7（2.5%）	0（0%）	0（0%）
	中	22（8.8%）	56（17.4%）	48（17.3%）	28（14.9%）	44（31.4%）
	低	37（14.7%）	42（13.1%）	58（20.9%）	44（23.3%）	32（22.9%）
总数		251	322	278	189	140

3. 律师对于标记语的使用

话语标记语是程序意义的典型例证，它用于程序意义编码，可以约束、限制话语的隐含意义以引导推理和交际的成功。有研究者曾指出，话语标记语的作用就是通过语境和语境效果的某些具体特征引导话语理解与诠释。使用话语标记语就是要最大限度地减少对话语进行加工处理所付出的努力，从而获得最大的语境效果。根据关联理论的认知原则，人类在交际时遵循一个总的原则，即说话人总希望生成能取得充分语境效果的话语，而听话人则希望理解话语时付出最小的努力。因此，在语言交际中，说话人为了能引导听话人获取话语所期待的语境假设和语境效果从而促进话语理解，常常使用话语标记语，这是说话人向听话人提供的明示手段，意在帮助听话人以最小的努力寻找到最佳关联。明示逻辑语义功能、人际情感功能、语篇组建功能和语境制约功能。在法庭审判问答中，适当地使用话语标记语可以提高律师、公诉人、审判长及当事人之间的问答效率，有效应对了当事人为了规避自己的犯罪事实而进行的答非所问的周旋战术。同一个话语标记语可能发挥不同的语用功能。话语标记语的明示语义功能和人际情感功能均可不同程度地制约听话人对正确语境的选择。具体来说，话语标记语通过明示话语间的逻辑语义关系来让听话人选择正确语境，从而正确理解话语。不管是说话人表达正面的人际情感还是负面的人际情感，最终也是为了让听话人找到最佳关联，选择正确的语境，这也意味着不同的话语标记语可以发挥同样的语用功能。可以通过新疆乌鲁木齐中级人民法院的一起合同诈骗案中的话语标记语的例子来详细阐述其明示功能。

被告律师：这两个公司之间，它们资金有没有相互的周转和往来？

被告人：有。

被告律师：那么就是说这两个公司所用的账户相互补缺了？

被告人：是。

被告律师：那么再问你啊，你在这个重庆也好，新疆也好，这两个公司啊，你有没有直接经手过公司管理的账户或者是资金？直接经手？

被告人：没有。

上例中，被告律师首先向被告人提问是否两公司资金相互周转，被告很明确地给出肯定的回答。于是被告律师通过"那么"这一标记语引出一句"换言不换意"的总结性问话，即是否两公司的资金相互补缺。而被告再次给出肯定回答。在这两轮的问话中，"那么"主要明示的信息是：总结第一个话轮的问答内容，并让被告再次确认其回答的正确性。之后，被告律师又借助"那么"开启了第三轮问话，即被告是否亲手经营管理公司资金。此时，被告律师通过话语标记语向被告明示第三轮问话和前一轮问话之间是一个承上启下的语义关系，即被告律师已经得知了两公司之间资金往来的事实，接下来要调查被告是否亲手管理过公司资金。从被告的否定回答来看，他已经正确推理出了律师明示的这种承上启下的逻辑语义关系。由此可见，在这三轮问答过程中，被告律师使用了"那么"两次，虽然都是在向听话人明示逻辑语义关系，但第一个"那么"是明示总结性的语义关系，第二个则是明示承上启下的语义关系。因此，对于同一个话语标记语来说，它可能具备不同的语用功能。[①]

在我国的庭审中，案件的事实和法律部分全部由法官裁决，而律师的责任是证明事实。在探讨语言特征与话语效果、权势之间的关系的时候，需要注意语境的影响。以"我们认为"为例，话语标记语的使用主要依赖具体语境因素，包括交际对象、交际目的以及宏观法庭文化等。首先，当律师面对陪审团或法官而不是证人的时候，他的言语主要是劝说，而非获取信息。这时，如何恰如其分地表述己方的观点，并被听众接受，律师不得不针对交际对象的特点

[①] 参见孙炳文：《从关联视角看庭审互动中话语标记语的语用功能》，载《当代修辞学》2015年第1期，第57页。

与交际目的,对语言使用进行调节,因此,会频繁地用到"认为"等话语标记词。其次,不同的法庭文化、民族文化也是影响话语标记语使用的原因之一。在以协商为主的法庭上,如"辩诉交易"或"法庭调解"等交际场所,话语标记语很可能比较多一些。另外,庭审参与者的语言文化差异也可能影响法庭上话语标记语的使用。①

4. 律师对于隐喻的使用

选择就是意义,形式是意义的体现,意义来自形式与功能的结合。当语言形式与其表达的功能意义一致时,称为"一致式",反之则称为"隐喻式"。隐喻就是语言在用来表达意义时产生的意义与表现形式的偏离关系。根据系统功能学派的观点,语言具有三大元功能——概念功能、人际功能和语篇功能。其中,人际功能指人们用语言来影响别人,表达情绪、观点,建立与外部世界的联系等,它主要通过语气系统和情态系统来实现。语气是人际意义的主要实现手段,对语气的分析能较好地揭示会话参与人之间的人际关系,这就是"言语角色"。在能够认知的各种言语角色中,最根本的两类基本角色为给予和求取,而交际中的交流物一般是物品、信息和劳务。这两大基本角色和三类交流物就构成四类言语功能:提供、命令、陈述和疑问。每种言语功能由一定的句法形式体现,通常情况下,陈述由陈述语气体现,疑问由疑问语气体现,命令由祈使语气体现,提供由疑问或祈使语气体现。这种某一类语气对应它通常表达的言语功能就称为语气的一致式。而当一种言语功能由通常之外的语气来实现,或者一种语气体现通常之外的言语功能,这种语气域的转移就是语气隐喻。可以说,语气隐喻为语气表达增加了语义特征,是说话人使用句子进行表述时糅合了主观动机和客观效果而产生的功用,如彰显机构权势,实现有效论辩,建构、夺取和维护话语权,等等。② 例如,修辞疑问句本身并不直接地表达出各种情感、对行为或人品的判断和对事物、现象的鉴赏,但是结合上下

---

① 参见张丽萍:《论法庭情境中话语标记语——从法庭话语中的"我(们)认为"谈起》,载《南京理工大学学报(社会科学版)》2009 年第 1 期,第 38 页以下。

② 参见何静秋:《语气隐喻在法庭话语博弈中的语用功能》,载《辽宁师范大学学报(社会科学版)》2014 年第 6 期,第 868 页以下。

文的意义和语境，修辞疑问句可以隐性地体现辩护律师的情感、判断和鉴赏。律师运用修辞疑问句所表达的隐含意义可以让听众从情理上更加容易接受，从而有效地说服听众接受自己的情感或是激发听众的情感并引导听众做出合乎辩护律师目的的判断和鉴赏，最终增强辩护词的说服力和论证效果。①

5. 律师对于引语的使用

引语的本质是重复，而重复是指后一个说话人在相邻话轮中用和前一个说话者大量相同的词再次说出前一个说话人说过的短语或句子的情况。法庭话语虽然属于机构话语，但它充满着大量的"问话—应答"互动，是典型的"问话—应答"互动模式话语，通过分析语料发现，重复在法庭话语中的主要功能有话语产生、话语理解、话语连接和话语互动②四类。重复使说话人建立一个范例并插入新信息，因为新信息的框架已经建立好了，从而不用重新去构建。建立好的模式让说话人只需增加新信息就能产生新话语。例如：

公诉人：抢劫作案后你的赃物放在什么地方？

被告人：赃物放在火锅店里。③

在法庭互动中，重复的重要方式体现为律师的转述，这是一种创造性、建构性、策略性的言语行为。它具有直接引语、间接引语、自由间接引语和言语行为的叙事转述四种基本形式，同时还具有间接引语与直接引语混用或嵌套的混合模式。转述语的声音来源有自我、第三方、互动参与对方以及对话的多（双）方等广泛来源。在转述者的交际目的、原述语的可及性以及转述者和被

---

① 参见袁传有、廖泽霞：《律师辩护词中修辞疑问句的隐性说服力》，载《当代修辞学》2010年第4期，第26页。

② 一般来讲，重复被看成一种基本的策略，它可以实现各种互动功能：合作、话题控制、肯定、要求肯定、话语启动、话语填充语等。重复的互动功能不仅将话语一部分与另一部分连接起来，它还将话语参与者与话语连接起来，也将话语参与者彼此连接起来，连接着每个人的互动以及他们之间的关系。法庭话语中重复的另一功能是肯定一个对话或应答。例如：

律师：被告人你好，你和受害人之间来往频不频繁？

被告人：来往不是很频繁。

律师：不是很频繁。

辩护人是维护被告利益的，所以他对被告应答的重复是在肯定被告人的话语。

③ 参见张睿：《法庭互动话语中的重复功能研究》，载《长春工程学院学报（社会科学版）》2016年第3期，第63页以下。

转述者之间身份和权力关系等因素影响下，转述语的忠实度呈"虚构"到"复制"的连续状态。话语功能上，转述言语行为具有证据、评价、责任分离和作为言谈基础等功用。例如，原告律师："……根据被告在庭审时自己的陈述，有这么一个铁的事实，无法推翻，也就是说被告自己在刚才陈述时候说，当时原告抱着自己的老婆，误认为是原告自己的老婆。那么请问老婆都搞错的情况下，难道还是神志清醒吗？"原告律师采用间接引用的方式转述被告人的话语，以此来论证原告人醉酒后神志不清的观点。[1]

庭审转述之所以与日常话语中的转述不同，主要原因在于，控辩过程中，参与三方（控方、辩方、审判方）选择的转述方式、转述内容、转述特征与其各方的意图、隐性目的、身份、对法律法规的既有知识、法律领域训练都密切相关。法官的意图是以法律为准绳，基于控方和辩方分别呈供的证据，基于自己已有的法律训练和背景，给出公正的判断。控方的意图是最大限度地搜集和犯罪有关的证据，有效地给出证据，从而达到制裁犯罪分子的目的。而辩方律师，需基于已有的法律法规，尤其是有利于被告方的法律法规，抵制不利于犯罪嫌疑人的证据，提供有利于犯罪嫌疑人的证据，最大可能地保护犯罪嫌疑人少受、甚至免受法律的制裁。犯罪嫌疑人则是基于自己的直觉和日常习得的法律法规常识，尽可能地反驳不利于自己的证据，为自己被指控的行为提供自辩。因此，总体来说，法庭中采用转述话语的最高指导原则不是转述语本身的形式，而是其服务的目的、其身份、其服务的对象及其隐含的意图。其他文体中的转述，当然也同样受制于其目的，只是其目的的达成与否不似法庭中这样攸关财产甚至生命。请求确认性转述事实的真实性和适切性需要"固定"，法理的适用性需要肯定，客观性都是需要确认的，请求确认性转述和一般性转述也呈现出不同的特点。请求确认性转述在辩护人和被告之间通常反复出现，这在其他文体之中并不常见，反复使用甚至会显得重复、单调，但是对于法庭而言，辩护人有选择地请被告陈述有利事实，并进行简化式转述，通常起到一针

---

[1] 参见罗桂花：《法庭互动中的转述言语行为》，载《语言教学与研究》2013年第5期，第111页以下。

见血的作用,使有利于被告的事实呈现出来。辩护人为了澄清特定的有利于被告的事实,会反复进行提问式请求确认性提问,并通过总结被告的意思,间接给出要害。①

第二节 律师说服力的实战技巧

律师的说服力体现在其所提供的所有业务之中,体现在其与当事人及其他相关方交往的全过程。按照公众的理解,律师在庭审过程中与公诉人、对方代理人的唇枪舌剑,是他们对律师行业最直观的印象。虽然事实上并非如此,但律师在执业过程,特别是在庭审,尤其是刑事案件的庭审过程中,律师是否具有说服力显然成为决定胜负的关键。以一审为例,我国刑事案件庭审程序由开庭、法庭调查、法庭辩论、被告人最后陈述和宣判五个阶段组成,且刑事法庭审判主要围绕审判长、被告人、公诉人和辩护人等四方参与者进行。其参与程度见表5。② 在这个意义上,律师需要从法庭辩论至最后陈述阶段,与审判长、被告人、公诉人和当事人进行言语交流,而这也成为展现自身说服力的绝佳舞台。

表5 从法庭辩论至闭庭阶段参与者的总的过程分布

参与者	过程											
	物质		心理		关系		言语		行为		存在	
	个数	百分数	个数	百分数	个数	百分数	个数	百分数	个数	百分数	个数	百分数
审判长	116	18.15%	4	0.63%	14	2.19%	12	1.88%	2	0.31%	0	0.00%
被告人	69	10.80%	52	8.14%	30	4.69%	5	0.78%	2	0.31%	0	0.00%
公诉人	134	20.97%	19	2.97%	44	6.89%	0	0.00%	0	0.00%	0	0.00%
辩护人	82	12.83%	32	5.01%	23	3.60%	3	0.47%	0	0.00%	0	0.00%

---

① 参见吕晶晶:《法庭庭审中的直接转述与间接转述》,载《外语教学》2016年第6期,第30页以下。

② 参见王晓静、李世新、王欣:《刑事法庭中法庭辩论阶段语篇的及物性研究》,载《洛阳理工学院学报(社会科学版)》2014年第5期,第14页。

对此，一个值得注意的现象是，虽然很多法院为"规范司法行为、促进司法公正"，将规范庭审活动尤其是规范庭审语言作为重点整改对象，取得了一定的效果。但是有的法院在庭审中过于强调语言的规范化与专业化，忽视了当事人的理解力和接受力。换句话说，规范化的、专业化的庭审语言使得当事人无法确切地了解其所表达的世俗意义，在强调庭审的严肃性的同时拉开了法官与当事人之间的距离。很多庭审语言当事人根本无法理解，使得当事人对法院践行司法为民的政策产生了质疑。而如果庭审参与者不得不在规范用语之后再用通俗的用语进行翻译，则不可避免地造成了庭审时间的拖延，无端地增加了诉讼成本。会导致裁判者及其他参与者游走在专业与通俗之间，不可避免地面临两难的选择。① 而在这个意义上，律师的话语技巧就变得至关重要。下面，针对律师与证人、律师与检察官等对手，以及律师与法官的话语交流技巧加以例说。

一、律师质证技巧

根据我国《刑事诉讼法》及相关司法解释，我国虽然从制度上已经引入了交叉诘问制度，但仍然处于较弱的地位，原则化的规定和具体操作的混乱，加之中国传统的职权主义模式的影响，使具体的庭审中难见高水准的质证，一般都是宣读证人证言、鉴定结论，这也被称为"书面质证"。② 随着我国刑事司法改革的推进，证人出庭制度逐步确立，这就要求律师改变以往单纯依据书面质证的形式，对于己方证人实施直接诘问，对于检方证人实施交叉诘问。审查证人出具证言时的主观方面与客观方面的因素。如证人是否与当事人因亲情、友情及其他利害关系而提供不真实的证言。证人感知案件事实时距离的远近以及光线的明暗等环境和条件，也直接影响证言的真实可靠性。审查证人证言的来源。如果是证人亲眼所见或亲身感受到的事实，其可信度较高，如果是证人道听途说的情况，且无其他证据相印证，则应当庭否认其证据效力。审查

---

① 参见赵文艳：《专业与通俗的抉择——谈和谐司法观下的法官庭审语言》，载《法治研究》2008 年第 11 期，第 29 页。
② 参见宋世杰、廖永安主编：《证据法学》，湖南人民出版社 2008 年版，第 334 页。

证人证言的收集方式是否合法。对那些以胁迫、诱骗等手段收集或是在证人签字后又擅自增加更改的内容，应当庭提出其是无效的证人证言。审查证人证言与其他证据是否一致或协调。如证人证言之间或证人证言与其他证据之间不能互相印证，应当庭提出质疑，并要求让证人当庭做出解释后，对证人的存疑证言要进行重点提问以辨别真伪。①

在这个意义上，律师在对于证人加以质证时，需要基于证人特定身份即是否为己方证人，以及特定目的，考虑到相关人员的感受，使用相关语言技巧来进行质证。

（一）律师应善用语义预设

语义预设是指，说话人在一定语境中陈述了一个命题，其本人假设或相信这个命题，假设或者相信听话人或者观众也假设或相信这个命题，说话人同时假设或者相信听话人或观众知道他的这些假设或信仰。一个经常举的例子就是，"你什么时候停止打自己的妻子的？"

现实当中的情况却并非如此。例如，在上海某高校投毒案中，辩护律师这样对被告人进行质询：

律师：那么根据你刚才的叙述，等于是受害人先开了一个玩笑是不是？

被告人：是的。

律师：那么请问你，被害人当时的那个上述语言触发你什么想法？

被告人：就触发我想整他的一个想法。

在上述诘问过程中，律师的预设就是，被告人当时从事危害行为的想法，是因为被害人的整人玩笑所引发的。②

（二）律师应当善用面子理论

在法庭审判中，无论是直接诘问还是交叉诘问，交际的主要形式都是以问答的方式展开的：法官和律师提出问题，被告或证人必须对所提出的问题给予

---

① 参见栗志明、曹春龙：《辩论式民事诉讼的庭审举证与质证》，载《辽宁师专学报（社会科学版）》1999年第4期，第124页。

② 参见向波阳、李桂芳：《刑事审判话语中的预设现象研究》，载《学术论坛》2016年第8期，第158页。

回应或回答，而这样一问一答的交际形式本身就具有威胁面子的性质。由于法庭审判中几乎所有的言语行为都具有潜在的威胁面子的性质，所以法庭互动话语中的礼貌现象的考察主要是通过研究交际参与者是如何采取恰当的礼貌策略来减小或弱化对彼此造成的面子威胁。根据相关研究者的总结，提出了四种补救策略，分别为：

1. 威胁策略

为实现目的，不使用补救策略、赤裸裸地公开施行面子威胁，即律师在对被告或证人进行指控或诘问时，特定情况下不太顾及被告的面子，采取赤裸裸地控告或诘问方式，而不采取任何语言上的弱化方式来减轻对被告的面子威胁。

2. 积极礼貌策略

律师的言语行为要符合听话人积极面子的需求，即表达对听话人的赞同、喜爱或欣赏。在法庭审判中，尤其是在交叉诘问的过程中，由于律师和证人的利益关系不一致：律师想颠覆证人的证词或降低其可信度，而证人想推翻律师所建立的事实版本，所以无论是律师还是被告，其积极面子都受到了威胁。所以，在法庭审判中，为了不影响交际，双方可能都会采取一定的礼貌策略来减轻这种面子威胁的程度。

3. 消极礼貌策略

律师使自己的言语行为尽量满足听话人的消极面子，使听话人的领地不被侵犯和拥有自我行动的自由。人类行为普遍具有不侵犯他人领地的倾向，因此，即使是在权力关系不对称、一方期待另一方服从的情况下，问话形式中所具有的潜在威胁面子的言语行为也通过一定的礼貌形式而被减弱或掩盖。

4. 非公开地施行面子威胁行为

非公开的礼貌策略是为减少面子威胁而采取的最为礼貌的策略，因为采用这一语言策略对面子的威胁最为间接。律师采用此策略可以得到的一个好处是：对于自己，可以避免对听话人存在潜在的面子损伤之嫌，会得到说话有策略之赞誉，因为说话人的言语行为比较模糊，使得听话人有可能从另一个角度加以理解，这样，说话人对特定的意图就不会有责任。对于听话人，就可以躲避话语所带有的潜在的面子威胁。①

（三）律师直接诘问技巧

直接诘问，是律师对于己方证人（包括出庭作证的被告人）的特有询问方式，直接诘问是从己方角度再现案件的真相。因此，证人应该成为法庭注意的焦点。如果法官被证人的证言所打动、所说服，却没有注意或者没有记住是谁在诘问，那么律师的诘问就取得了最大的成功。具体还可以分为如下几种类型，首先是特殊问话，如律师询问己方证人："案发时你在哪里？"这种开放型问话寻求新的具体信息，它们给答话者提供了较大的选择余地，使答话者拥有自由发挥的空间。一般类型的直接诘问可以概括为如下经典范式：

谁 + 什么时候 + 在哪里 + 做了什么 + 如何做的？

以上这些都可以单独引领问题，作为对于己方证人的询问开头语。

与之相对，在我国司法实践中，并不存在诸如美国庭审规则中对于律师"诱导性"问题的禁止性规定，因此，除了上述开放式问题之外，我国律师也会在某些情况下，询问己方证人所谓封闭式问题。封闭型问话要求答话者就所提出的问题做出同意或者不同意的回答，也就是说这种问话只给答话者两种选择。由此看来，开放型问话对答话者的控制力要小于封闭型问话。实践中，封闭式问题包括选择问话、正反问话以及是非问话。当然，上述几种虽然常见于交叉诘问中，但如果与开放式问题组合适用，可以起到很好的诘问效果。有研究者按照律师对答话者的控制程度，按照从弱到强的顺序，对于上述问话进行排序：特殊问话→选择问话→正反问话→是非问话→附加问话。因此，在律师进行诘问时，正反问话是最安全的问话形式。一方面他们可以控制论证的趋势，并在一定程度上对证人的答话进行控制。另一方面证人对自己所要说的内容也有一定的选择权利。这样一来，正反问话既适于在直接诘问中使用，给己方证人较大的答话自由，也适于在交叉诘问中使用，在一定程度上控制对方证人的答话。由于特殊问话是开放型和非引导型的问话形式，这种问话大量用于

---

① 参见江玲：《法庭互动话语中的礼貌研究》，载《长春理工大学学报（社会科学版）》2011年第5期，第57页以下。

直接诘问中。这样可以给己方证人较大的自由发挥的空间，让他们按照律师的要求提供证词，成为法庭注意的焦点。直接诘问和交叉诘问最大的区别在于直接诘问可以预演，而交叉诘问是无法预演的。因此，即使律师在直接诘问时大量使用特殊问话，也不用担心己方证人会离题发挥，因为这些问题的答案都是事先设计好的。选择问话和附加问话有些复杂和费时，考虑到审判的效率，律师一般较少使用这两种问话形式。是非问话和正反问话的作用比较接近，律师更倾向于使用折中式的正反问话，使用是非问话的比例较低。与其说律师在选择问话形式，不如说他们在选择话语策略，而话语策略的选择最终取决于双方的目的关系。由此可见，目的是法庭交际中最终的"制衡器"，是律师选择问话形式的本质原因。①

（四）律师交叉诘问技巧

在我国，交叉诘问的概念是审判方式改革以后才出现的，模仿了英美法系庭审中的对抗制。交叉诘问作为质证中的一个重要环节，是随着大陆法系和英美法系两大法系的进一步融合而引入的。所谓交叉诘问是指在案件审判中由诉讼当事人根据法律规定的诘问规则，分别对己方和对方当事人提出的证人进行诘问，从而在削弱对方证人可信度中，引导出有利于自己一方的证据的诘问方式，它是英美法系的基本质证方式。② 交叉诘问的目的就是从对证人的诘问中发现事实的真相。但由于诉讼模式、法律文化、价值理念、庭审方式与英美法系的不一致，尽管在向当事人主义的诉讼模式转化，但目前我国的诉讼制度还是一种混合模式，庭审中法官还行使着一定的调查职权。所以，目前的诉讼体制根本没有达到使当事人能够自由质证对抗的程度。交叉诘问是当事人的一项重要的诉讼权利，也是查明案件真实性最有效的方法之一，更是保障程序正当性的重要手段。在实践中，常用的交叉诘问技巧包括：抓住对方证人不光彩的历史，以降低证人的可信度；或者为己方行为找准定位，将己方行为纳入到合

---

① 参见赵小红、方晓梅：《民事庭审中律师的问话分析》，载《理论界》2008 年第 6 期，第 77 页以下。

② 参见宋英辉、汤维建主编：《我国证据制度的理论与实践》，中国人民公安大学出版社 2006 年版，第 330 页。

法行为中；或设计巧妙的诘问，将对方的回答引到有利于己方的轨道上来。注意在设计问题的顺序时不要顺着逻辑往下问，打乱问题的顺序，使对方不清楚你想得到的答案是什么。当证人退庭后，再将答案串起来；或抓住逻辑矛盾，利用常识找到证据漏洞。① 交叉诘问的目的是从对方证人那里获取支持自己的论据的事实。此时，律师应该成为法庭注意的焦点，证人只是配角。如果律师记住这些规则并做好充分准备，就能达到自己的目的：引出对自己有利的证词，推翻对自己不利的证词。②

庭审实践中，律师实施最多的话语行为就是诘问。正常情况下，律师话语权力在交叉诘问中体现得更为明显，因为交叉诘问时律师面对的是对方当事人或证人，在这种情况下律师需要使用自己所拥有的话语权力来获取对自己或是对己方当事人有利的信息，如下文交叉诘问的真实庭审语料体现了原、被告律师在庭审中的话语权力。

律师：有没有任何血迹呢？

检方证人：我当时没有……

律师：也就是说你当时什么都没看到？

检方证人：我没有注意看，我……

律师：好，我的问话完毕。③

（五）律师的诘问修正技巧

从法律话语的合作理论出发，出于合作的需要，当答话没有消除或者没有完全消除问话中的"疑问点"时，律师就必须对答话人采取提醒、启发甚至强迫的方式，促使答话人进行修正，以便获取所需的信息，这样就出现了被动式修正、强迫式修正。同时，法庭审判过程其实就是问答互动过程。在互动中，当答话不符合事实，违背合作原则造成对冲突方不利时，就会招致其反

---

① 参见杨婧：《以著名案例为视角谈交叉询问的价值和技巧》，载《中国商界（下半月）》2009年第7期，第298页。

② 参见赵小红、方晓梅：《民事庭审中律师的问话分析》，载《理论界》2008年第6期，第77页以下。

③ 参见柯贤兵、明瑞龙：《庭审话语权力博弈不对称研究》，载《湖北科技学院学报》2014年第5期，第26页。

对，就出现了侵权修正；另一方面，答话人在不断的会话互动中，也会因对方的改变而不断地改变自己的初衷，修正自己的话语，即进行情景修正。当问话要求与答话人的目的一致时，答话修正主动、自愿且有质量甚至超量；当问话要求与答话人的目的不一致时，答话修正不自愿、具有勉强性。侵权修正也是由于答话侵犯了听话人的利益，与听话人的目的相冲突所致；而情景内修正更是利害双方目的较量、交换的结果。由此可见，目的性是答话修正的第三个原因，也是最根本的原因。话题内修正是经提醒、引导或警告后对同一诘问话题所进行的跨话轮修正。从合作态度上分析，话题内修正又可以分为被动性修正、被迫性修正和侵权性修正。① 律师与证人之间对话修正的例子如：

律师：请问对方证人的工作单位？

证人：工作单位曾经是中央电视台。

律师：是辞职还是……

证人：我先是停薪留职……

律师：后来呢？

证人：然后就辞职，单位……

律师：辞职就是说没有工作单位了。

证人：对。

律师：现在呢？

证人：现在是无业，没有工作单位了。

通过诘问修正，律师可以控制谈话焦点，而富有经验的律师，在提问的过程中，可以通过修正问题的办法，牢牢掌握谈话主题，律师通过在提问中围绕关键问题循环提问，将不正面回答问题或者偏离主题的答话人限制在特定的话语范围之内，并且通过选择性、是非性问题限制证人的选择范围，从而满足自身的诘问目的。②

---

① 参见刘荷清：《法庭会话中的答话修正与成因研究》，载《修辞学习》2006年第4期，第47页以下。

② 参见马艳姿：《庭审话语权势与话语结构的微观建构》，载《广西社会科学》2007年第8期，第157页。

证人负有如实作证的法定义务，面对着审判人员、公诉人、当事人和辩护人、诉讼代理人的询问，证人理应正面回应。但在司法实践中，证人经常为实现特殊语用功能或者法律意图而假意或实意违背合作原则，从而呈现出"答非所问"的现象。虽然在会话含义适用范围内的证人答非所问具有特殊的语用功能，并有助于某些程序法价值的实现，但也有可能因此影响庭审的效率和审判的质量，因此需要进行类型化分析；而显著超越会话含义适用范围的证人答非所问，应当予以及时制止以避免浪费庭审时间或者切换问域以发掘相关案情。例如：

律师：收运公司经营的是一个什么样的业务？

证人：这个你可以查收运公司。

律师：嗯，不是查他的问题，我问你了解吗？

证人：他经营什么业务不是我说的算。

律师：你了解吗？

证人：它也是——收运嘛，收煤、运煤。①

又例如：

律师：请问当时你去接小孩的时间一般几点钟呀？

证人：五点钟，因为我一般五点多钟才下班。

律师：五点钟下班？五点钟准时到了幼儿园？

证人：我是，不是，我一般提前五分钟出发，我在四点五十五分出发，大概到那个位置是五点整的样子。②

二、律师辩论技巧

律师参与法庭辩论，是在法庭已经查清案件事实的基础上，为依法维护委托人的合法权益，就案件的事实和适用法律方面与对方进行总结性的辩驳与论证的关键性阶段。律师的辩论必须有根有据，做到合情、合理、合法，才有可能使自己的意见被法庭采纳，从而达到协助法院全面了解案情，作出公正判决进而维护法律正确实施之目的。因此，一名称职的律师，尤其是在参与法庭辩

---

① 参见廖美珍：《法庭问答及其互动研究》，法律出版社2003年版，第197页。
② 参见吕万英：《法庭话语权力研究》，中国社会科学出版社2011年版，第198页。

论时,只有具有较高的政治素质和业务素质,才能出色地在法庭辩论中发挥作用,收到良好的效果。① 和几乎不具备任何话语权力的证人相比,律师在法庭辩论阶段,面对的是具备同等权力的对方律师,甚至是可能更具实质权力的检方。因此,法庭论辩技巧是律师必须掌握的一门不可或缺的综合艺术,是科学性、艺术性与法律性的有机统一,与诡辩术有根本区别。掌握必要的方法技巧对律师准确认定案件、处理案件,以及成功地进行诉讼活动也有着十分重要的作用。②

(一) 辩论的基本模式框架

有研究者从参与系统与态度系统的角度提出,为实现平等自由的角色关系,介入系统为多话语主体的言语环境提供了手段,态度与级差系统为双方通过辩论确立不同话语团体提供了手段。以此为基础,法庭理性辩论模式不仅有哲学基础,也有具体实现手段,因此在实际法庭辩论中应具有合理性和有效性。其基本模式框架见图3。③

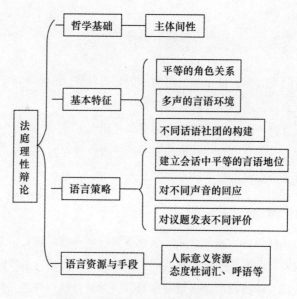

图3　法庭理性辩论的基本模式框架

---

① 参见廖辉:《试论律师参与法庭辩论》,载《政法学刊》1990年第2期,第36页。
② 参见一凡:《试谈法庭辩论中的方法与技巧》,载《现代法学》1993年第6期,第80页。
③ 参见张荷、张丽萍、詹王镇:《和而不同:哈贝马斯主体间性观照下的法庭辩论模式》,载《兰州大学学报》(社会科学版)2015年第5期,第106页。

以这种"理性辩论方式"为基础,可以为律师进行有效辩论建立一套具体的语言实现手段;同时,在实践中为如何优化法庭辩论、增强法律口语教学的针对性提供有价值的参考。

(二)律师辩论的具体技巧

1. 律师辩论的语音特色

法庭辩论,作为一种有声语言,在语音方面具有鲜明的特色。在著名律政电影《杀死一只知更鸟》①中,从语言学角度来看,辩护律师芬奇在辩护中,选择适用了元音、辅音和其他各种语音模式,如双关、排偶、重复等,突出了法庭辩论语言简洁、明快、清晰、抑扬顿挫和铿锵有力的特点,增加了法庭辩论语言富有诗意的音韵美,还可以烘托辩护律师为正义而辩论的主题,从而增强了演讲的说服力和感染力,敦促陪审团能够维护诉讼者和被告人的合法权益,主持正义。② 在这个意义上,律师在辩论的过程中,应当注意使用语音控场法来掌控庭审节奏与进程。

所谓语音控场法,是指律师在论辩发言中运用语调、语速、音量的起伏变化所形成的高低快慢的节奏来唤起听众注意的方法。使用语音控场要注意语调、语速、音量的变化应根据发言中思想感情表达的需要而自然变化,语调、语速、音量的变化要错落有致,不要形成固定的节奏,以致使听众感到呆板,更易疲劳。更为重要的是,在现场不安静的特殊情况下,语调、音量的变化一定要鲜明,要形成前后反差,使之足以对听众产生刺激,从而引起其注意,达

---

① 《杀死一只知更鸟》的时代背景被作者设定为上个世纪30年代的美国大萧条时期。美国南部阿拉巴马州某个偏远县城小镇的律师芬奇(Finch)也不得不面对一个人抚养两个年幼孩子的重担,故事的延展是以芬奇的小女儿,当时九岁的斯各特(Scout)童真的视角加以延展的。因为声誉颇佳,芬奇受到县法院约翰法官的指定,担任一名被指控强奸了一位19岁白人少女玛利亚(Mayella Ewell)的黑人汤姆·罗宾逊(Tom Robinson)的代理律师。虽然没有被害人受害的医学证明,检方能够提供的仅仅是被害人的控诉,但在20世纪30年代的美国南部乡村,面对完全由白人组成的陪审团,黑人罗宾逊的命运在审判开始之前似乎已经注定了。而在接受了这一指定之后,芬奇并没有在因为给黑人辩护而使得个人和家庭所不得不面对的种种压力面前有丝毫的退让。而这种银幕上的形象之所以高大,实际上是因为其与很长一段时间内美国现实生活当中律师的实际表现所形成的鲜明对比所致。在这个对比过程当中不得不提到的就是美国司法史当中非常著名的一个判例,即"鲍威尔诉阿拉巴马"案(Powell v. Alabama)。

② 参见吕中舌、辛继红:《电影法庭辩论语言的语音特征及其文体效果——〈杀死一只知更鸟〉个案分析》,载《外语教学》2009年第1期,第36页。

到控场的目的。态势控场法即运用手势、动作、表情、眼神等态势语言来吸引听众注意的方法。由于态势语言是以动态形象出现的，它可以有效地减轻听众的疲劳感，集中注意力，特殊情况下还可以运用目光注视、手势动作等提醒注意力分散的听众，达到控场效果。运用态势控场法要注意，态势的运用要自然，不可过多、过频，或过于夸张。切忌矫揉造作，以防破坏了庄重、严肃的法庭气氛。停顿控场法在发言中运用特殊停顿来调动听众思维或注意的方法。停顿使用得好可以使注意力涣散的听众趋于专注，还可以吸引听众猜测下文，有效地调动听众积极的听讲情绪。[1]

2. 律师辩论的话语权博弈技巧

无论是在庭审辩论，还是在法庭主持的调解过程中，话语权相对较弱的律师都应当运用话语技巧，在法律、规则允许的范围内，尽可能地争取发言权、主导权与话语权。

法庭审判是机构话语的典型形式。在这一特殊的话语活动中，交际各方的社会角色截然不同，他们之间的权力分配也是极不对称的，其中法官是机构权力的化身，在法庭交际中，法官作为权力主体，所能利用的话语资源要比当事人多得多。法官可通过提问、打断、转换话题、元语评论等方式来控制当事人或律师的话语权。[2]

法庭调解就其本质而言，也是一种话语博弈交际行为，是双方当事人在调解员、法官协调下就矛盾纠纷进行沟通协商、达成最佳博弈平衡的过程。在调解话语协商这种参与者话语互动交际过程中，无论是调解人还是被调解人，均会围绕各自的利益诉求，采取不同的调解策略，实现控制与反控制、支配与反支配、操控与被操控的博弈过程。法庭调解的机构角色决定了参与者承担不同的话语角色。作为话语角色，各调解参与者的话语受到调解语境的制约，遵守一定的话语规则并按照参与者对话语角色的期望和要求做出恰当的调解话语

---

[1] 参见一凡：《试谈法庭辩论中的方法与技巧》，载《现代法学》1993年第6期，第83页。
[2] 参见吕万英：《法官话语的权力支配》，载《外语研究》2006年第2期，第9页。

表达。①

　　无论是庭审，还是法庭内的调解，法官通过控制问话，律师借助封闭式问话、重复性问话等言语策略争夺话语权，在互动过程中，律师可考虑采取对抗型回答、回避型回答以及无力型回答等答话策略，达到保护自己合法权益的会话目的。② 无论采取何种策略，都体现为律师对于话轮即对话过程中轮流说话权力资源的占有情况。包括辩论在内，几乎所有会话的一个突出特点都是会话参加者在整个过程中轮流说话。"每次至少有一方，但又不多于一方在说话"是会话中的一条基本原则。虽然在会话中偶尔也有重叠和冷场的情况，但很快在这条原则的指导下，话轮又轮换进行下去，从而保证话语活动和交际有效地进行。通常情况下，话轮的运转模式是：通过某种机制选定下一个说话人；如果没有选定，则参与者可以选择自己作为下一个话轮的占有者，并将在自动停止或遭人打断之前始终占有这一话轮。③ 在这个过程中，如果律师希望掌握、占据话轮的主导权，或者打破对方对于话轮的占有，就必须学会在发言过程中合理使用祈使句。

　　据研究者的分析，在庭审话语中，法官使用祈使句的频率最大，且在法庭调查阶段使用较频繁，而在其他阶段使用较少。相对而言，律师在法庭调查阶段，为了对案件事实、证据进行核对调查，在辩论过程中不受制于人，必须积极使用祈使句提起话题，掌握话轮。一般来说，律师应当多使用直接祈使句式，少用间接祈使句式。是否使用以及如何使用，需要律师考察直接或间接性程度、言语和行为成分的选择、强势语和弱势语的类型与数量。需要特别注意的是，结合前面提到的"面子理论"，律师使用请求的祈使句式，本质上是威胁面子的言语行为。就听话者而言，说话者请求听话者做某事，威胁到听话者的消极面子；对说话者而言，如果听话者拒绝了说话者的请求，同样也威胁到

---

　　① 参见柯贤兵、李正林：《法庭调解法官话语角色转换研究》，载《湖北社会科学》2014 年第 5 期，第 155 页。
　　② 参见余芊：《庭审互动中被告人的答话策略和权力控制》，载《湖北师范学院学报》（哲学社会科学版）2014 年 2 期，第 70 页。
　　③ 参见杨锐：《刑事审判中公诉人的机构角色与语言研究》，载《安徽文学》（下半月）2012 年第 5 期，第 108 页。

了说话者的面子。①

3. 律师辩论的情感技巧

某律师在为一名蒙冤 13 年的被告人辩护的过程中,满怀感情地谈到,"在我的执业经历中还未曾有过今天这样的沉重、欣慰和激动。"这句话中,有一负两正的情感评价说明,辩护人虽然为被告人蒙冤受屈感到沉重,但终归冤屈得以申诉,因此正面情感态度多于负面情感态度。这种正面的情感资源往往会影响庭审参与者,感染法官与律师共同为纠正这起冤案做出努力。来自律师自身的情感类评价多出现于辩护词论点或结论部分。在辩护理由部分,律师多摆事实、讲法理,很少穿插自己的情感;但在对被告人犯罪动机的阐释中,律师通常会把情感类评价归属于被告人,来邀请听众加盟,共同感受被告人当时的心理状态,从而为被告人行为找到合理的辩护理由。②

这是因为律师辩论是在特定的环境中,并以口头为表现形式,如果只是平铺直叙,就会给人一种感情冷漠呆板的感觉。辩论者表情木讷,别人怎能跟着他的感觉走呢？"感人心者,莫先乎情。"征服听众的心,应具有饱满的激情。为了增强自身表达的情感力度,寻求听者的共鸣,律师在辩论中应多使用具体、形象、生动、通俗浅显的事物或道理来说明比较复杂抽象的事物,即比喻的手法。除此之外,排比在律师辩论中的使用也很重要,排比的修辞功能在于能表达强烈的思想感情,突出所描写和论述的对象,增强语言的气势,理在其中。反问在律师辩论中的使用也很重要,反问的修辞功能在于能狠狠抓住论敌要害的观点,运用疑问的语气来表达肯定或否定意思及强烈的思想感情,答案往往需要善用情感化的语言,增加辩论的战斗力。所谓情感化的语言,是指以语言的情感化为基础,根据语言传递的时间、场合、对象,加工过的入情、合情、通情的语言。③

---

① 参见邓彦:《法庭话语中祈使句的人际意义研究》,载《中北大学学报》(社会科学版) 2016 年第 3 期,第 71 页。

② 参见田华静、王振华:《汉语刑事辩护词中态度资源的分布——作为社会过程的法律语篇研究之四》,载《山东外语教学》2016 年第 2 期,第 15 页。

③ 参见玉梅:《律师论辩语言的运用技巧》,载《广西政法管理干部学院学报》2004 年第 6 期,第 99 页以下。

4. 律师辩护的平衡技巧

模糊语言在律师辩护词中普遍存在,有着不可替代的语用功能。从语用学的角度对律师辩护词中的模糊限制语进行分析,将有助于了解律师辩护词语言的诀窍,帮助律师在辩护词撰写的过程中有意识地使用模糊限制语,以提高辩护词的质量和效果。① 在一起涉嫌伤害的案件中,律师这样提出自己的观点:"所以认为被害人多多少少应该……当然了,被害人确确实实是受到伤害了,但是他也应该承担一点点的责任。"此例中,辩护律师的用语更为"低调","多多少少"与"一点点"表明说话人用词的斟酌,采用程度低的低调陈述从而避免引起法官的反感。律师首先肯定了被害人受到了侵害,然后从受害人也有一定责任的角度予以辩护,希望可以减轻被告人的刑期。② 律师的这种低调陈述,故意"有节制"地讲述事物,轻描淡写以变大为小,把严重的说成轻微的,给人一种"低调"的感觉。事实上,采用的就是一种平衡技巧。

法庭辩论语言是指律师在刑事审判庭上的辩护语言,以及律师在民事、行政审判庭上的代理语言。律师辩论语言是面对面的交锋,锋芒更露,攻守性更强,语言展现的方式更加灵活多样,它不仅是以词语来表情达意,还可以用体态语言、情感语言进行辅助,增强辩论语言的攻击力、辩驳力和说服力。如果说交叉诘问语言的攻击性、辩驳性的特点是含而不露,锋在隐中,锋芒的力度是层层逼近的话,那么,在法庭辩论中,律师辩论语言攻击性的特点则是开门见山、火力猛烈,然后逐点论证、各个击破。法庭辩论分两个阶段,其一是宣读辩护词或代理词,其二是围绕辩护词或代理词,进行面对面的针尖对麦芒的口语交锋活动。但无论是哪种方式的辩论,语言运用的技巧是相通的。依据律师辩论语言的特点、辩论的目的,在法庭辩论阶段,律师辩论语言的运用都需要注意通俗语言与规范语言相结合,增强语言的表现力。律师辩论语言,属于法律语言范畴,其语言环境是一个非常特殊的法庭辩论阶段,受到法律的约

---

① 参见董志浩:《模糊限制语在律师辩护词中的语用分析》,载《语文学刊·外语教育教学》2009 年第 12 期,第 23 页。

② 参见刘悦淼:《律师在刑事案件中的修辞用语及其辩护技巧》,载《齐鲁学刊》2016 年第 4 期,第 151 页。

束。律师辩论语言的运用，既要符合法律语言的语体特征及自身特征，又要易于法庭审判人员、诉讼参与人的理解、接受。因此，律师应当以通俗语言作为主要表达形式，并恰当得体地使用规范性语言。通俗语言与规范性语言交相辉映，更能增强语言的表现力。①

5. 律师辩论技巧的注意事项

律师在进行辩论过程中，所有技巧都只是手段，本质还是事实和法律。下面结合相关研究，对于律师辩论的某些注意事项加以例说。②

首先，律师应时刻切忌"重雄辩轻事实"，律师观点空洞化、过分强调"大道理"、缺乏事实依据，会给法官留下华而不实的印象。庭审中，律师的职责是尽可能多地向法官传递有用的案件信息，如果一味重复，不注重概括，不突出重点，那么律师的庭审语言无法起到应有的效果。

其次，律师语言节奏不要失调，法庭辩论与普通辩论赛存在区别，只有在确保法官完全听清并理解的前提下，律师的语言表达才是有效的。案件事实具有复杂性，律师如果只强调语速和气势，却未将准确信息传达给法官，这样的辩论将无法实现预期目标。同时，律师在庭审中还要考虑书记员记录的需要，以免影响到庭审笔录的准确性、完整性。

最后，律师的辩论不能一味含糊不明。庭审的严肃性、合法性要求律师语言必须尽可能精确，不能出现过多的"好像""仿佛"等似是而非、模棱两可的用词。比如"2016年1月28日晚18时"不能被表述为"2016年1月下旬的一个傍晚"，更不能出现诸如"要求被告赔偿各项损失"等过于原则性的诉讼请求，避免给法官造成准备不够充分的印象。相反，如果律师能够这样表述："以上陈述完全合情合理合法，没有一点虚构、没有一点杜撰，完全是依据客观事实。"在这短短的一句话里面，程度变动语出现了四次。尽管律师的总结是主观的，但是模糊限制语的出现使得辩护词的语气异常坚决、毋庸置

---

① 参见玉梅：《律师论辩语言的运用技巧》，载《广西政法管理干部学院学报》2004年第6期，第9页以下。

② 参见章建荣、冯娇雯：《民事法官与律师庭审语言的检讨与规范——以构筑双方谐调关系为视角》，载《湖北行政学院学报》2015年第1期，第71页。

疑。并且后三个词是相互联系的，仿佛一个三级跳："没有一点虚构"已经肯定地说明了披露的事实性，这是第一跳；后面紧跟又一跳，"没有一点杜撰"，加强了前面的"没有一点"；最后一跳，"完全是依据客观事实"使得语气达到了最强效果。①

三、律师书写技巧

律师需要撰写的法律文书种类繁多，体例、要求差别很大，很难简单叙明。这里，仅以刑事辩护词为例，对于律师书面说理的能力加以点评。

辩护词不属于法定的法律文书，但作为一种独特的用于法庭的语体，无论在结构、内容还是语言上都有自身的特点。各案有各案的特点，各人有各人的风格，辩护词的结构和内容不可能千篇一律。但作为一种语体，其基本内容在构成上是一致的，一般分为序言、正文和结尾三部分。序言部分就是开头部分，也称引言部分。序言部分除了文书的名称和对审判人员的称呼外，一般包括三个基本内容：一是申明辩护人的合法地位；二是辩护人开庭前的准备情况；三是辩护人明确表示的对本案的基本看法、对公诉人的意见作概括性的总评论。正文部分是辩护词的核心部分，包括辩护意见和辩护理由。辩护人要根据明确的辩护意见有针对性地提出辩护观点与理由，有一是一，有二则二。结论部分也称结尾部分，在这一部分辩护人要对自己的辩护观点进行归纳总结和向法庭提出裁判与量刑建议。②

下面，结合笔者以及笔者所在团队日常工作中的案例经验，谈谈在辩护各环节中需要多加注意的事项：

（一）辩护词的开始部分

在法庭辩论阶段，无论是公诉人的控诉演说，还是辩护人发表的辩诉演说，说话人的最终目的都是最大限度地说服法庭（包括法官和听众，也包括

---

① 参见董志浩：《模糊限制语在律师辩护词中的语用分析》，载《语文学刊·外语教育教学》2009 年第 12 期，第 24 页。
② 参见张清：《艺术性语言在辩护词中的体现》，载《政法论坛》2013 年第 2 期，第 116 页。

辩护方的对手）接受自己的主张。① 一篇辩护词如果有一个好的序言作为开场白，往往就能一下子抓住听众的注意力，引导听众尽快进入辩护人的思路。因此，在序言部分，辩护人可以根据不同案件的性质、不同的场合，巧妙地穿插一定的内容，使规范性开头语在结构上适度的变化，从而实现辩护的劝说目的。②

当听众的情感被演说打动的时候，演说者可以利用听众的心理来产生说服的效力，因为人在忧愁或愉快、友爱或憎恨的时候所下的判断是不相同的。法庭论辩应以事理、法理为骨，以情理为肉，以语言为血液。作为被告人的辩护人，为最大限度地争取对被告人最有利的审判，应注意研究审判人员的心理，力争从情绪上、感情上感染他们，充分吸引审判人员的注意力，使之认识到本案的重要性，以赢得他们的支持。俗语说："动之以情，晓之以理。"情感的渲染和理由的论证一样重要。亚里士多德认为，听众对演说者的态度不同，他们的判断就不同，所以演说者必须懂得听众的心理，以便激发或控制他们的情感。语言可以伤人，也可以感人。用辩护语言伤人，对辩护人来讲是不道德、不可取的；但辩护人利用辩护语言以情感人，则是需要的。③

在一起社会影响非常大的案件中，当时犯罪嫌疑人的辩护律师所发表的辩护词就是一个很好的例子：

辩 护 词

尊敬的审判长、审判员：

某某律师事务所接受本玩忽职守案被告人张某某的委托，指派我为其一审的刑事辩护人。接受委托后，我查阅了案卷材料，会见了被告人及相关人员，对本案的案情有了一个全面的了解。现提出辩护意见如下：

通过一天的庭审，我觉得这是一件非常令人痛心和遗憾的事情。作为某地来的律师，我认为这件事情首先要对死者的家属表示诚挚的慰问，并

---

① 参见王洁：《法律语言研究》，广东教育出版社1999年版，第253页。
② 参见张清：《艺术性语言在辩护词中的体现》，载《政法论坛》2013年第2期，第117页。
③ 参见胡中安编著：《辩护技巧与方略》，中央民族大学出版社1995年版。第227页。

且对他们在法庭上的过激行为表示理解。无论从哪个角度来说，这都是一件不应该发生的事情。

这位律师所撰写的辩护词的序言部分比较生动、形象，带有感情色彩。辩护人在第二自然段中，对被害人表示哀悼以及对被害人家属表示了同情和慰问。这有利于安抚被害人家属及听众的情绪，可以为后面的辩护起一个很好的铺垫作用。这样的一个开场白改变了以往辩护词的呆板形式，将情与理完美结合起来，富有说理性和艺术色彩。

（二）事实和理由部分

笔者结合个人的刑事辩护经验，与多年来对其他案件的了解，将事实与理由部分需要注意的几个方面简单阐述一下，希望能够为各位同行带来一定的帮助。

1. 转移焦点的辩护策略

对于刑事案件，如果一味强调与自己的当事人无关，显然无法满足包括法官在内的所有人"应当有人负责"的心理预期，同时也无法得到受害人家属的理解，极容易引发受害人家属的不理性反应，辩护效果很难达到理想状态。正因如此，在前文提到的玩忽职守案中，当事人律师在向受害人家属表示同情，进而占领道德高地之后，在辩护的实体部分开宗明义提出"受害人为什么会有这样极端的做法，他又怎么会撤诉"这个和本案看似密切相关，其实存在争议的所谓"核心问题"，从而牢牢把握住了话语权，在整个论辩的过程中占据了上风。依据这一思路，该律师又进一步厘定出两种可能性，即或者受害人遇到了一个他怕的人，这个人逼迫受害人撤诉；或者有人给受害人虚假承诺。该律师使用了"只有"这个词，明确除此之外毫无可能，随后的论述不证自明，一定是继续论证其当事人与这两种可能性毫无关系。这样做，既达到了需要有人负责这一转移焦点的目的，又实现了撇清自己当事人责任的主要目的。值得一提的是，该律师在叙述的过程中使用了"被告席上的这三个人"的表述方法，看似漫不经心的表述，其实是将自己的当事人和其他两位具备不同身份、承担不同责任、在事件中发挥不同作用的被告人混同起来，让听众从潜意识里模糊、淡化其当事人的特殊身份、特殊责任与特殊作用。

2. 于情于理的辩护表述

律师在辩护词中使用对比、排比、反问、设问、引用、比喻等修辞方法。一方面，大大增强了辩护语言的技巧性、艺术性；另一方面，也不会使法庭听众感到枯燥，能很快吸引他们的注意力，了解自己的论辩思维，从而争取他们的理解和认同，实现说服目的。而且，在法律实践中，修辞手段不是单独使用的，往往和其他的修辞格、情感手段、劝说手段结合使用，可收到更好的效果。特别是排比和反问等修辞方法结合使用的方法，反问语此起彼伏，排比句层层递进，展现出滔滔雄辩的风采。辩护人的声声诘问，表现了辩护人坚定的信心和对专业知识的自信。有时辩护词中也会出现比喻的修辞手法，恰当地使用比喻手段，可以把一些难以说明的事情或者复杂的情况，用一种生动的、令人亲切的、熟悉的、易懂的方式再现出来，从而达到意想不到的效果。①

3. 逻辑严密的法律适用

在高度制度化的法庭语境中，汉语刑事辩护词作为律师对被告人是否犯罪以及罪行轻重的意见，凸显了社会约束类裁决资源的运用。在法庭审判中，辩护词的评价核心在于裁决，情感和鉴赏服务于裁决。汉语刑事辩护词中不同的态度资源存在并发散至辩护词的不同阶段，在其语类的不同阶段呈现出裁决为主、辅以鉴赏的态度韵律模式。律师首先运用裁决类资源将自己对案件及被告人的价值判断传达给听众，为了说服听众，进而运用鉴赏类资源来辅助支持包含裁决的价值判断，最后再次强化自己的裁决，引起听众的共鸣，这种态度韵律模式在辩护词语类不同阶段凸显裁决类价值判断，并通过介入和级差资源调节并强化对其的证明，有助于说服法官及听众接受律师的裁决判断。② 在答辩状中，钱列阳使用了一个看似简明的逻辑推理，也就是说，如果就只以某一个上访者的死亡来推断和认定相关接待人员的刑事责任，那么就犯下了客观归罪

---

① 参见张清：《艺术性语言在辩护词中的体现》，载《政法论坛》2013 年第 2 期，第 117 页。

② 参见田华静、王振华：《汉语刑事辩护词中态度资源的分布——作为社会过程的法律语篇研究之四》，载《山东外语教学》2016 年第 2 期，第 15 页。

的错误,而这是与法理相悖的,也是绝对不能允许的。接下来,他将这个逻辑推理进一步提升到法理层面,即如果可以单纯以结果推断和认定犯罪,那还要犯罪构成的四要件做什么?这种基于逻辑且辅助法理的论证方式可谓非常严密。

(三) 结论部分

结论部分也称结尾部分,是律师对整个辩护工作的意见总结。从结构来看,辩护词的结尾一般有两个内容:一是辩护词的中心观点;二是向法庭提出对被告人的处理建议。该部分要求辩护律师对自己的辩护观点进行归纳总结,并对法庭如何判决提出具体要求,建议对于不构成犯罪的,请求无罪释放;对于符合免除刑事责任的,请求免除刑事责任;对于应当减轻处罚的,请求减轻处罚;对于可以从轻处罚的,提出从轻处罚。[①] 从语言学的角度看,话语的结尾部分也是非常重要的,好的结尾可以起到画龙点睛的作用,能够加深听者的印象,使辩护意见引起法庭的重视,巩固辩护效果。因此,结尾部分应当简短、明确、有力,切忌多次重复啰唆。同时要做到全文前后一致,不能自相矛盾。[②] 某律师在辩护词结尾提到:"作为一个法律工作者,维护司法公正,不放纵一个有罪之人是很重要的,但更重要的是不能冤枉一个无罪之人。这是法制建设对法律工作者提出的基本要求。"这显然是希望通过隐藏和弱化自我利益,凸显和强化对方的有利因素,减少听话人的分歧和反感,使其观点更容易被听话人理解和接受,并最终说服法官作出有利于律师一方的判决,满足了法官和其他法庭参与者的积极面子和消极面子的需求,间接地说服他们接受律师观点。[③]

---

① 参见姜同玲:《律师辩护词的修辞功能初探》,载《广东外语外贸大学学报》2002年第3期,第13页。
② 参见张清:《论辩护词的语言规范与修辞》,载《山西财经大学学报》2010年第S1期,第213页。
③ 参见郑洁:《律师辩护词劝说策略分析——面子理论视角》,载《西南农业大学学报》(社会科学版)2013年第5期,第28页。

第三节 律师说服力的养成训练

一、法律说服的逻辑训练

（一）律师的破题技巧

律师不仅需要丰富的法律经验，更要有训练有素的法律逻辑思维，可以说，律师水平的高低，往往取决于思维的逻辑制约和逻辑方法操作能力的强弱。而律师的职业特点和律师在诉讼中所处的位置决定了律师思维与其他各种法律职业思维存在很大的区别，它表现为思维具有很强的倾向性，在思维主线上具有逆向性的特点，而思维模式却表现为先"破"后"立"。要成为成功的律师还必须找到克敌制胜的思维技巧，这种思维技巧往往会融入很多分析和判断的逻辑推理，使得辩护思路更加清晰，语言更有说服力。律师在与其他主体对抗的过程中，都需要使用证明和反驳这两种不同的逻辑思维模式。

以刑事审判为例，基于其特殊的审理模式与证明要求，刑事辩护律师往往只要找到控方的漏洞，便抓住了制胜的先机。一般而言，控方的思维是用已掌握的证据材料推导出结论；而对辩护律师而言，就是先找出自己辩护的定位，也就是先确定了结论，然后再寻找推理的前提和推理的方式中存在的问题，以此展开反驳。对辩护律师而言，逻辑反驳的确是找出对方漏洞的利刃，它主要是根据一些判断的真实性，以确证某个判断虚假或者某个论证不能成立。所以在反驳中，必须弄清并引述对方观点或原意，明确指出控方观点的矛盾之处，并论述其谬误的危害性。攻其城必攻其"桥"，论证方式是通往结论的桥梁，律师进行逻辑反驳时不能仅仅将视线集中在前提和结论上，而应该将思维发散开去，除了针对对方论据，还可以针对论证方式进行反驳。以最常见的三段论推理而言，在运用三段论时，如果要在前提和结论之间建立起在论证上令人信服的、必要的联系，就要严格遵守三段论的规则，如果违反思维规则就会产生逻辑矛盾，自然得不出正确的结论，这就给辩护律师创造了有利的机会。辩护律师就是要把握这个机会，在公诉人似乎成立的推理中找出逻辑错误予以回击。例如，公诉方有这样一个三段论式推理：

穿 42 号尺码网球鞋的人到过凶案现场，

被告是穿 42 号尺码网球鞋的人，

所以，被告到过现场。①

对此，辩方显然最佳的反驳策略显然就是通过证据证明被告人的鞋码不是 42 号。

(二) 律师的立论技巧

律师除了需要破题之外，还需要立论，即通过逻辑论述，确定自身的观点成立。论证是律师语言说服力的不可缺少的因素。所谓论证性就是指律师的语言具有严密的逻辑性，即中心论点和主题要和谐统一，中心论点与分论点要和谐统一，论据与分论点要和谐统一。只有做到了这三个"和谐统一"，律师的语言才具有论证性；只有具有了论证性，律师的语言才会无懈可击，才会具有说服力。如果律师能够紧紧围绕论点选择法律论据和事实论据，且法律论据与事实论据高度统一，就能有力证明论点的有效性或者就能有利于证明论点的有效性也就是正确性，具有极强的说服力，迫使对方无法反驳。②

除了常见的演绎论证和归纳论证之外，律师还可以使用诉诸承诺的论证、诉诸个人品质的论证、诉诸先例以及规则的论证、滑坡论证、类比论证、溯因论证、诉诸语言模糊性的论证、基于待决观点的论证以及诉诸省略前提的论证等等。所谓诉诸规则的论证，是指律师在法律适用过程中可能会遇到无法满足逻辑推理三段论之大前提的完备需求，甚至制定法也会出现诸如过度规定、缺失遗漏或相互矛盾等方面的漏洞，这个时候就应当借助习惯、政策、公平正义等价值判断要素进行法律漏洞的填补，以实现对案件个别正义的平衡。所谓诉诸个人品质的论证，是指律师通过品德论证对对方证人或当事人的可信度进行质疑，从而使对方的诉讼请求或者反驳理由的证明力因此降低。所谓诉诸承诺

---

① 参见郭哲、车璐：《刑事辩护的思维技巧——以阿拉巴马州诉内斯谋杀案分析》，载《第十四届全国法律逻辑学术讨论会论文集》(2006 年号)，第 193 页以下。

② 参见刘峰：《论律师的语言的说服力》，载《法制博览》2015 年第 36 期，第 178 页。

的论证,是指以引证论证者对某个命题所做的假定承诺为前提,这种承诺以他过去所说的或所做的为基础。诉诸承诺的论证要求对于不同命题的证明和解释坚持一致的语用预设。① 所谓滑坡论证,是指假设特定事实开始发生和呈现就一发不可收拾,不断重复、演进并不断深化,直到引发无可挽回的严重后果。所谓类比论证,是指将问题案件与先例案件进行类比,通过找出其相同或相似点与不同点,并且对相同或相似点与不同点的重要程度进行比较,从而展开是否遵循先例、区别先例或者推翻先例的思维过程。②

(三) 律师的事实基础确立技巧

在非刑事案件中,律师往往需要承担举证责任。律师需要根据个案的特点,主动调查与案件相关的事实,广泛地掌握信息,期望从中获得对本方当事人有利的证据,用来辅助常规调查得来的证据。经验丰富的律师能够将事实调查手段发挥得淋漓尽致,使对方精心组织的证据链顷刻间土崩瓦解。让案件峰回路转、柳暗花明的事实,通常不是由常规调查得来,而是非常规调查的结果。律师的调查活动应当紧紧围绕法律法规的规定进行,将法律因素、时间顺序、因果关系等三种事实调查模式结合使用。③

二、 法律说服的修辞训练

语言学和法学具有共同的概念结构。准确地说,语言学和法学都按照一个共同的规范科学的语文学模式而发展和系统化。这两个学科都利用了一个共同的概念结构。④

按照社会心理修辞学的有关观点:"修辞就是人们依据具体的言语环境有意识、有目的地组织建构话语和理解话语,以取得理想的交际效果的一种言语

---

① 参见〔加〕达格拉斯·沃尔顿:《法律论证与证据》,梁庆寅、熊明辉等译,中国政法大学出版社 2010 年版,第 54 页。
② 参见徐梦醒:《法律修辞在司法话语中的运用》,载《许昌学院学报》2014 年第 3 期,第 294 页。
③ 参见李傲:《事实调查——被法学教育遗忘的领域》,载《环球法律评论》2005 年第 3 期,第 296 页。
④ 参见廖美珍:《语言学和法学》,载《法律方法与法律思维》2007 年第 4 辑,第 49 页。

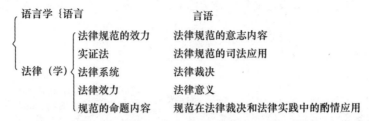

图 4　语言学与法学的共同语言结构图

交际行为。"① 一般认为，法律语体比较适合消极修辞，就是使当时想要表达的表达得极明白，没有丝毫的模糊，也没有丝毫的歧解，是一种专注于语法、逻辑上努力的语言活动，而对积极修辞手法，注意在积极方面，要它有力，要它动人。同一切艺术的手法相仿，不止用心去明白地表示出概念，还要多采取排斥或限制的态度，即使运用积极修辞，一般也局限于排比、层递、反复、对比等有限的几种。② 从广义上说，任何一种修辞都是通过一定的言语技巧来说服人，都是在"以辞服人"。不过，这里是从狭义上谈"以辞服人"，即突出直接运用的言词手法来说服人。具体说来，这包括了诸如比喻、重复、详略、妙语等，可以让人直接从字面上深切感受到身临其境效果的言词手法。以情感人是指通过口头的或书面的言语表达技巧，触动听众内心的情感，使其接受修辞者所要传达的意图或观点。这种修辞方法尤其适用于口头方式的论辩。以德/势服人，这种修辞策略注重修辞者本人的人格威望和道德修养。我国的修辞观念习惯于通过"摆事实、讲道理"使人服膺正确立场，否则就是不够理性。西方修辞学则在"理"和"情"之外，要求修辞者还必须拥有对听众具有感召力的人格，能赢得他们的尊重和信赖，并利用这一人格所具有的威信来影响他们的决定。③

以修辞疑问句为例，这种法律修辞可以隐性体现情感，这是因为此类问句

---

①　姜同玲：《律师辩护词的修辞功能初探》，载《广东外语外贸大学学报》2002 年第 3 期，第 12 页。

②　参见张翼：《积极修辞在刑事案件辩护词写作中的运用——以夏俊峰故意杀人罪死刑辩护词为例》，载《福建警察学院学报》2013 年第 5 期，第 88 页。

③　参见焦宝乾：《法律中的修辞论证方法》，载《浙江社会科学》2009 年第 1 期，第 47 页以下。

结合特定的语气能够表达强烈的感情色彩，如谴责、愤怒、怀疑、不满等。

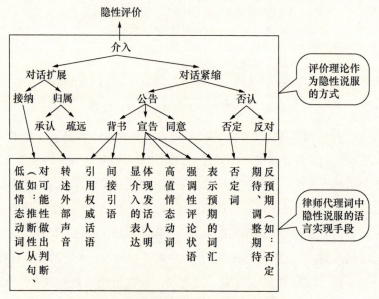

图5　律师代理词隐性说服分析框架①

例如在大兴安岭火灾中的"庄某某玩忽职守案"中，辩护律师张思之提出如下质问："众所周知，图强是受害单位，来自漠河的那么猛烈的大火，自始至终没有得到起火方面的通报，这算不算失职？何以无人追究？而庄某某则不同。他对友邻及时通报了火情，使之有备，这难道是玩忽职守者办得到的？图强受灾最重，图强领导人受到的待遇又最不公平，这不必讲法，连起码的公道都不讲了，怎敢赞同？"其总共使用了四个问句，最后三个是修辞疑问句，含有如"难道"等明显的修辞疑问句的标志词语。三个修辞疑问句的使用让听众更容易接受辩护人的观点，同时让短短的一段辩护词语势增强，从而让辩护律师所表达的观点、情感、立场具有不容辩驳的气势。②

---

①　参见郑洁：《律师代理词的隐性说服研究——以"介入系统"为视角》，载《西南交通大学学报》（社会科学版）2013年第4期，第129页。

②　参见袁传有、廖泽霞：《律师辩护词中修辞疑问句的隐性说服力》，载《当代修辞学》2010年第4期，第26页。

三、法律说服的技巧训练

（一）善于临场发挥高质量的法律论述

曾有律师在一起涉及侵权的案件中，临场发表了下列论说："一场车祸毁了一家人对美好生活的向往，还有孩子的未来处于不可期待这种①，而且尤其不能，最不能让人接受的这种情况，就是它发生在一个自己根本没有选择和回避能力这个胎儿身上，这多么痛苦！所以是她父母没有等于说尽管其他的原因父母没有给孩子一个生而平等的权利，（父母）自己所承受的压力、指责和无以言状、无法替代的这种愧疚，将如影随形，伴随（父母）整个一生。那么足以造成（父母）待孩子长到一定程度，有正常的思维能力的时候，问到这个问题，（为什么）我（和别人）有差距，将使得他们（父母）始终处在一种无法回答这种恐惧当中，足以造成精神上的负罪感。"不难看出，即便用括号补齐了这一系列口语表述的语法缺陷，这位律师的发言还是有很多不连贯的地方，表达不清，影响了言语的交际效果。以上例子说明法庭这一特殊的场合要求说话者有高度的即兴口语的能力。②

（二）善于通过打断话轮的方式争取话语权

如果没有对对话过程，也就是说一方试图控制而另外一方要追随的过程的理解，那么律师无法展示全部的说服力，法官也无法实现全部的决断力。③ 人们的一次谈话至少由两个轮次构成。第二个轮次不仅与第一轮次紧密相关，而且在功能上依赖第一轮次。这两个轮次一起构成了相邻对。相邻对的特征是：由两个人发出的两轮话语组成，前面的叫做相邻对第一部分，后面叫做相邻对第二部分；两个部分紧密相连、相关；顺序不能颠倒；前一轮话语对后一轮话语有制约作用；第一部分往往选择下一话轮的说话人，而且总是选择下一个话轮的行为。典型的相邻对有：请求—同意/拒绝；问候—问候；提问—回答等

---

① 此处与引用原文一致，应该是说"还有孩子的未来处于不可期待的状态"。
② 参见余素青：《法庭言语的功能及其特征分析》，载《前沿》2009年第5期，第159页。
③ 参见〔美〕本杰明·内森·卡多佐：《法律的生长》，刘培峰、刘晓军译，贵州人民出版社2003年版，第16页。

等。通常认为相邻对第一部分的发起者由于可以限制第二部分的行为从而控制会话的走向,因而具有更大的权力。① 下面是研究者对参与刑事审判的各方所启动的相邻对的分布所做的统计:

表6 刑事案件中相关方启动的相邻对分布②

案件序号	每场案件的相邻对总数		法官启动的相邻对		公诉人启动的相邻对		律师启动的相邻对	
	非问答相邻对	问答相邻对	非问答相邻对	问答相邻对	非问答相邻对	问答相邻对	非问答相邻对	问答相邻对
2	52	233	33 63.5%	128 54.9%	13 25%	95 40.8%	6 11.5%	10 4.3%
3	37	438	26 70.3%	237 54.1%	11 29.7%	183 41.7%	0 0	18 4.2%

而破解这种相邻对即话轮的最佳方式,就是使用打断的做法,破解正常相邻对的前后顺序。有研究者从打断的类型和语用功能、打断的互动特点和打断人的权力关系以及打断对调解结果的影响等方面进行分析,认为打断是争夺话轮的话语策略,调解参与人如能顺应语境因素,适时进行打断,将有助于让调解朝自己所倾向的结果发展。③

(三)善于使用反证法、归谬法等有力说服技巧

反证法是假设一个与原论题相矛盾的反论题并以此为中介,先证明反论题为假,再得出原论题为真。其逻辑步骤为:求证论题 P 为真,先假设非 P 成立,然后加以证明如果非 P 成立,则可推出明显荒谬的结论 Q,因此需要否定 Q,故结论 P 为真。反证法的逻辑依据是排中律,其特点是"逆向推理、层层递进",因而证明起来有说服力。在一起故意伤害案中,辩护律师为证明被告人实施伤害行为的目的不是故意伤害受害人,而是威吓受害人,让其与自己保

---

① 参见田志超:《记美国刑辩律师丹诺的辩论实践》,载《法庭内外》2013年第8期,第51页。
② 参见杨锐:《刑事审判中公诉人的机构角色与语言研究》,载《安徽文学》(下半月)2012年第5期,第108页。
③ 参见吕万英:《司法调解话语中的冲突性打断》,载《解放军外国语学院学报》2005年第6期,第25页。

持恋爱关系这一论题，采用的就是反证法。律师在辩护中指出："如果被告人是故意伤害受害人，那么，当其持硫酸瓶闯进受害人家时，受害人正在睡觉，被告人完全可以向受害人脸上泼去，将其脸部烧伤，但被告人没有向其脸上泼，而是将硫酸泼在被害人的被子上。受害人醒后，被告人作为一个身高一米八的身强力壮的小伙子，如果要故意伤害受害人，完全可以一手按住她，一手将硫酸泼在她脸上，但被告人没有这样做，而是将盛有硫酸的瓶子放在被害人脸边，要求她答应恢复恋爱关系，而受害人用手一拂，将硫酸瓶泼倒，竟把自己的脸部烧伤。所以，这是在强迫受害人与其保持恋爱关系，而不是故意伤害。"在该案的辩护中，律师通过假言推理证明反论题"被告人实施伤害行为的目的是故意伤害"为假，再根据排中律，由假推知真，从而确定原论题"被告人实施伤害行为的目的不是故意伤害"为真。

归谬法就是直接从被反驳的论题推出错误的结论，由否定错误的结论，进而推出被反驳的论题的虚假，其逻辑步骤为：反驳论题 P 为假；先假设 P 为真，然后以 P 真为前提，推出一个错误荒谬或自相矛盾的结论；Q 否定 Q，所以否定 P 真，所以 P 假。归谬法的逻辑依据是矛盾律，其最大特点是先不直接反驳对方的错误观点，而是从对方错误观点出发，引出荒谬，即"以退为进、步步反击"，因而反驳起来十分有效，一针见血。有这么一个案例：被告人曹某，因其儿媳方某经常与其子争吵，对方某不满。某日曹某乘方某打盹之时，在厨房拿一把斧头，并用抹布包住斧背向方某枕部敲了一下，造成方某枕部头皮三角裂伤，后经医院治愈。被告人作案后立即到公安机关投案自首。检察机关以故意杀人罪提起公诉。辩护律师提出了不同意见，并作如下辩护：起诉书指控的"被告人愤恨交加，遂起杀害之念"这一认定证据不足，没有充分的证据能够证明被告人确有"杀害之念"。从被告人作案的主要事实和情节来看，可以充分证明被告人没有杀人目的。被告人用以犯罪的斧头，有斧背和斧刃，如果真想杀死方某，就应该用斧刃去砍，而不是用斧背去敲，更不会用抹布包住斧背去敲。"刃"比"背""砍"比"敲"更容易杀死人，这是人所共知的道理。被告人用"背"而不用"刃"，用"敲"而不用"砍"，特别是用抹布包住斧背去敲，其用心并非杀害。而且，如果被告人真有杀人的主观故意，就应该连敲几斧，事实上，被告人只敲一斧就停止了。因此，这种行为只可能是伤害行为，而不可能是杀害行为。①

四、善用诉讼可视化技巧

可视化技术是近几年新兴的说服技巧，能够在包括举证质证、法庭辩论等在内的多个诉讼阶段起到增加说服力的作用。诉讼可视化指的是在语言和文字这两种最基础的法庭表达方式之外，利用绘图、视频等技术对证据、案件事实、法律关系乃至诉求和观点进行更为形象的表达。在很多事实或者法律关系较为繁杂的案件中，可视化的表达能够很好地自然地吸引法官的注意，给之以相对深刻的印象，进而引导法官进行事实梳理和法律判断。

善用可视化技术可以让法庭上的说服事半功倍，在法庭上易于实现囿于语言自身的局限性而千言万语都难以达到的效果。不过可视化技术对于律师的电脑技术水平要求较高，同时制作一张精美、有说服力的图表也需要投入大量的时间、精力。但随着法律人工智能的进步以及律师行业诉讼可视化的认可度与需求度的不断提高，可视化图表、视频的制作已经越来越普遍化和智能化。诉讼可视化的大力推动者——iCourt 法学院——就在其研发的 Alpha 系统中针对多律师工作研发出了一键可视化的功能。例如，案例、法官、律师等多维度的检索的结果，都可以迅速生成可视化报告，大幅节省律师在制作可视化图表上需要投入的时间、精力。

第四节 小　　结

古罗马的修辞学家和教育家昆提利安曾经这样说过："辩护乃是上帝赏赐给人类的最神圣最高尚的礼物，它需要借助多方面的艺术。虽然，在演讲过程中，这些艺术并不出头露面，但它们都是一股股神秘而伟大的力量，人们都会

---

① 参见韩登池：《刑事辩护中的反证法与归谬法》，载《哈尔滨职业技术学院学报》2006年第4期，第30页。

感到它们存在的价值，一种悄无声息地存在着的价值。"① 律师在进行激烈的辩论时，必须能够熟练地运用各种语言技巧，为维护自己的当事人的合法权益而揭露犯罪或为被告辩护。在《杀死一只知更鸟》中，芬奇律师成功地运用了多种语音技巧，在选词用字方面精雕细琢。根据语音能够表达心理意象的理论，这篇演讲在元音、辅音和各种语音模式的选择上，赋予电影法庭的演讲语言以诗性的音乐美，表达出芬奇律师同情黑人汤姆，痛恨白人梅耶拉一家的罪恶行为。反对种族歧视，为正义而辩论的主题，增强了法庭演讲的说服力和感染力。②

时过境迁，层出不穷的语言现象令人目不暇接，口头语随着科技的发展正发生日新月异的变化。借助新媒介，尤其是网络技术，如今人与人之间的口头交流至少在人类目前的活动范围内不受时空限制，可以与万里之外的人面对面谈话。口头话语可以直接发送、记录或及时回应。而书面语的地位正受到巨大冲击。另外，借助网络上可任意发表观点的各种平台，书面语本身的形式和内容也在发生巨大变化。③ 律师对法官要有说服力，法官对律师、对当事人也存在说服过程，这种说服过程可能不完全取决于一个人是否有权利，而是取决于综合性的因素。在今天这样一个时代，利益越来越多元化，有时候只是权利之间的平衡与取舍，因此如何去选择，就成为一个重点问题。这种情况下，法官或者律师将职业自豪感、专业素养甚至个人形象与气质有机结合起来，进而说服他人，是一种令人赞叹的能力。这些变化，都在为新时代的律师如何打造自身的说服力提出全新的挑战与课题。在变革的时代，只有敢于面对、勇于改变的律师，才能顺应技术的发展与时代的变迁，实现新的超越。

---

① 〔英〕理查德·杜·坎恩：《律师的辩护艺术》，陈泉生、陈先汀编译，群众出版社 1989 年版，第 48 页。

② 参见吕中舌、辛继红：《电影法庭辩论语言的语音特征及其文体效果——〈杀死一只知更鸟〉个案分析》，载《外语教学》2009 年第 1 期，第 39 页。

③ 参见杨炳钧：《功能语言学》，载《北京科技大学学报：社会科学版》2013 年第 6 期，第 1 页。

第六章　学习力：律师职业的发展之维

　　人非圣贤，不能生而知之。我们生命中的智慧主要来自于后天的学习以及由此而获取的知识，因此，学习是需要终生掌握的一种能力。想成为一名优秀的律师，需要始终保持学习的状态。目前，我国已经形成的中国特色社会主义法律体系的知识点多到用浩瀚的海洋来形容已不足够，这些都需要不断地重温，常读常新。更何况，差不多每个月都有新的法律法规或司法解释生效施行，都需要律师第一时间更新知识并运用到工作中去。可以说，学习力是律师生存、发展必须具备的技能。

　　在律师行业内，也涌现出很多善于学习、努力学习的律师。事实上，律师这个行业，本来就是一个需要不断学习，成就于学习的一个行业。目前，司法考试已经是我国门槛最高，几乎也是最难通过的考试，能够通过司法考试，获得相关执业资格的律师，本就是我国社会当中最善于学习、珍视学习，同时也因学习而受益良多的一群人。笔者有一位朋友，因高考失利，毕业于非知名高校的非法学专业，但正是凭着不服输的精神与良好的学习能力，在司法考试中获得430分的优异成绩，最终改变自己的命运与阶层，目前已成为当地比较有名的律师。

　　与此同时，新的学习模式也随着科技的发展、社会组织的完善而逐渐出现。律师实现学习力的方式已经由以前的自我学习模式，逐渐朝着有组织的学习方向演进，一方面，律师协会组织的培训活动，为律师提供了学习与交流的平台；另一方面，知名律师事务所，如金杜律师事务所等也都建立了如青年律师训练营之类的律师培训平台，为律师学习与发展助力。另外，各种线上培养方式也如雨后春笋一般出现，除金杜律师事务所"理脉之外"，iCourt学院、天同律师事务所的无讼学院等也发挥着巨大的作用。

　　在当下这个多变的时代，新的信息、新的学科、新的领域不断出现，现实要求人们必须加强学习，不断提高自身的学习力，以达到工作和生活的要求，适应日新月异的世界。在这个意义上，是否具有学习力，即狭义上的学习能力，或在广义上通过多种渠道、适用多种形式、采取多种手段获取知识、提升素质的能力①，就成为律师顺应时代与社会的变迁、不断保持进步的安身立命之本。

虽然学习力被普遍认为是学习动力、毅力、能力、效率和转化率的综合体现，是将信息等知识资源转化为自身知识资本的能力。"学习力"的概念缘起于管理学，并在 20 世纪 90 年代中期逐渐成为前沿的管理学理论②，可以借助其合理内核，为律师的职业学习与素质提升提供切入视角与研究根据。

第一节 律师学习力的科学界定

《国家中长期教育改革和发展规划纲要》提出，在人才培养中，要坚持能力为重、强化能力培养。到 2020 年，我国要基本形成学习型社会。坚持能力为重和形成学习型社会，首先应该重视"涵养"学习力。因为学习力是基础性与核心性的能力，"唯一持久的竞争优势，或许是具备比你的竞争对手学习得更快的能力"③。想要适应学习型组织与学习型社会的要求，学习者不仅需要拥有特定的知识与技能，更需要具备终身学习的意愿与能力，能够适应未来的变化，不断丰富自己的能力结构，以形成系统解决一切问题的能力。简单地说，学习者应该具有面向未来的学习力。学习者的竞争，归根到底是学习力的竞争。④ 同理，作为理应掌握更多专业知识的执业者，律师之间核心的竞争，说到底，不是关系、背景的竞争，而是面向未来的学习力的竞争，是能否具备比竞争对手更快掌握适应新局面、新要求的能力的竞争。

---

① 参见袁海燕：《"冰山理论"对成人学习力的启示》，载《高等函授学报》（哲学社会科学版）2007 年第 7 期，第 28 页。
② 参见丁亚元、刘盛峰、郭允建：《远程学习者在线学习力实证研究》，载《开放教育研究》2015 年第 4 期，第 89 页。
③ 吴振利：《"涵养"学习力 为创建学习型社会奠基》，载《中国高等教育》2011 年第 23 期，第 63 页。
④ 参见沈书生、杨欢：《构建学习力：教育技术实践新视角》，载《电化教育研究》2009 年第 6 期，第 12 页。

一、律师学习力的重要价值

历史上的知名律师无一不具备积极的学习态度与旺盛的学习热情，无一不具备强悍的学习能力。例如，美国前总统林肯在担任律师期间，曾为了练口才，徒步30英里到一个法院去听律师的辩护，看他们如何论辩、如何做手势，他一边倾听、一边模仿。他听到那些云游八方的福音传教士挥舞手臂、声震长空的布道，回来后也学他们的样子。他曾对着树、树桩、成行的玉米练习口才。[①]

时过境迁，在当代社会，科技发展日新月异，知识总量的倍增周期愈来愈短，从过去的一百年、五十年、二十年，缩短到现在的五年、三年。这表明，"一次性学习时代"已告终结，学历教育已被终身教育所取代。同时，人类发展至今，大脑愈来愈发达，一个人脑细胞的总量已超过150亿个，而人穷其一生只利用了其中的一小部分。人脑的巨大容量，为每个人消化、吸收、储存更多的知识和信息开辟了广阔的前景。因此，随着世界范围内经济、科技的飞速发展，如何在有限的时间内最大限度地获取知识、创造知识，并把知识转化为现实生产力，即如何提升学习力，已成为一个迫切需要回答和解决的重大课题。[②]

（一）学习已经成为律师的生存法门

随着中国经济体量的不断扩展，对外交流的日益密切，更多的中国企业开始"走出去"，这就需要中国律师不仅要懂法律，更要懂经济、懂外语、懂技术、懂文化、懂政策，为中国企业"走出去"提供更优质、全方位的服务，帮助中国企业防范法律风险、政治风险、商务风险、自然风险等。即使目前很多客观条件限制了偏远地区的律师在涉外领域的能力发挥，但在全球化与中国经济快速发展的背景下，客观的地理因素其实并不是问题所在，最重要的是作为律师，有没有放眼全球的眼光及与时俱进的专业知识储备。经济不发达地区

[①] 参见秋实：《练口才的方法》（一），载《语文世界》（初中版）2007年第10期，第44页。
[②] 参见陈满林、曹卫秋：《关于提升学习力的几点思考》，载《唯实》2003年第11期，第61页。

的律师也有自身的许多优势和特点，如何将这些优势放在全球化的背景中并将其所提供的法律服务国际化或者与国际标准接轨，做到未雨绸缪，营造自身所具备的独特先发优势，需要每一位律师去思考。①

（二）终身学习是律师的生存方式

终身学习以"精神解放"和"自我成长"为目的，通过不断的学习，学习者应当成为善于自我引导的学习者，成为具有批判性思维和个人创造力的人。在这个意义上，只有坚持终身学习的律师，才能体悟到这种重要的生存责任，也才能更好地适应未来社会中的这种生存方式。只有具备良好的终身学习力，才会使人更加适应变化的世界，提高生存质量，实现最佳生存。这其实突破了传统学习中学习者被视为单纯被动接受"客体"的定式，开始赋予学习者主体的身份，关注学习主体的责任性、能动性、创造性。②律师作为积极参与社会生活的主体，自然也应当率先超越传统学习客体的窠臼，强调具备终身学习的态度与能力以及参与学习的重要性，把终身学习作为"生存责任、生存方式"，提升其学习的自觉性和主体性。唯有如此，才能充分体现律师作为学习者的"自主性"和"意愿性"，充分发挥其所具备的各项潜能，获得实现知识的积累、运用和创造等过程。借此，使律师在身临急剧变化的社会，面对新的挑战、任务、情况和环境时，能够驾驭知识和创造知识，最大限度地发挥潜能，以应对挑战、赢得竞争。

二、律师学习力的理论基础

学习力是一个综合的复杂概念，它涉及人的性格、生活经验、社会关系、价值观、态度与信仰等方面，直接影响着人们的新知预见与接受机会。对此，研究者从不同角度，为学习力提供了理论基础。这里，做以摘要简介：

（一）4R 理论

有研究者认为，学习力的构建目的，是要使年青一代变成更好的学习者，

---

① 参见宋芮、郭欣航：《"国家队"涉外律师"领军人才"西班牙之行》，载《中国律师》2015 年第 2 期，第 69 页。

② 参见傅金兰：《终身学习力：学习型社会一种必要的生存能力》，载《成人教育》2008 年第 7 期，第 37 页。

发展他们的可迁移的学习力，为终身学习做好准备。因此，这种理论关注学习者的学习动机、学习过程与行为变化等方面，引导学习者既要乐于学习，又要善于学习，能够成为具有预见性和创造力的终身学习者。构建学习力就是要发展学习者的学习心智，使学习者达成四个方面的变化，可以将其用四个以 R 开头的英文单词表示，简称为"4R"理论：即"顺应力"（Resilience），意思是面对无序和混乱的外部世界，能够保持耐性，具有专注精神，能够抗拒来自内在的或外在的干扰；"策应力"（Resourcefulness），意思是熟知信息表征的不同方式，能够根据需要，综合运用各种方法或策略解决学习问题；"反省力"（Reflection），意思是理解学习的作用，对学习进行完整规划，做到松弛有度，并能够理解学习对自身发展的影响；"互惠力"（Relationships），意为能够以最有成效的、愉悦的、负责任的方式建立学习关系，既能够分享别人的成果，也能够与别人共享自己的学习成果，并能够在学习过程中学会换位思考。①

（二）牛顿力学理论

有研究者认为，学习力虽然是一种社会学意义上的力，但从其力的本质考察，依然可以根据物理学中的牛顿力学对其进行较好解释的。基于这种理论，学习力是指学习过程中人与环境的相互作用。对学习者而言，它受到压力、支撑力、学习力和阻力的共同作用。其中，学习力可以分解为向上的生存学习力和与时代同向的前进学习力。根据牛顿力学原理，学习力的力学解释为学习力的研究提供了新的视角和途径，其研究范畴包括学习力发生系统、压力系统、支撑力系统、阻力系统和系统关系的定量分析几个方面。但这种理论也承认，将学习力与牛顿力学相联系，更多的是为建立学习力的社会学定量分析框架，其只是众多研究途径的一种。只是这种理论和逻辑起点具有一定的周延性，并可在一定程度上由已知推论未知。这只是一个研究的开端，需要大量研究加以完备。同时，利用牛顿力学进行研究还限于个体的学习分析是否可以作为组织

---

① 参见沈书生、杨欢：《构建学习力：教育技术实践新视角》，载《电化教育研究》2009 年第 6 期，第 14 页。

学习力的研究这一问题，还不能够做出确定的回答。①

(三) 冰山理论

人的社会角色定位、自我认同、个人特质和动机等构成人的潜在素质。根据管理学中的"冰山理论"，人的才能或素质分为可见部分即"水上部分"，和不可见部分即"水下部分"。"水上部分"包括基本知识、基本技能，这些知识可以通过学习得到，各种学历证书、职业证书可以用来证明应聘者这方面的能力，或者可以通过专业考试来验证。而"水下部分"是人的潜在能力或素质，它们构成整个素质中的大部分，只有在比较长的时间内，我们才能够观察到一个人潜在的能力。② 这种冰山下的部分，主要就是指涵养或素质。"涵养"作为名词，指有修养、有道德，或特指善于控制情绪的功夫；作为动词则指滋润、养育或蓄积并保持水分之意，如涵养水源、涵养民族精神、涵养心力和涵养性格等。"涵养"学习力，意在强调学习力需要进行耐久且坚韧地修为、蓄积和酝养，需要经过内外兼修而始见风生水起，需要坚持形塑于外并孕育于内而渐得，需要经过艰苦的打磨、孕育、累积和充盈而始成。"涵养"学习力需要坚持积、修、蓄、孕、治、泽与化，需要滴水穿石的累积之功、勤修力为的坚韧之劳、储知蓄智的奠基之作、孕思育识的植新之举、聚精励治的善理之为、泽嫩被幼的呵护之情和历练习染的化育之力。学习力是永葆生命绿色之力，学习力充沛有利于培植人的生存智慧、提高人的生活质量、释放人的生命激情和提升人的人生境界。③

(四) 正念理论

有研究者提出，"正念"最早源于佛教用语，主要包括意识、注意和铭记等意。现代意义的"正念"含义更加丰富，其注意方式是有意识性的，而不是漫无边际的；注意的行为必须是"此时此刻"的，享受其中的；注意是

---

① 参见赵斌：《学习力概念及其研究范畴的牛顿力学思考》，载《山东行政学院·山东省经济管理干部学院学报》2010 年第 5 期，第 124 页。

② 参见袁海燕：《"冰山理论"对成人学习力的启示》，载《高等函授学报》(哲学社会科学版) 2007 年第 7 期，第 28 页。

③ 参见吴振利：《"涵养"学习力 为创建学习型社会奠基》，载《中国高等教育》2011 年第 23 期，第 63 页。

"非判断性"的。需要注意，正念理论和在印度佛教和中国道教中已经有完美体现的冥想不同。冥想有许多具体的表现形式，但它们有一个共有的特点，即都将注意力聚焦于一个目标；而正念是"在这一狭小范围内的清晰、集中和注意地观察"。通过深思教育学观点反思教学实践，就是要强调学习者的深度学习，促使其"有意识性"地聚焦于自己"此时此刻"的特定学习"目标"，并以"非判断性"的态度处理外在的纷扰，即培养"深度学习"的状态。因此，这就要求激发学习者的学习动力与毅力，关注其学习的注意力，专注于当下的学习内容，引领其进入新的学习领域，给其足够的持续学习的时间与相对宽松自由的空间，让其进行"正念"与"冥想"，进入"身临其境"的学习状态，享受学习的愉悦与快感。①

限于篇幅，这里固然无法对上述学习力的理论基础给出全面评价，但不难发现，上述理论各有短长，但其核心都考虑到了如下几个要素：即创造物质和精神财富的多寡、学习主体综合素质提高的快慢以及学习主体学习能力的大小。换句话说，在单位时间内主体获取并繁衍的有效知识和信息越多，其学习力就越大。其关系可以用图6表示②：

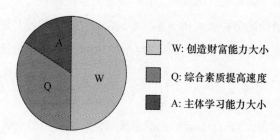

图6　学习力各理论基础的核心要素的关系

---

① 参见郭子其、王文娟：《深度学习：提升学习力的首要策略》，载《教育科学论坛》2013年第5期，第58页。

② 转引自光霞：《我国学习力研究十年》，载《课程教学研究》2013年第11期，第20页。

三、律师学习力的基本内容

如前所述，自20世纪60年代，美国研究者最早提出学习力以来①，学习力理论目前已经成为知识经济时代推进终身学习和建设学习型社会的前沿理论，在全社会范围内达成了共识，并在相关理论前提的总结分析基础上，被认为是最可贵的生命力、最基础的创造力和最核心的竞争力。

根据律师自身的执业需要，结合学习力的基本理论，对于律师的学习力内容，可以作如下理解：

（一）律师学习力的层次

学习力是有层次之分的。律师的学习力，可以分为三个层级：即借鉴性学习力、改造性学习力和创造性学习力。所谓借鉴性学习力，主要来自学习环节，是律师学习、内化他人成果的能力，属于经验再现，具有基础性、广泛性和局限性。所谓改造性学习力，主要来自转变学习环节，是律师根据自我需要进行角色塑造的能力，属于自我意识的实现。因此，学习力要素及其模型给予它的是能动层面的支持力，具有针对性、自觉性和实时性等特征。所谓创造性学习力，主要来自创新学习环节，是律师在实践中解决新问题的能力，属于创新意识的实现，体现在思路创新和实践创新两个方面。

上述三个层面的律师学习力相互依存、相互影响、相互作用，统一在律师的实践活动之中。其中，借鉴性学习力处于基础性地位，为其他层面的学习力提供经验支持；其他层面学习力的发展又丰富了借鉴性学习力的内容；改造性学习力处于关键性地位，为其他层面的学习力提供思想、态度、理念、思路、角色等支持，其他层面学习力的发展，又强化了改造性学习力的方向；创造性学习力处于前沿地位，为其他学习力提供实践支持，其他层面学习力的发展又加大了创造性学习力的力度。三者关系可见图7②：

---

① 参见吴振利：《"涵养"学习力 为创建学习型社会奠基》，载《中国高等教育》2011年第23期，第63页。

② 参见刘斌祥、邹亚建：《学习力结构释义》，载《科技创业月刊》2007年第6期，第132页。

图7　学习力三个层级的关系

在上述三个层次中，借鉴性学习力主要通过院校培养以及律师入职教育，解决基本素养、基础技能、业务技能等作为律师稳固执业基础的问题，有了稳固的基础，才可以根据自己的资源和爱好向专业领域发展。其中，基本素养是指并不直接用于处理法律事务，但能改善人际关系、增强互信与合作、提升行业形象的习惯、涵养，包括表达能力、社交礼仪、思维能力、心理素质等。基础技能主要是与法律职业的工作内容有关但与法律知识基本无关的基础性工作技能，包括案卷管理、法律调研、尽职调查、文档管理、文书写作、文字处理等。业务技能是指从事某类法律服务工作所要掌握的技能，但并非某一部门法项下的具体工作，如诉讼业务技能、合同业务技能、法律顾问技能等非诉讼业务技能。有了这些基础，律师才可以自由地向专业业务领域发展。① 只有在获得坚实稳定的借鉴性学习力的基础上，律师才能获得向转变性学习力乃至创造性学习力发展的坚实基础。

（二）律师学习力的具体要素

一般认为，可以将律师的学习力区分为律师的学习动力、学习毅力、学习能力、学习效率、学习转化力等要素。

1. 学习动力

所谓学习动力，是指律师进行学习的原动力，体现为内在动力和外在压力两个方面。其中，内在动力是由律师对社会的认知程度和主体要实现的目标所决定的，它与律师对社会的认知程度成正比，认知程度越高，学习动力越足；

---

① 参见伊虹：《从律师到律师之师》，载《中国律师》2014年第10期，第55页。

与律师要追求的目标高低成正比,目标越高,学习动力越足。伟大的目标产生巨大的动力。律师的学习目标,应不好高骛远、高不可攀,但不可降低标准,要确定其为经过持续努力可实现的最高境界,注意长远目标与阶段性目标的协调,注意团体目标与个人目标的协调。团体目标产生牵引力,个体目标激发自主动力,二者的协调将产生巨大的凝聚力和创造力。① 外在压力与一个时代的生产力水平和这个时代的政治、经济、社会体制密切相关。律师竞争越激烈,律师学习的压力也就越大。内在动力与外在压力又是密切相关、相辅相成、互相转化的。②

2. 学习毅力

所谓学习毅力,是指律师是否有持久力,学习是否能持之以恒。正因为学习已成为必须终身进行的过程,这种持久力便成为学习力中一个不可或缺的要素。学习力是变化的,变化是运动的,运动是一个过程,有过程就会产生"力"。"力"既可以增加,又可以缩减甚至消失,还可能产生"负性"和"反性"。③ 律师在遇到无序、未知和失败时,应当保持不屈精神,并能够快速从中恢复并成长起来,能够适应外在变化,而不是遇到困难立即退却、心灰意冷,陷入难于自拔的境地。④

3. 学习能力

所谓学习能力,主要是指律师对知识的吸收、消化能力。律师必须掌握合适的学习方法,以期达到事半功倍的学习效果。律师的学习要有选择,不断更新学习方法,善于运用学习新工具,始终使学习的速度大于或等于实际变化的速度,这样才不至于被淘汰。提高律师的学习力,一方面要通过学习创新知识、发展理论;另一方面,要通过学习创新思路,指导实践、发展实践。这

---

① 参见袁海燕:《"冰山理论"对成人学习力的启示》,载《高等函授学报(哲学社会科学版)》2007年第7期,第29页。
② 参见陈满林、曹卫秋:《关于提升学习力的几点思考》,载《唯实》2003年第11期,第62页。
③ 参见彭希林、周军铁、李苗:《论学习力》,载《黑龙江教育(高教研究与评估)》2007年第Z1期,第97页。
④ 参见沈书生、杨欢:《构建学习力:教育技术实践新视角》,载《电化教育研究》2009年第6期,第13页。

是学习的最高境界。它要求在学习中，一定要紧密联系实际，特别要联系律师工作中出现的新情况、新问题，通过深入研究和思考，探索解决问题的新办法和新思路，并运用到实践中，以学习的创新推动工作的创新发展。①

4. 学习效率

所谓学习效率，是指律师学习的速度。根据国家教委的研究，1976年毕业的大学生，到1980年时所学知识老化50%，到1986年100%的知识都老化；从80年代到90年代，知识100%的老化只需七年时间；90年代的大学生从大学毕业刚走出校门的那一天起，他四年来所学的知识已经有50%老化掉了。因此一定要有很强的学习力，成人必须树立远大的目标，有危机意识，确定努力的方向，在学习中感受生活的快乐。② 在一个竞争十分激烈的社会，特别是在知识信息对社会的发展起决定性作用的时代，学习的速度就显得特别重要。专家断言，学习的速度若慢于时代的变化，则意味着被时代所淘汰。未来学习主体唯一具有的持久优势，就是有能力比对手学习得更快更好。③

5. 学习转化力

所谓学习转化力，是指律师将学得的知识转化为实际成果的能力，这种能力主要体现在更新自我、推进创新和变革社会的效果上。当然，学习的几大要素不是孤立存在的，只有将它们有机地结合在一起，才能形成现实的学习力。④ 这就要求律师的学习对象应坚持广泛性与榜样性相结合，具备谦虚学习的心态，应向认识、接触的每一个人学习，包括当事人，学习他们的优点和特长。另一方面又要树立学习的榜样，向成功者特别是向成功的律师学习。律师还要坚持技能学习与理论研究相结合：一方面要在办案中学习为人处世经验和办案技巧即法律技能，另一方面青年律师要在工作之余加强法律理论的学习和研究。实践表明，法律理论的学习与研究对律师综合素质的完善和实际业务技

---

① 参见袁海燕：《"冰山理论"对成人学习力的启示》，载《高等函授学报》（哲学社会科学版）2007年第7期，第29页。
② 同上注。
③ 参见陈满林、曹卫秋：《关于提升学习力的几点思考》，载《唯实》2003年第11期，第62页。
④ 同上注。

能的提高有着十分重要的作用,两方面相辅相成、不可偏废。青年律师应当认真学习哲学、历史学、经济学、社会学以及其他社会科学、自然科学的有关知识,因为他们之间都是息息相关的,每一门科学都是正确理解其他科学的必要基础,而且青年律师只有具备上述领域的知识,并融会贯通,与时俱进,才能成为律师行业中的柱石,才能在激烈的竞争中立于不败之地。[①]

第二节 时代变革条件下律师学习力的新挑战

一、司法改革语境下律师学习力的新要求

随着我国依法治国方略的实质性展开,以及国内、国际环境的重大变化,律师的职业环境面临实质性变革。

(一)律师供给侧所面临的挑战

司法改革语境下,我国律师的供给面临数量过多、质量过低的现状。一方面,我国现有法学院六百五十多个,每年在校的法学专业学生有三十多万,每年参加司法考试的人也是三四十万。今后,法律人会越来越多,占人口的比重也会越来越大,这是迈向法治社会的基本的人才基础。但总体来看,目前的法学教育仍有很多缺陷,培养出来的学生离实践还比较远,离"用户"也比较远。从法学院学生到律师中间有一个断层,学生进入实践不能直接上手,律师培训手段陈旧落后、培养目标模糊、培养方式不符合法律职业培训的规律。[②]中国社会、经济、法律的发展,导致律师不得不从"全科医生"转为"专科医生",甚至开设"专家门诊"。因此,律师的知识、技能储备也必须随之越来越专业化、个性化。目前,律师助理在跟师父学艺期间往往生活艰难、缺乏保障,很重要的一个原因是缺乏工作能力,需要很长时间才能独立。而律师也

[①] 参见《青年律师竞争力的形成与提高兼论青年律师如何拓展业务》,载《第三届西部律师发展论坛论文集》(2010年号),第2页。
[②] 参见吕斌:《律师培训开启"云"时代——在信息时代,律师培训也要跟上"云"的脚步》,载《法人》2013年第1期,第93页。

并不愿意多收徒弟,因为培养缺乏技能的徒弟需要花很多精力,却又难以保证徒弟学成后能够长期留用。如果新律师都能在入职时掌握熟练的技能,不仅社会的供需矛盾会解决,也会为新人提供更多的机会,并更快地度过试用期,从根本上促进整个行业的发展,并大幅度提升为社会提供法律服务的水准。如果整个法律教学体系不进行巨大调整,课程内容不进行重新设计,课程体系、授课方式、考核方法不进行重大调整[1],既有的律师养成体系与模式也就无法解决律师供给"质""量"背离的尴尬局面。很多律师还没有办法符合懂政治、懂法律、懂经济、懂科技、懂外语的"五懂"标准,不具备新形势下市场要求的复合型人才基础上的专业化定位。[2]

(二) 律师市场需求侧的巨大变化

在律师业创建初期,小作坊式的律师事务所到处都是。由于中国特色的国情,瞄准政策空子就赚大钱,所以在20世纪80年代前后,律师业处于卖方市场,只要是律师、甚至沾上法律的边就赚钱,更不用说凑几个人开个所了。但是,随着社会主义市场经济体制的建立,中国的各种制度逐渐完善,法律服务市场开始走向成熟,律师业处于卖方市场的局面开始动摇;20世纪末中国加入WTO,中国律师业成为世界法律服务市场的一部分,具体表现为服务对象和服务内容、要求的国际化比重加大,同业队伍来了"狼"。甚至,当下活跃在我们生活之中的一些知名律师事务所,很多也都有着所谓"外所"血脉或压根就是外国律师事务所。除此之外,随着技术的发展,日新月异的人工智能、机器人技术,也会加入"狼群",带来新的挑战。当今中国律师业,其主题已经不是单纯的赚钱,而是尽可能好地服务社会、贡献祖国,为国家实现计划目标做出自己的努力。所以律师业现在的情况,已经不是简单出资、年终合伙人分钱的时代了。律师服务的价值与使用价值都在发生质的变化。其存在意义,从法律层面上升到经济层面,又从经济层面上升到了政治层面。[3] 法治经

---

[1] 参见伊虹:《从律师到律师之师》,载《中国律师》2014年第10期,第55页。
[2] 参见屈盈盈:《年轻律师应怎样确立和发展自己的专业定位》,载《中国律师论坛》(2002年号),第190页。
[3] 参见宋云超:《论律师业务的产品化改造》,载《第2届中国律师论坛论文集》(2002年号),第100页。

济条件下的市场主体面临的法律问题是多种多样的，特色化的律师事务所无法满足客户复杂的法律服务需求。尤其是在我国市场经济和法治环境还不够成熟、企业法律风险防范意识十分不足的情况下，企业经常出现并发症式的法律问题。这种并发症式的法律问题，只有具备综合法律服务能力的律师事务所才能应对和化解。①

为了适应经济全球化以及中国加入 WTO 的客观需要，律师事务所必须有一套行之有效的机制来有效地留住人才，即吸纳人才、培养人才与用好人才。就律师行业发展阶段而言，某些沿海经济发达地区已经在尝试"打造全能团队"的实践，公司化的管理模式逐步被大型事务所所接受，并且业已取得可喜的初步成效。其价值理念就是进行高平台、模版化、大规模、标准化的管理，追求工作质量与效率，充分发挥团队合力。② 但大量中小型律师事务所，依然没有摆脱手工作坊式的粗放经营模式，没有做大、做精、做强的意识与想法，在整个律师产业链中的地位越来越被动，根本无法应对剧烈市场变化所带来的冲击与挑战。

二、"互联网+"对于律师学习力的新要求

从 2015 年开始，"互联网法律电商"等关键词成为网络流行语，法斗士、绿狗③、壹法务、律生活、法律读库、律新社等借助新型媒体手段出现的"互联网+"创客们不断演绎着精彩故事。以"互联网+"产业最为发达的深圳为例，曾演绎出十天之内诞生三家"互联网+"法律服务平台的故事。2015 年 10 月 14 日，致力于电子合同管理的"法大大"面世；10 月 24 日，手机找

---

① 参见陈秋兰：《京都：有志者事竟成——访北京市京都律师事务所创始人田文昌》，载《中国律师》2015 年第 6 期，第 39 页。

② 参见王洪杰：《论律师事务所对青年律师人才的培养——以安徽径桥律师事务所为例》，载《湖北经济学院学报（人文社会科学版）》2013 年第 7 期，第 82 页。

③ 绿狗网是首家为国内律师及用户提供在线法律产品与服务的信息平台。整合律师及律师事务所资源，利用互联网及移动互联网平台，提供公司注册、代理记账、商标注册、法律咨询等信息服务。绿狗网通过互联网手段，在供与需之间搭建了一个服务平台，让中小微企业在这里找到适合企业的法律产品及服务。绿狗网的格局和信念是"做企业就要用绿狗"，就像阿里巴巴一样，让天下没有难做的生意。参见董晨阳、樊明茹：《新媒体运营的三大维度——专访绿狗网副总裁时旭》，载《职业》2014 年第 28 期，第 21 页。

律师 APP"东方法信"上线；10 月 25 日，目的在于全面提高律师办案效率的办案助手"享法律师"发布。如果将律师圈内每一位"互联网+"创客比喻为一颗星，最亮的那颗星当属北京律师蒋勇。在大多数律师事务所只有一个微信公众号，另有相当数量的律师事务所主任还在为是否投入一定人力和物力开通一个微信公众号纠结的情况下，他领衔的天同律师事务所已经名利双收。①经过创立无论学院，同时通过实施诉讼大数据的战略，天同律师事务所从更多的角度来分析、评价案件，提高法律、检索的效率和全面性，为出庭律师提供更多有价值的信息，使其形成对案件的全面认知，以便构思最佳的代理策略。天同律师在诉讼过程中运用大数据分析，不仅在案件的办理阶段，而是覆盖整个业务流程，即便天同没有代理，但其进行过分析论证的案件，也将提供大数据分析的阶段性结论供客户参考。②

以此为例，可以揭示出"互联网+"时代的到来，对于律师的学习力提出了如下新要求：

（一）应对网络法律服务便捷化、廉价化的冲击

中国的法律电商的发展，为法律服务"搬"到网上提供了平台。目前"互联网+法律"的模式较多，但归纳起来主要有：以中顾网、找法网为代表的检索导流类；以法大大和无讼案例为代表的法律工具类；以知果果、绿狗网和快法务为代表的交易平台类。其共同特点为：法律服务产品化、服务自助化及文本标准化、费用低廉化和服务保障化、网站帮你找律师等，彻底改变了社会大众的思维习惯与生活方式。对于很多法询类服务，法律文书的起草、修改和审定等非诉业务以及其他一般的法律问题，人们往往不找律师而去找网络。如今，几乎所有的在线法律服务网站都为潜在客户提供了很多免费服务，如法律法规的查询、律师费的计算、量刑查询、诉讼费的计算等等，一些网站甚至还免费提供一些招标信息和文本资料的下载服务。有的法律电商主打固定收费

---

① 参见《互联网+法律创客》，载《法律与生活》2016 年第 1 期，封底。
② 参见天同诉讼技术研发中心：《小律所，大数据：诉讼的数据化时代》，载《中国律师》2014 年第 5 期，第 21 页。

的标准化法律服务，有的可以快速在线生成法律文档。① 例如，口袋律师团队依托移动互联网的发展与智能手机的普及、在过去的十年间积累了三万多可靠的律师资源，其创办人冯子豪认为中国在这一领域才刚刚起步，而口袋律师也只不过是比别人先行一步而已。他相信，在未来的二十年内，这必将成长为一个万亿级的市场。②

(二) 应对网络法律服务去中心化的冲击

传统律师或律师团队除了懂得专业知识外，还需要兼备人文素养、资本运作和客户体验能力等，并且拥有更多的资源和人脉，能更好地帮客户解决问题，创造价值。随着互联网的发展，人与人的沟通交流突破了地域限制，人们的视野在不断扩大，人们活动的圈子也在不断变化，过去的中心不复存在，这就是去中心化。"去中心化"也直接影响着律师服务业。以前人们的沟通半径比较小，那时候只要一个律师签署了一个顾问单位，这家单位的诉讼业务、非诉业务、日常咨询业务都会找这个律师。在法律服务领域，这个律师就是这家单位的法务中心。但现在则不然，每家单位都可以便捷地找到很多优秀律师。当这家单位有新的法律服务需求时，他不一定会去找其常年法律顾问。如这家单位想要上市，需要法律服务，他可以通过招投标的方式来选择性价比最好的律师事务所和律师。这就是法律服务领域"去中心化"的重要体现。自由与公开是互联网的天性，互联网使得法律知识与律师的信息变得透明。互联网时代，当事人寻找律师不再盲目，而是变得成熟、理性和精准。③ 例如，2015 年 9 月 22 日推出的"无讼名片"这一互联网产品，就把法院系统公布的案例通过数据结构、信息系统与承办案件的律师对应起来。这张把案例和律师对应起来的"名片"是律师评价体系的建设④，显然会赋予法律服务购买方极大的选

---

① 参见徐绪柏：《互联网时代下律师的机遇与挑战》，载《中国律师》2015 年第 9 期，第 84 页。
② 参见追风：《口袋律师冯子豪：让法律成为每个人的习惯》，载《互联网周刊》2015 年第 18 期，第 28 页。
③ 参见徐绪柏：《互联网时代下律师的机遇与挑战》，载《中国律师》2015 年第 9 期，第 84 页。
④ 参见李秀平：《蒋勇：一半是律师，一半是互联网人》，载《法律与生活》2016 年第 1 期，第 17 页。

择范围、极强的议价空间,将彻底颠覆律师服务市场的供求关系与估值体系。

(三) 应对网络法律服务需求个性化、多元化对律师执业模式的冲击

互联网时代的法律需求呈现出个性化、多元化、复杂化,需要的法律服务也就越来越精深。单单一个互联网金融就有互联网支付、P2P 网络借贷、非 P2P 的网络小额贷款、众筹融资、金融机构创新型互联网平台、基于互联网的基金销售等多种形式,每一种形式涉及的法律问题都不一样。法律需求的这种变化让以往的"万金油"律师越来越没有市场。另外,传统的律师服务基本通过线下来完成,但随着网络的普及、技术的进步,客户对律师服务的及时响应会要求越来越高,法律服务的传统方式和市场正在受到冲击。① 例如,以微信等即时通信工具为例,律师可以随时随地将一线资料传回来共享,以便团队更加及时、准确地作出判断。另外,移动互联网、大数据、云计算除了提供海量的信息外,还提供了很多先进的事半功倍的分析工具,利用好它们,律师就会如虎添翼。移动互联网时代不缺少数据,而是缺少筛选的眼睛,从大堆的法律资料中发现最有效和有用的法律信息至关重要。从传统手工的摘选到人工智能的介入,律师检索和分析工作面临一场重大的革命。②

总之,随着"互联网+"时代的到来,律师如果不能把自己的服务方式以及技能与信息化联系到一起,几乎就是在选择自杀;相反,如果律师能够在信息化时代彻底把网络信息了解透彻,再加上有律师资格、司法考试的一个准入,就会很好地生存下去,甚至会成为一个很好的专业律师。③

三、 人工智能下,律师学习力的新内容

比"互联网+"更进一步的是人工智能对法律行业的巨大影响。这一方面的代表首推 iCourt 法学院,几年来 iCourt 在胡清平校长的带领下,在国内引

---

① 参见徐绪柏:《互联网时代下律师的机遇与挑战》,载《中国律师》2015 年第 9 期,第 84 页。
② 参见郭建军:《当最难管理的律师遇上量化大数据》,载《法人》2016 年第 3 期,第 95 页。
③ 参见吕斌:《律师培训开启"云"时代——在信息时代,律师培训也要跟上"云"的脚步》,载《法人》2013 年第 1 期,第 93 页。

领着的"技术推动法律"的潮流,这股潮流已然席卷了大半个中国律师界;iCourt 力求通过技术革新来创办的"世界一流的法学院",向着这一愿景的努力已经惠及数万名中国律师。iCourt 这所与众不同的法学院,不仅为执业律师开辟了涵盖提升核心业务能力、市场开拓能力及法律新科技等领域的十数门课程,为律师的多维度学习提供了高质量的素材和内容,更是召集了一大批优秀的软件工程师,自主研发了"最聪明的律师协作系统"——Alpha 系统。截至 2017 年 11 月,Alpha 推出不到 1 年,已经有 17 000 多名律师成为其用户,其势可见一斑。

需要强调的是,人工智能与"互联网+"的内涵并不一致。后者主要指的是商业模式的革新,体现在法律服务上,一般而言就是从以往的线下服务变成线上的、面对面变成远程的服务,属于互联网发展的产物,商业模式、内容载体虽然新锐,但科技含量并不高。而人工智能则是建立在技术革新之上,主要指的是技术革新,其结果是部分本应由人类执行的工作会被智能机器所替代,进而导致行业样态的根本性变化。具体体现在法律行业上,以 iCourt 的 Alpha 系统为例,它就能替代很多曾经必须由律师助理耗费大量时间精力来实现的工作:比如智能的检索、报表的自动形成、自动绘图、自动分析类型案件的争议焦点、重点证据等。

人工智能的出现及其不断地更新迭代对律师,乃至人类学习力的内容提出了新的要求。这里仅针对律师执业而论,首先要求律师必须了解技术,懂得运用科技产品。在人工智能不断进步的今天,一个不懂应用科技的律师,就如同手持冷兵器的骑士,身处于枪林弹雨的现代战场之中。其次,律师应当将学习的重心转移到人工智能技术难以攻克的智慧领域,因为人工智能的最大成本在于研发,研发之后,只要大规模生产,边际成本极低。以往,很多学习的成果,如果律师想要自己获取,需要付出大量的时间、精力为代价才能实现;但在不久的将来甚至现在,只要花费不多的金钱就可以换取更优的替代品。这就是新兴科技对传统律师行业最直观的影响。

第三节 律师学习力的养成与提升

一、律师职业生涯规划与学习力的养成

律师的学习应当与其职业指导与生涯规划密切相关。换句话说，应当通过律师的职业规划与职业生涯的设计，让律师认识到学习力和终身学习的必要性与急迫性，切实体悟将学习力作为生命力、竞争力与创造力的价值，使律师掌握开发学习力的基本方法与策略，引导其自觉"涵养"学习力，纠正过于功利的学习态度。结合职业指导与生涯规划，帮助律师端正学习态度。转变学习观念，抛弃急功近利的想法与做法，进而扎扎实实地求学与做事。提醒律师为满足自身的事业发展提前做好准备，提升自身的职业意识与紧迫感，以激发学习动力与磨炼学习毅力。[1]

（一）律师学习目标的应然向度

缺乏职业目标的律师学习时不具有主体性，对学习进行片面理解，仅仅把学习看成是职业生涯的前奏，认为学习的过程具有一次性，对知识的衰减和更新认识不足；学习的行为缺乏主动性，对知识信息的主动获取、筛选和创造不够；学习的目的性不强，更为重要的是，把学习当成是律师的个人行为，没有组织学习、团队学习的意识，当然更谈不上组织、团队的学习力。[2] 而以职业规划或职业生涯建构为前提的律师学习时，要求进入他人实践现场，必须获得主体性，把自己当成一个"学习者""观察者"或"发现者"，必须设法调动和激活自己的一切感知器官，全神贯注地捕捉和记录现场的每一个细节。否则，所谓学习就可能依然沦为一种"无意识"的过场，自己的灵感在现场依

---

[1] 参见吴振利：《"涵养"学习力 为创建学习型社会奠基》，载《中国高等教育》2011 年第 Z3 期，第 64 页。
[2] 参见陈满林、曹卫秋：《关于提升学习力的几点思考》，载《唯实》2003 年第 11 期，第 62 页。

然处于"睡眠"或"遗忘"的状态。①

从应然的角度来看,律师的学习目标应当结合其自身的职业规划与职业目标,协调长远目标与阶段性目标,协调团体目标与个体目标,本着有利于社会发展、有利于律师团队发展、有利于律师个人发展的原则,从科学价值、创新素质、实用品质等几个方面切入。② 这一点,表现出令人赞叹效果与成就的首推金杜、君合等知名律师事务所,除此之外,天同等律师事务所也大有所为。除了日常对律师的培训之外,还通过新网络媒体、开创律师学院等新的方式进行人才培养。与此同时,笔者所在的良智律师事务所也及早抓住互联网大发展这一机遇,采用了并不输于上述律师事务所的人才培养模式,取得丰硕成效。这种将律师的职业发展与学习结合起来的办法,值得肯定与提倡。

律师是专家,更是"杂家",某种程度而言是由其职业特色决定了律师需要对各领域的专业知识有所了解。因而一个律师不仅应当通晓法律,还必须博览群书,具有广泛的文化知识,需要涉猎历史、经济、金融、社会学以及其他人文科学、自然科学的有关知识,努力跟上现时社会的发展。没有用上述知识武装起来的律师不过是律师行业中的工匠,只有具备上述领域的知识,才有可能成为律师行业中的"建筑师"。就法律领域而言,虽然专业化分工已经成为当代律师事务所及律师发展的主要趋势,在年轻律师初入律师行业的数年中,在知识和实战经验的积累上,还是应当全面涉猎和实践。满足基本生存问题之后,最主要的是掌握律师基本执业技能,通过全面了解行业特色,对未来的专业化分工做出更适合自己的选择。在此过程中,可以根据个人喜好和律师事务所专业分工对某专业领域的专业知识进行储备。③

(二) 律师职业目标的具体学习落实例说

以女律师如何通过不断学习实现自身的职业目标为例,有成功的女律师提出,应当分阶段设定目标,之后结合阶段性目标设立具体的学习计划,从而保

---

① 参见王占魁:《从"个体教学"到"集体教研"——论当代教师的现场学习力》,载《教育发展研究》2013 年第 4 期,第 20 页。

② 参见楼一峰:《终身学习的本质:提升成人的学习力》,载《成人教育》2004 年第 11 期,第 11 页。

③ 参见何静:《年轻律师的执业修炼》,载《中国律师》2014 年第 12 期,第 48 页。

证职业目标的具体落实。例如，执业一两年的女律师，应当将职业规划重点放在学习和适应从一名学生到律师助理、律师的角色转变上，理解律师工作性质并敢于承担工作责任。要尽快掌握各种工作方法和技能，应尽快建立和提高自我学习、研究和解决法律问题的方法和能力。通过更多的专业实习和工作机会，学会与人沟通的技巧，了解不同人群的工作状态、工作性质和工作流程。提高独立生活的能力，学会差旅安排，学会安排健康、积极的休闲生活，使得自己身心健康。对于执业三至五年的女律师而言，应当将职业规划重点放在强化对某一专业领域的深入研究上，学会独立研究、判断、出具法律意见，学会带领团队进行团队作战，并能很好地协调团队关系。对于执业六至十年的女律师而言，应当将职业规划重点放在对主攻的专业方向和领域有纵横研究的能力，学会领导、协调并培训团队成员；学习与客户、政府机关、中介机构等群落建立信任关系；开始关注和拓展市场、人际关系、宣传及推介。最后，对于担任合伙人的女律师而言，应当侧重于积极主动地、专业地、高效地完成各项受托的法律事务，指导、培训、协调团队成员的各项工作，积极参与律师事务所事务的管理和运作，积极参与各种社会工作，承担更多社会责任。① 以此，我们也可以看到，首先确立自己的执业目标，拥有完善可行的规划，才能对自己的具体学习内容与方式进行有效的时间与精力分配。

二、善用传统律师职业教育模式

就传统而言，律师的学习，主要通过律师职业培训与师徒制等方式完成和实现，律师应当善用较为常见的律师职业培训体系，争取学习机会，提升个人素质。

（一）常规律师培训体系

目前来看，律师职业培训模式包括以下两类：

1. 律师学院或律师协会及协会下辖法律专业委员会组织的各类法律实务操作培训及举办的专题研讨会

例如2013年北京市司法局和北京市律师协会合办的"北京律师学院"正

---

① 参见任燕玲：《女律师职业生涯规划》，载《中国律师》2012年第3期，第29页。

式揭牌成立。律师学院以律师培训中心为依托,科学构建培训体系,精心设计培训项目,不断丰富培训内容,积极创新培训形式,为广大律师提供一个集中学习、相互交流、不断提高的平台。2013年律师学院共组织举办各类培训活动11期,累计培训课时116小时,1500余人受益,参加人员对律师学院的课程安排普遍给予了好评。① 又例如,2008年天津市律师协会民商业务委员会举办《证据理论与实务若干问题》和《并购项目律师执业技能与风险管理》讲座;刑事辩护业务委员会举办《中国加拿大刑事司法改革与辩护项目——刑辩技巧》讲座;金融业务委员会举办《两天看懂财务报表》专题讲座;房地产业务委员会举办《土地规划涉及政策与法律若干问题》讲座;海事海商业务委员会举办《海事诉讼证据及海商事业务操作指引》研讨会。以上各类参训人员达8000余人次。②

2. 拓宽视野、开展境外培训

例如中华全国律师协会青年律师领军人才训练营(以下称"青训营"),正如火如荼地发展壮大。它是培养律师行业管理后备人才的训练营,是培养大局意识、全局意识,提升领导能力、组织能力、沟通协调能力,激发青年律师参与行业服务和管理热情的培训班,截至现在,已举办了6期,参训青年律师331人,中华全国律师协会和各地律师协会秘书处工作人员28人。2017年10月,中华全国律师协会秘书长韩秀桃亲自赴山东、安徽、上海等地调研并与青训营参训青年律师交流,给出了高度评价。青训营以务实高效和视界高远在业内外备受好评,塑造了青年律师培训领域的独特品牌,形成了强大的影响力与号召力,也在各省掀起了青年律师领军人才培训的浪潮,上海、河北、山东、江苏等地先后组织了多次类似的培训,对青年律师的培训正在逐渐迈向规模化、体系化。青训营犹如一颗种子,在金秋时节结出丰硕的果实,实现了"聚是一团火,散是满天星"的青训营举办初衷。在这6期的青训营活动中,

---

① 参见骆轩:《北京市律师协会2013年十大亮点》,载《中国律师》2014年第2期,第57页。

② 参见刘伏英:《天津律协:以继续教育提升律师整体素质》,载《中国律师》2008年第3期,第34页。

广大青年律师、中华全国律师协会及各地律师协会青年工作委员会委员积极参与活动的策划与组织工作，展现了当代青年朝气蓬勃的精神风貌和热情洋溢的青春正能量。

3. 通过普法、法律援助等活动加强专业能力，深入了解社会

2017年4月，司法部法律援助工作司白萍司长到吉林省长春市农安县考察工作，亲自见证了吉林良智律师事务所与吉林省法学会、长春市司法局、农安县政府，联合共建农安县村（社区）公共法律服务平台，全面实施"一村（社区）一律师"工程的成果，对此项工作给予了充分肯定。事实上，这只是良智律师事务所普法工作、法律援助成果的一部分。这些年来，良智律师事务所建立了法律服务与援助的三维度体系，同时，定期选派律师、工作人员担任普法志愿者，一方面锻炼了队伍，另一方面，也切切实实地帮助、改变着人民群众的法治观念，将法律思维方式推广向普通大众，为我国基层的法治发展贡献自己的微薄之力。

律师应当结合自身的需求与条件，尽可能争取机会参加上述活动，从而扩大视野、增长见识，获得至关重要的人脉资源。与此同时，也能更多更好地加强自身能力，在实现作为律师的职业价值同时，体现社会价值，让社会变得更加美好和健康。

（二）传统律师师徒制培训

青年律师缺少实务经验，更缺乏案源，现实当中，律师往往需要通过拜师学艺，才能有机会分得老律师的"一杯羹"，才能学习到"干货"，才能从师父身上学到"真刀真枪"的实战经验。① 案源是律师生存的根本问题，好的师父一定会考虑为徒弟提供办案的机会，但徒弟应认识到，分配案源给徒弟是师父对自己的案源的让渡，不是为师者的法定义务。师父为徒弟练手提供机会，不仅包括让渡案源、交办案件等形式，还应包括作为律师业务基础性工作的可替代性业务，如向徒弟提供诉前论证、案头工作、调查取证以及非诉案件的尽

---

① 参见王光英：《因需施教、事半功倍：律师如何给客户和同行做培训》，载《中国律师》2014年第10期，第58页。

职调查,非诉方案的论证,公益咨询活动的机会等。良好的师承关系一定会保持师徒间的默契交流。最密切的师徒关系莫过于师父"手把手"地教授徒弟,资深律师的时间宝贵,能够"手把手"地教授徒弟的师父是天下最最难能可贵的师父。徒弟应正确看待师父对徒弟给出的否定评价和意见,师父的否定评价和意见必不可少,是徒弟通往捷径的不二法门。没有师父的否定评价和意见,徒弟不会进步,师承关系不会实现可持续发展。有了诉讼业务阶段的磨炼,新律师对于非诉业务所要规避的法律风险会看得更清楚、更直观。①

在师徒制学习过程中,应当突出"教""学"双方的互动作用,突出实习律师从被动接受到主动参与的转变,善用提问、质疑、争辩、评论和讲解等手段,结合具体经办案例实现师生之间的良好互动。② 这一做法,在美国等法域十分常见,例如德肖维茨和卡塞尔这一类的最高层次的精英律师,绝大部分为美国联邦最高法院大法官法官助理出身。③ 正是通过这种言传身教、耳提面命的师徒制,年轻律师才可以更好地坚持主动学习,体察职业法律人尤其是事业有成的法律人的世界观与价值取向。

值得一提的是,无论是师徒制,抑或体制性的律师职业培训,律师个人在参与过程中都需要注意学习绩效的问题。在知识经济时代,评估学习更要看效果,所以用"绩效"二字,是指需要考察学习者知识的综合运用能力、创新能力以及所产生的成果。④ 在这个意义上,律师能否高效地将学习到的经验、理念与技巧应用于自身的执业活动,就成为评价其学习力有无及大小的关键。

三、善于运用新兴律师职业教育模式

随着网络及计算机技术以及教育科学的迅猛发展,各种新兴律师职业教育

---

① 参见李学军:《律师的师承关系分析》,载《中国律师》2014年第3期,第67页以下。
② 参见丁丁、涂宏伟:《法律教学方法再思考——从"欧洲律师中国法律培训项目"中获得的启发》,载《国际商法论丛》2005年第7卷,第12页。
③ 参见杜智娜:《德肖维茨的"命运逆转"》,载《法律与生活》2015年第10期,第22页。
④ 参见彭希林、周军铁、李苗:《论学习力》,载《黑龙江教育》(高教研究与评估)2007年第Z1期,第99页。

模式开始兴起，律师也应当顺应潮流，充分利用这些新兴律师职业教育手段，从而最大限度提升自身的学习力。

（一）律师在线教育与学习模式

伴随着移动互联网的发展，移动学习成为学习的新概念，在以 iPhone、iPad 为代表的智能型移动通讯产品日益普及之际，律师培训移动化也开始成为业内新的动向。以点睛网这一移动法律教育产品为例，律师可以登录苹果应用商店下载点睛课堂的移动应用，从而在任何地方、任何时候都能打开自己所喜爱的课程，听各位名师论道。[1] 以网络教育为典型的在线学习力，既有一般学习力的属性，同时又反映了远程学习者在线学习活动的特点。"远程学习者在线学习力"指在线学习情境下，能够有效促成远程学习者心理动力、认知能力和学习结果相互作用的动态能量系统。在线学习力可以不断触发、顺利推进在线学习活动，提升在线学习的效率和品质，并帮助学习者实现自我提升与服务社会，是一个与在线学习活动相生相长的动态发展的能量系统。[2]

目前，中华全国律师协会已启动了"全国律协西部律师远程培训项目"。通过该项目，能够有更多的执业律师接受远程培训，熟练操作远程培训。中华全国律师协会已指定 38 门精品课程作为中国律师培训网"全国律协西部律师远程培训项目"中的培训课程，律师可在"我的课程"模块里点击"西部项目选课中心"进入指定培训内容，根据地方律师协会的学时要求、个人的执业专长、实际业务需要和兴趣爱好等，在试听课程后选择适宜的课程进行学习。[3] 该项目依托中国律师培训网，律师用户在培训系统输入用户名、密码和验证码后即可登录。律师除了可以在 38 门指定课程中免费学习外，还可以选修其他课程。律师参加网络培训的考核以有效学习时间为依据，在选择课程后必须全部学完所选课程的内容，包括学习视频、阅读配套资料（法律法规、

---

[1] 参见吕斌：《律师培训开启"云"时代——在信息时代，律师培训也要跟上"云"的脚步》，载《法人》2013 年第 1 期，第 93 页。

[2] 参见丁亚元、刘盛峰、郭允建：《远程学习者在线学习力实证研究》，载《开放教育研究》2015 年第 4 期，第 90 页。

[3] 参见凌燕：《科技保驾 网络护航 律师培训渐入佳境——全国律协西部律师远程培训工作会议在湖北恩施召开》，载《中国律师》2011 年第 6 期，第 45 页。

司法案例、参考文献)。网络平台将对律师在线总时间和课程的有效学习时间分别进行统计,其中视频的学习时间和配套资料的阅读时间作为网络培训课程的有效学时。有效学时分课程累计统计。①

(二) 计算机辅助下的律师学习模式

在传统的律师培训项目过程中,越来越多的培训方开始投资开发功能复杂的教学辅助软件,并根据课程的内容分门别类地开发了主观题数据库。其使用方法是在授课过程中,随时可让学员通过网络登录直接做训练题,并自动评分、自动统计,还可以通过反复训练以加强学员的掌握程度。而且学员可以随时通过预约,上网接受试题的训练,增强对相关技能的理解。这种律师教学方式,根据受众需求组织课程内容,在培训内容的组织、内容的主线、表述方式、PPT版式,甚至在调节现场气氛、提升受众感受等方面处处用心,以增进培训效果。

新兴律师职业教育模式除了大量应用计算机辅助技术之外,还出现了LTT等创新教育理念。所谓LTT,是"律师培训师培训"的英文首字母缩写,即通过讲课培训的方式,告诉律师如何为其他律师讲好一堂生动而吸引人的课程。借此增强律师的语言表达能力和逻辑思维能力,迅速集聚律师的知识储备量,极大地增加律师的法律理论功底。其具体做法为成立LTT活动小组,采取即兴命题演讲、自拟题目演讲、PPT的制作练习等多种多样的练习方式,在小组内预演,由成员试听并提出修改意见,进而不断优化讲课成果,最终打造出精品法律课程。②

值得一提的是,互联网的确给律师带来了新机遇,在以互联网为鲜明特征的时代,中国律师正张开双臂拥抱互联网,乘着互联网的东风,打造中国法律服务的"升级版"。③但凡事有利皆有弊,在利用互联网进行在线学习的过程

---

① 参见《中华全国律师协会正式开通西部律师远程培训项目》,载《中国律师》2011年第8期,第80页。

② 参见朱静、甘思明:《对律师培训师培训(LTT)的思考》,载《中国律师》2014年第8期,第62页。

③ 参见徐绪柏:《互联网时代下律师的机遇与挑战》,载《中国律师》2015年第9期,第86页。

中,需要注意在线学习的局限性,从而做到趋利避害、有的放矢地开展学习。

根据研究者总结,在线学习相较于传统学习模式,学习目标不明确,学习者易迷失学习方向;在线学习时间难以保证;在线学习者往往不知如何有效开展在线学习;在线的互动交流难以进行;在线学习的督学环节比较难实施;等等。① 律师在借助在线工具开展学习的过程中,需要注意上述问题。目前一些所谓的"互联网线上培训",大部分也不过是把线下培训的视频搬到了网上,不是真正的线上培训。未来律师培训的互联网化,将使律师可以根据个人的实际情况,选择自己想听的内容、方便的时间、方便的地点直接参与培训。其实,通过一些互联网交互的技术方式,线上培训可以把互动和参与做得更好,使律师的学习体验得更好。比如,可以综合运用文字、图片、视频、音频、动画等多媒体手段;听众可以对一堂培训的内容版块进行任意的选择、忽视、回顾;可以设置与听众实时交流的版块,任意的两位听众可以互相交流;听众可以随时向主讲者提问,每一个问题都能到达其端口;可以设置一些线上游戏的互动方式,即使有成千上万人同时在线听课,每个人都可以参与互动;还可以设立奖惩机制,由听众对培训或讲座打分,促使主讲者做得更好。培训的本质是分享,是各种思想在融合碰撞中的创新和升华。②

(三) 线下体验式高级训练

这一项主要指的是 iCourt 法学院研发推出的涵盖对核心业务能力、市场开拓能力、科技运用能力等多维度、多领域律师必备能力提升的课程。课程内容新颖,质量卓越,参与课程的体验也非同寻常。iCourt 是一家追求科技的法学院,但是却坚持做线下课程,其原因就在于其对于所为之事总是秉持追求极致的态度。

此类课程针对实践,一般由行业内的著名律师担任老师,讲解的内容主要针对方法、思维,但是极其贴近实践,课堂包含大量的互动、策略游戏,能够帮助律师在短时间内吸收大量价值极高的内容。不过,此类课程走的是小而精

---

① 参见王永涛:《在线学习力提高策略研究》,载《软件导刊·教育技术》2010 年第 10 期,第 16 页。

② 参见蒋勇:《律师培训也要讲"用户体验"》,载《中国律师》2014 年第 10 期,第 54 页。

的路线，因此价格也比较昂贵，远远超过一般"互联网+"法律公司线上课程的价格。但是选择这样优中选优的课程，其实是对时间和精力的大幅度节省，避免了在浩如烟海、良莠不齐的互联网上进行甄别、选择的浪费。

第四节 小　　结

"未来的文盲不是不识字的人，而是没有学会怎样学习的人"。学习力是最可贵的生命力，最活跃的创造力，也是最持久、最本质的竞争力。[①] 律师的竞争力同样来自于持之以恒的学习力，唯如此，才能与时代保持同步前进，才不会被这个急速变革的时代甩在后面，才会成为真正坚持到最后的成功者。

[①] 转引自袁海燕：《"冰山理论"对成人学习力的启示》，载《高等函授学报》（哲学社会科学版）2007 年第 7 期，第 28 页。

第七章　团队力：律师职业的成功之维

随着中国经济开放程度的提升，律师业务的国际化、一体化将成为一种必然趋势。法律服务领域在不断拓宽和细分。同时，客户对法律服务的及时性、专业性也提出了更高的要求。市场的倒逼迫使习惯单打独斗的律师不得不思考团队建设和专业化分工的问题，这两个问题事实上已经成为律师及律师事务所发展的瓶颈及应对机遇与挑战的关键。① 例如，某知名律师事务所因应中国加入 WTO 的历史契机，组建了专门的国际贸易法团队，代理中国政府参与了多起 WTO 争端案件，为政府提供对进行争端解决的程序法以及解释实体法条约及判例的法律研究，提出案件应对的策略方案，提供专家组候选人员的评估意见，通过调查研究准备证据文件，参与起草书面陈述、开庭陈诉以及回复专家组的书面问题等等，这些业绩不仅已成为中国企业应对国际贸易救济的经典案例②，同时也使得该所乘势崛起，在这一高端非诉业务站稳了脚跟。

但另一方面，必须承认，这些成功律师事务所并不能全然代表目前我国律师业的常态。事实上，我国的律师业界整体而言远未达到国际化、专业化与规模化的程度。不少的律师、律师事务所，在专业化、团队化建设问题上重复上演"激动""摇动""不动"三部曲：在无法满足客户及时性、专业性服务诉求与大业务失之交臂时激动；在丧失业务后以技不如人、团队缺失的客观情况而自我安慰后摇动；在还能觅食到技术含量不高的常规业务后不动。③ 以人口大省河南为例，律师众多，却缺少有实力的、上规模的大律师事务所。造成这种现象的因素是多方面的。首先是门槛低。根据《律师法》的规定，任何一

---

① 参见吴庆宝：《北京律师业规模化发展研究》，载《中国司法》2013 年第 4 期，第 46 页。
② 参见曹婧：《守得初心方得始终——走进 WTO 专业律师团队锦天城（北京）所》，载《中国律师》2015 年第 12 期，第 64 页。
③ 参见周明兵：《如何做好律师事务所团队化建设》，载《中国律师》2016 年第 5 期，第 57 页。

个律师，只要注册十万元的资产，基本上就可以成立自己的事务所，这直接造成律师界"小所林立"的现象。另外，《律师法》对于律师事务所性质的认定，也导致事务所难以做大做强，一方面，因为风险不敢扩大规模；另一方面，因为规模的限制缺乏整体实力。①

无论是从事高端非诉业务的顶尖律师，还是大量为生存而苦苦奋斗的普通律师，都需要在其各自的专业领域，面对律师行业竞争日益激烈、案源少、职业环境差等棘手情况。如前所述，如果说律师这个群体像极了狼族，那么作为个体的律师就必须明确认识到，孤狼难敌四手，面对强敌时，一匹狼的力量相当有限。面对生存还是死亡这种残酷竞争时，狼族之所以往往能够最后胜出，都在于狼深谙团队之力，知道要生存，就必须和其他同类团结合作。狼群中的所有成员，应考虑群体的利益，为群体付出。团结制胜是狼族的生存之道。狼群之所以能够成为最强悍的团队，凭借的是团结与忠诚，需要的是对合作机制的绝对服从。正是在这个意义上，团队力才成为律师职业的成功之维。

律师事务所必须转变观念，要改变律师单打独斗的独狼生存模式，转而寻求团队合作、专业分工，打造和争创团队品牌的创新思路。② 通过制度建构与团队建设，迅速获得发展与成功的律师事务所典型，莫过于广东天伦律师事务所。1998年4月，天伦律师事务所创始人邱代伦从朋友处借款40万元，带领7个人创办了广东天伦律师事务所，并从建所伊始就组成了团队，实行绝对的团队运作，所有律师拿工资而不拿提成。仅仅经过五年，天伦律师事务所的人数增长了20倍，业务收入增加了近20倍，律师事务所由一家发展为六家，合伙人由原来1人发展到现在的8人，创造了连其自己都无法相信的奇迹。由此不难看出，组建律师团队是规范和拓展律师业务的必由之路。没有团队，无从规范；没有规范，不可能团结；没有团结不可能有力量，没有力量无法拓展。中国律师只有形成紧密的团队才有力量，才有地位。③

---

① 参见郑磊：《中原律师：由单兵作战走向团队合作》，载《经济视点报》2007年1月25日，第010版。

② 参见陈兴龙：《打造品牌团队献身律师事业》，载《西部法制报》2007年1月11日，第004版。

③ 参见邱代伦：《组建和管理律师团队的构想与实践》，载《第三届中国律师论坛论文集（管理发展卷）》2003年，第322页。

第一节　律师的成功与团队品牌

1999 年 12 月，哈佛大学医学院心血管研究室刘建宁教授，带着在哈佛共事科研的五人课题组团队一起"落户"南京大学，其直接效应就是为南京大学在分子医学领域迅速跻身世界一流水平奠定了基础。① 此举为南京大学营建了一张耀眼的"名片"。没有人会否认创立品牌是一个单位生存的最根本途径，律师事务所也不例外。作为一个高度优胜劣汰的竞争性行业，一方面律师服务趋于同质，另一方面，当事人的要求日益多元，能否具有一个良好的品牌，能否享有较高的知名度与美誉度，是关乎律师事务所生存发展的根本大计与发展战略。

一、律师团队与律师品牌

根据营销学的通说观点，品牌通过名称、术语、标记、符号或图案的相互组合，用以让消费者识别自己提供的商品或服务，同时与竞争对手的产品或服务相区别。② 在某种意义上，品牌就是产品与人的结合，是消费者心中的某种印象，是一种特殊的"知识产权"。

（一）律师团队的品牌的含义

需要明确，不能简单将品牌理解为商标，其内涵不仅仅包括商标上标注的以供消费者识别、区分的名称和符号，更是一个综合的象征，需要赋予其形象、个性、生命。商标是法律概念，它强调对生产经营者合法权益的保护；品牌是市场概念，它强调品牌所有者与顾客之间关系的建立、维系与发展。在这个意义上，品牌的根本是创造差异化。在这个意义上，品牌的存在与营建，需要与团队、管理、产品、形象、工作条件、质量、文化等诸多方面发生互动关系。

---

① 参见两言：《"成建制"演绎出"创新团队"》，载《神州学人》2004 年第 7 期，第 13 页。
② 参见〔美〕菲利普·科特勒、凯文·莱恩·凯勒：《营销管理》（第 15 版），何佳讯等译，格致出版社 2016 年版，第 29 页以下。

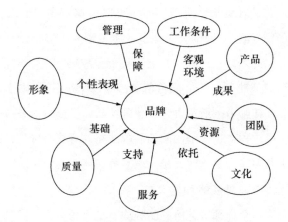

图8　品牌与相关诸要素关系图①

从上述图示来看，一个律师事务所或者一个律师团队的品牌战略，应该是该所或该团队的服务宗旨、服务理念、经营战略、企业精神、服务特色的综合反映，品牌战略的实施是如何融合其成员文化、团队精神的内部因素和对外优质服务、美好声誉的外部因素的一项整体系统工程，往往有创立品牌、发展品牌、宣传品牌和保持品牌等不同层次的意涵。② 而在这个过程中，诸如团队、文化等要素皆不可偏废，例如，一个律师事务或一个律师团队所必须要有自己的品牌，而品牌的创立主要靠律师文化建设。在目前的律师事务所或律师团队管理中，大多数注重了效益，但缺乏对于自身文化的关注与经营，不仅没有自己的品牌律师，更缺乏对律师文化的研究。③

律师事务所或律师团队要建立自身的核心竞争力，就需要从团队建设、知识资产管理、商业模式创新等角度培育事务所的核心竞争力，同时建立起与核心竞争力相适应的组织模式。④ 所有的这一切，最终都表现为该律师事务所或

---

① 转引自林文：《论律师事务所品牌创建》，载《第五届西部律师发展论坛论文集》（2012年号），第2页。
② 参见郭小东：《论律师事务所的品牌战略》，载《第2届中国律师论坛论文集》（2002年号），第349页以下。
③ 参见孙百红：《我国律师文化的现状及其对策》，载《理论观察》2006年第4期，第123页。
④ 参见金鹰：《中小律师事务所发展现状及案例剖析》，载《法治研究》2011年第3期，第101页。

该团队的品牌。有学者概括，律师事务所可以根据不同的要求，采取"律师事务所负责人形象战略"，即围绕律师事务所负责人的形象设计与经营，作为其战略突破点。除此之外，还有"核心群体形象战略"[①]、"律师事务所品牌战略"[②]、"产品形象战略"[③]、"共同价值观战略"[④] 等。[⑤] 但本文认为，从团队力的角度来看，在律师事务所负责人、律师团队以及律师事务所三级形象或品牌战略建构、营销过程中，律师团队的品牌战略具有核心价值，能够向下兼容律师个人，向上兼容律师事务所，是三级品牌的核心之所在。

（二）律师团队品牌战略的意义

律师团队乃至一个律师事务所的品牌战略是市场竞争的需要。律师事务所必须经受市场的洗礼，为了稳定、强化其市场地位，参与市场竞争，攫取更多的市场份额。在这个意义上，经营律师团队的品牌就具备了特殊的战略意义。

1. 律师团队的品牌一定优于律师个体的品牌

我国各地律师执业情况虽然特点各异，但如前所述，呈现出"大所越来越大、小所越来越小"的发展趋势。造成这一局面的重要原因在于，大多数情况下，我国律师的业务开展，基本取决于其个人的专业能力和社会资源，与律师事务所的品牌、声誉并无太大联系。律师各自为战，所谓的合作也仅仅是不同律师的简单协作，根本无所谓"团队作战"。业务随着律师流转，当事人认可的是某律师，而非其所供职的律师事务所或某个律师团队。长此以往，律师事务所的品牌优势难以建立，律师事务所即使合并，也往往是为了分摊成本，仅能实现规模的扩大，但很难真正做强、做精、做出品牌。缺少品牌的律师事务所，只是律师生存的简单平台，律师只做自己，而不是律师事务所的一

---

① 这种战略即宣传和推出主要骨干律师作为核心形象群体，如合伙制律师事务所的高级合伙人群体。

② 这种战略以塑造和提升律师事务所品牌为主要目标，再以品牌强化服务和产品。

③ 这种战略培养专业性法律人才，强调律师事务所在某一行的业务专长，并以此垄断这一领域业务。

④ 这种战略培养律师事务所的某一方面的工作作风和工作方式，并以此强调该组织与众不同的特点。

⑤ 参见郑效军：《文化如水 谈律师事务所组织文化》，载《中国律师》2008年第4期，第47页。

分子，没有归属感。律师事务所的好与不好和律师个人无关，律师只能依靠自己，常常分身乏术，疲于奔命却不见效益。这样，律师大多是接触一些案情简单、代理费微薄的案件聊以过活，根本没有实力和资本承接高端的、需要集团化运作的案件。即使一个律师事务所或几个律师事务所的个别律师因特殊案源集合数个或数十个律师来合作完成该案件，临时组建了律师团队，鉴于各律师办案风格有异，磨合无法在短期内完成，加之自身还有未办结的案件，这样临时组建团队的作战效率也就可想而知了。① 反之，有律师结合自己的实际经验，发自内心地感叹，之前虽然已做了六、七年律师，大小案件也办过几百件，但从来都是单枪匹马，自己跟律师事务所的关系仅仅是"挂靠"，但进入到品牌律师事务所之后，每接受一个案件，都会与其他团队成员研讨案情，破解其中的疑点、难点，这种亲密无间、合作联系的团队精神，让其个人获益匪浅。② 的确，加强律师事务所或律师团队的品牌化建设，能够为青年律师搭建成长平台。律师事务所的行业评价与社会形象的好坏，对青年律师的成长有着重要影响。律师事务所加强规范化、专业化、品牌化建设，是实现律师事务所或律师团队品牌化建设目标的必由之路。律师事务所应以专业化发展为着力点，以规范化管理为基础，加强包括团队建设、文化建设、业务建设、律师事务所推广等全方位的律师事务所品牌建设，推动青年律师向专业化方向发展，培育律师事务所的核心竞争力，以此推动律师事务所持续全面发展，培育律师事务所较高的社会美誉度，为青年律师创造良好的成长成才环境。③

2. 律师团队品牌的反哺效应

律师团队的品牌战略，对于律师个人乃至律师事务所，具备极强的反哺作用，能够在很大程度上稳定、扩大客户群体，为律师服务提供数量保证，同时要求律师服务的质量随之提高。律师服务市场遵循优胜劣汰法则，随着律师事

---

① 参见金鹤：《浅谈律师事务所的团队化运作模式》，载《第三届西部律师发展论坛论文集》（2010年号），第2页。
② 参见方询：《登上团队航舰 驶向成功彼岸——访上海市华中达律师事务所主任赵雪华》，载《中国民营科技与经济》2005年第5期，第36页。
③ 参见陈信国：《青年律师培养的着力点与路径——以律师事务所管理为视角》，载《中国律师》2014年第4期，第61页。

务所数量的不断增加，作为个体的律师乃至律师事务所想要稳固自身的市场竞争地位，争取应有的业务，都将会越来越难。为此，需要强有力的品牌战略，强化自身的差异性和个性化优势，给客户提供偏爱和忠诚于该所的理由，使客户在需要法律服务时首先想到的是该律师团队或者律师事务所。一旦律师事务所的差异性和个性化的品牌定位和品牌形象得以形成，该所今后的发展就具有了明确和统一的方向，同时也将能够与其他律师事务所和平共处，甚至在共同关心的领域联合竞争。为了让自己提供的法律服务在客户心目中保持统一性、长期性、稳定性的印象，并取得客户的扩散效应，就需要一个统一、稳定和具有深层内涵的品牌进行统领，以保证该所业务长期性、稳定性、持续性地延伸和发展，也即品牌战略已不再局限于表面化的竞争层面，是一种更高层次的，融合长期性、连续性、系统性、全局性、统一性、稳定性及全员性特点的综合性竞争，其基于明确和统一的具有差异性和个性化的品牌定位，才能取得市场良势效果。因而律师事务所更深远发展的层次方面必须考虑品牌战略。因此，律师团队或律师事务所的品牌战略不仅有利于本所，而且有利于客户，更有利于全国法律服务市场的发展和前进。由此可见，在激烈竞争的市场环境下，律师事务所及其下辖律师团队必须考虑其品牌战略。[①]

品牌蕴涵的愿景、使命、价值观对于律师事务所、律师团队乃至律师个人的存在和发展，具备重要意义。品牌的树立意味着愿景、使命、价值观的确立，可以让一支年轻的律师团队迅速统一起来，向着更高的目标前进。[②]

二、律师团队品牌的实际建构

虽然律师事务所的推荐方式和一般商品的销售有所区别，但对其来说和一般品牌的营销概念是一致的。我们首先应当确认的是，律师服务其实也是一种商品，根据政治经济学的观点，既然是商品，就有价值。这个品牌的价值应当

[①] 参见郭小东：《论律师事务所的品牌战略》，载《第 2 届中国律师论坛论文集》（2002 年号），第 349 页以下。

[②] 参见刘宏伟：《文化核专业心——江苏良翰律师事务所文化建设侧记》，载《中国律师》2014 年第 12 期，第 55 页。

归属于律师事务所，而不属于某律师。当这种品牌在社会上被广泛认可时，它的价值就产生了。因此，律师事务所的品牌也需要营销，而且是不同于一般商品的更专业的营销。这种营销往往需要大量的时间和精力，比如稳定客户群的建立、免费的法律咨询，再如免费为企业公司搞一些法律培训或法律咨询。有些时候，一次免费的法律咨询，或一封免费的电子邮件都有可能给律师事务所带来潜在的案源。通过专业的营销、培养、维护等一系列活动树立律师事务所的品牌。通过律师事务所品牌的树立，为律师事务所吸引来大量的案源。广泛的案源是律师事务所的生存之本。因此由律师或非律师的专业人员来组成营销团队，向外推荐律师事务所非常重要。律师事务所品牌的拓展有多种方式方法。例如参加社会活动、公益活动，还要多推出学术上的不同见解。因为律师在人们心中还是比较高端的社会群体，一定要将专业成果推向社会供大家分享，并能在某个点上引导消费。律师事务所品牌拓展还是分层次的，常见的如打广告、发名片，那都是非常低端的推销方式；一个高品质的律师事务所品牌，一定要和专业结合在一起，即使是做广告也要做得有价值，从而真正提升事务所的口碑和声誉。[1] 与此同时，也要注意合法，合乎律师职业道德，不发违法违规的广告。

一个成功的品牌应包含知名度、美誉度和忠诚度三个要素，它们的广度和深度直接决定着品牌的竞争力和企业的持续发展能力。因此，律师事务所实现其品牌战略也应当围绕这三个要素进行。

（一）如何建构律师团队品牌的知名度

律师团队的知名度是其实现品牌战略的前提。以刑事辩护业界颇有名气的大成刑事辩护团队为例，该团队自1992年大成律师事务所成立以来，就一直是大成所的优势、核心业务团队。后来，根据大成所第一个五年发展规划纲要提出建立"全国一流的、大型的、综合性的、具有专业特色和管理特色的、不断开拓创新的律师事务所"，开始了大成刑事业务走向专业化团队作业的第

---

[1] 参见金鹤：《浅谈律师事务所的团队化运作模式》，载《第三届西部律师发展论坛论文集》（2010年号），第2页。

一步。为顺应事务所的发展步伐,大成的刑事业务部团队依据"规范化、规模化、专业化、品牌化、国际化建设"的战略目标,进行专业化团队建设,将刑事业务与其他诉讼、仲裁业务分开,刑事业务部门律师只受理刑事和承办与刑事有关的常年法律顾问业务,着力打造精英刑事辩护团队①,打响了知名度。

其实和企业一样,律师事务所或律师团队为了推销自己提供的产品或服务,都需要组织有效的市场营销进行推介,从我国目前的情况来看,一个律师团队,若要创造自己的知名度,通常应采取以下五种办法②:

1. 积极参加社会公益活动,树立良好社会形象

律师的工作是维护法律的正义与公平,律师的客户包含有各个阶层各个行业的群体,律师积极参与社会公益活动与其职业十分相称,也有利于律师及律师事务所知名度的提高。

2. 与知名企业真诚合作,共创品牌效应

知名企业的形成往往离不开该企业领导层与员工长期的奋斗与创新,也意味着众多客户对该企业产品或服务的支持与信任。律师事务所通过与知名企业真诚合作,就可以在提供专业服务的同时,获得社会公众对其的信任与接受。

3. 与政府相关部门形成相互支持的友好关系

所谓"徒法不足以自行",依靠律师对法律的理解与掌握并不能解决所有的问题。在现阶段,政府相关部门(如工商局、土地局、外资委等)在法律政策实施方面仍有相当大的自由裁量权,即使在实施法律政策"透明化"之后也仍然如此,因此,与它们保持良好的合作关系,熟悉其看待问题的立场观点,有利于取得它们的支持,有助于律师事务所顺利成长壮大,也有助于律师事务所为客户提供实实在在的服务。

---

① 参见秦石:《十年风雨路,铸就大成辩护人——纪念北京大成律师事务所刑事部成立十周年》,载《中国律师》2016年第7期,第40页。

② 参见郭小东:《论律师事务所的品牌战略》,载《第2届中国律师论坛文集》(2002年号),第349页以下。

4. 可以与广播电视、新闻报纸等媒体合作，开办专门栏目

如律师信箱，与电视台进行栏目合作，由律师对一些典型案件以以案说法形式进行点评。① 同时，还可以考虑利用当下流行的微信、微博等新型网络媒体，通过经营公众号等方式营建自身的知名度。

5. 可以尝试通过组织专业会议、论坛乃至律师培训的方式，扩大知名度

例如，北京大成律师事务所刑事部、大成刑事业务专业委员会与北京北大英华科技有限公司合作，成立大成刑辩学院。该学院主要的培训计划有：对青年律师进行刑事辩护培训；对企业家进行刑事法律风险防范培训；对政府官员进行刑事法律风险防范培训。②

（二）如何建构律师团队品牌的美誉度

取得知名度只是律师团队或律师事务所实施品牌战略的第一步，先做到让社会公众最大限度地知道"我是谁"，律师团队或律师事务所应做的第二步就是取得社会公众的认可即取得"我很好"的美誉度。第二步无疑更具挑战性，也需要律师团队或律师事务所付出更大的努力才可以实现。强调美誉度意味着某些"无下限"的炒作方式，固然可以让别人知道你是谁，但一定不会让人评价"你很好"。反之，应采取如下措施，提升律师团队或律师事务所的美誉度③：

1. 律师团队或律师事务所应当对于自身提供的服务进行准确定位，实施战略竞争

只有提供的法律服务具有异质性，才能"永远被模仿，无法被超越"。相反，如果一个律师团队或律师事务所不能够形成具有自身核心特质的竞争力，并将其持续化、资产化、凝固化，不能够精确确定自身主营业务，而是无限制地提供低质量服务，只能停留在低水平恶性竞争的水准，无法争取到客户的满

---

① 参见陈兴龙：《打造品牌团队献身律师事业》，载《西部法制报》2007年1月11日，第004版。
② 参见秦石：《十年风雨路，铸就大成辩护人——纪念北京大成律师事务所刑事部成立十周年》，载《中国律师》2016年第7期，第40页。
③ 参见郭小东：《论律师事务所的品牌战略》，载《第2届中国律师论坛论文集》（2002年号），第349页以下。

意与忠诚，甚至导致同业间互相拆台。这不仅不利于律师行业的发展，也不利于律师个人、律师团队乃至律师事务所的发展。因此，律师事务所或律师团队必须要确定自己的战略重点，确定自己的目标客户、服务内容及特征。对中小律师事务所而言，集中本所资源实施某一领域的竞争，可以取得对综合性大所的局部竞争优势；对大所而言，虽然可以多确定几处竞争领域，但仍不宜全面开花、全线作战，否则其资源优势也会逐渐丧失。因此，律师事务所经营业务的取舍可限制其他律师事务所模仿的可能性与易行性，有利于突出本所的特点，进而扩大本所的知名度，赢得律师事务所的美誉度。

2. 选择战略合作伙伴，提高服务附加值

随着非诉业务比重的上升，律师事务所大多开始逐步将战略重点向这一领域转移，而律师事务所在提供法律服务的同时，还应通过其与其他中介机构的合作关系而为客户提供服务。因为非诉业务往往涉及诸多领域，客户（特别是只专注于其产品生产经营的客户）也往往希望通过律师可以一揽子解决所有问题，这就要求律师事务所事先就与一些知名的中介机构达成战略合作协议，并齐心协力为客户提供高质的服务。

3. 服务出色、收费合理

赢取客户美誉的关键在于提供高质量的服务，否则一切都是徒然，反而会形成对律师事务所知名度与美誉度的负面效应。同时，合理的收费也是律师事务所应注意的问题，收费数额应当与律师事务所提供的服务相对应，同时应考虑到企业的规模及其以后与本所长期合作的可能，仅仅着眼于一次性合作的收费，有可能使客户再也不会准备与律师事务所合作。

（三）如何建构律师团队品牌的忠诚度

在取得知名度与美誉度后，律师事务所就会逐步形成相对稳定的客户。此时，律师事务所在继续采取提高知名度、增强美誉度的同时，就必须更重视对客户忠诚度的维护。客户的忠诚度是客户对律师事务所服务的真正认可，是律师事务所实力与地位的真正体现，也是律师事务所工作的最高目标。通过各种形式的后续服务加强和巩固与客户的联系，是律师事务所增强其客户忠诚度的主要措施。基于过去的成功合作，客户与律师事务所一般较容易沟通，可能就某些企业发展计划或项目或其他问题进行咨询。而律师事务所除提供法律建议外，也可以根据自身与社会各个行业企业的接触提供不同角度的看法，帮助企业确定方案、减少风险。通过与客户尽可能的接触，律师事务所会更深入地了解客户所处行业领域的发展现况与发展前景，这既有利于律师事务所为该客户提供更准确适当的服务，也有利于律师事务所为同行业或类似行业的客户出谋划策。而当客户对并非法律问题求助于律师事务所的时候，客户对律师事务所的忠诚可以说已经基本实现了，律师事务所的品牌战略才可以说取得成功。

综上所述，律师事务所在实施其品牌战略的时候，必须以实现律师事务所的知名度、美誉度和忠诚度为目标，其实现的顺序虽有先后，但对企业采取的措施必须同时进行。事实上，这三者也是相辅相成的，没有律师事务所的知名度，律师事务所无以壮大，律师事务所的美誉度与忠诚度可能只是孤芳自赏；缺少律师事务所的美誉度，律师事务所的知名度会成为反面教材并日渐衰微，更不可能有忠诚度可言；缺少忠诚客户的律师事务所，其必然不会有美誉度，而其知名度也必然因缺少实质内容支撑而丧失殆尽。①

第二节 律师团队建设的理论基础

一、"律师团队力"的概念

（一）何谓律师团队力

一般来说，"团队"是指为了实现某一目标，由相互协作的个体所组成的高效率群体。这一定义显现了"团队"与"群体"的不同。换句话说，所有的团队都是群体，但只有"高效率"群体才能是团队。"群体"强调信息共享，"团队"则强调集体功绩和成效；"群体"的作用是中性的（有时是消极的），而"团队"的作用往往是积极的；"群体"责任个体化，而"团队"的

---

① 参见郭小东：《论律师事务所的品牌战略》，载《第2届中国律师论坛论文集》（2002年号），第349页以下。

责任对外是共同的;群体的技能是随机而单一的,而团队的技能是相互补充的。① 更为重要是,和群体不同,团体尽管在规模上比组织要小,但具有组织的核心特征即学习力。通过学习,团队成员不断获取知识、改善行为、优化团队体系,在变化的环境中使团队保持良好生存和健康和谐发展。在这个意义上,团队可以等同于学习型团队。团队成员能够有意识、系统和持续地不断获取知识、改善行为、优化团队体系,使团队在变化的环境中保持良好生存和健康和谐发展。②

以此为基础,可以将所谓"律师团队力"定义为,律师之间或律师团队与团队之间基于相互学习,形成一种伙伴关系,并借此将各自的智力资源、优秀品质、优秀文化和优秀技能通过各种渠道传递给合作方,各方通过解决矛盾、协调平衡利益关系,互相启发、互相帮助、互相促进,不断完善合作运行规则,最终达到相互促进、共同进步、共同提高的双赢目标的能力。③

应该说,律师结成团队是律师专业分工的必然产物。随着社会分工的日趋细致,律师专业分工也随着这种社会关系的复杂化,以及法律服务需求的多样化,成为一种必然。随着全球化、信息化的快速发展和随之带来的社会经济结构的转型,中国法律服务业也面临着新的挑战。这就催生出一种"集成化法律服务机制",就是将优秀人才、专业知识、社会关系集成起来,将涉及法律和规则的全球化法律服务与知识经营、资本经营、产品经营有机结合起来,提供协同效应和价值增值的效益集成的系统。④ 集成化法律服务机制,使得已经饱受公证机关、基层法律服务机构等能够提供相关法律服务的机构所带来的竞争压力的律师,还需要面对高端法律业务对于律师服务的高水平要求。高端客户的法律服务需求往往高度复杂,单一律师根本无法对其有效加以满

---

① 参见许小平、李杰:《经济全球化及律师事务所团队合作战略选择》,载《律师事业与和谐社会——第五届中国律师论坛优秀论文集》(2005年号),第1页。
② 参见陈国权:《团队学习和学习型团队:概念、能力模型、测量及对团队绩效的影响》,载《管理学报》2007年第5期,第604页。
③ 参见许小平、李杰:《经济全球化及律师事务所团队合作战略选择》,载《律师事业与和谐社会——第五届中国律师论坛优秀论文集》(2005年号),第1页。
④ 参见张华:《基于律师团队服务管理的集成化法律服务研究》,载《法治研究》2007年第12期,第28页。

足,只有特定法律服务领域的团队甚至多支团队通力协作,才能快速满足客户的需求,唯有凭借高度专业的团队实力才能在法律服务的角逐中占据优势。

(二)律师团队的价值

律师行业要发展,律师事务所必须改变松散的联合体的现状,树立相互协作、集团作战的团队运作方式。一般来说,具有律师团队精神和集体意识的律师事务所,律师之间往往具有亲和力和凝聚力,律师事务所往往显示出高涨的士气,有利于激发团队律师工作的主动性。正是由于受到了集体意识、共同价值观、高涨的士气、团结友爱、品德高尚的团队气氛的影响,团队律师才会自愿地将自己的聪明才智贡献给律师事务所,同时也使自身得到更为全面的发展。团队精神不但有利于发挥每一位律师的业务专长和优势,更有利于提高律师事务所工作的效率,最终有利于向客户提供全面、系统的法律服务。①

依据上面谈到的律师团队力概念,应当将律师团队的范围加以限制,将其明确为以拥有共同的业务发展方向和相近的职业规划理想为基础组合而组建的、包括规划律师、实行律师、拓展律师和辅助人员,并且在内部有明确制度保障与高效协作机制维持团队运营的律师工作群体。在这个意义上,实践当中普遍存在的、单纯依靠信任和交情维系的不特定律师在某些业务领域的个案合作,不属于律师团队;传统师徒相授继而群体性聚拢的,也不是律师团队。在律师事务所内部构建划分业务领域的专业化团队,不仅不违背律师事务所整体专业化、规模化、品牌化的长期发展战略,而且能够有效地克服当前阶段下律师事务所整体专业化发展的障碍。② 之所以如此认为,是因为律师团队具备特定的价值。

律师事务所固有的律师与律师、团队与团队、律师与团队之间的利益矛盾,通过团队之间的专业协作,转变为"律师服务创造价值"的作业目标。

---

① 参见孙百红:《我国律师文化的现状及其对策》,载《理论观察》2006年第4期,第123页。
② 参见邵钧、李容晶:《刍议律师事务所的专业化团队建设》,载《第五届西部律师发展论坛论文集》(2012年号),第1页。

团队中不同成员的专业最有效率地匹配了客户在多个领域的需求,与此同时,团队协作亦降低了作业成本,组成团队的各个成员亦因此获益。透过对共同价值观的认同,各个业务部门产生了巨大的凝聚力与认同感。①

1. 律师团队作战,符合人的本性

人是社会的动物,有着一种自然的归属感,人类社会的任何一种组织的诞生都是基于人类彼此存在共同的需求。在人类群体活动中,很少有像"共同的愿望"这样能激发出强大力量的东西。在这样的一个群体中,只有共同的愿望才能够使得团队的成员知道自己明确的角色和任务,从而把工作上相互联系、相互依存的人们团结起来,组成一个真正高效的群体,使之能够产生 1+1>2 的合力,有效地达成个人、部门和组织的目标。律师团队作为律师的集合体,与作为个体的律师之间存在相互满足的积极互动关系。② 从现代组织理论中的行为学派来看,企业之所以大量应用团队,目的即在于将一群互相信任、互相支持、目标一致、技能互补的人以任务为导向,十分默契地组合在一起。研究表明,与个人主义模式相比较,团队工作模式能导致更高的个人工作效能,能促进团队成员间更积极的人际关系和社会支持,更为重要的是,还能更大地提高团队成员的心理健康水平。③

2. 律师团队作战,符合职业需要

相较于传统的个体化、作坊式的经营模式,律师团队机制更符合法律服务业的行业特点。通过有效的团队合作,可以增强律师事务所的凝聚力。案件由团队共同办理,可以强化律师与律师事务所之间的联系。同时,客户面对的是一个团队,并不是某个律师,可以在很大程度上避免客户随着律师的流动而流动的现象,稳定律师事务所的客户群体。律师团队建设还有利于提高服务质量,提升律师事务所的形象,可以有效解决单个律师精力和能力有限的问题。由团队共同办案,分工合作,互相配合,能够减轻律师的负荷,大大提高办案

---

① 参见平达:《杨光:兰台的道路与梦想》,载《中国律师》2013 年第 8 期,第 24 页。
② 参见许小平、李杰:《经济全球化及律师事务所团队合作战略选择》,载《律师事业与和谐社会——第五届中国律师论坛优秀论文集》(2005 年号),第 1 页。
③ 参见陆莉玲:《"和而不同"型教师团队建设的思考与实践》,载《江苏教育研究》2010 年第 7A 期,第 20 页。

效率，保证案件的办理质量，从而提升律师事务所的形象。更为重要的是，律师团队建设有利于专业化分工，开拓业务范围。在传统提成制或承包制的模式下，律师出于个人利益的考虑，不管什么类型的业务都接。这种模式在短期有助于律师个人业务收入的提高，然而，随着社会的发展，社会分工越来越细，专业的要求日益凸显，没有哪一位律师可以凭借一己之力独立满足客户的复杂法律服务需求。①

3. 律师团队作战，符合各方利益

以团队出现的律师群体，以团队服务体现的律师服务，除了能够在最大程度上契合当事人利益之外，亦能够满足律师个人以及律师事务所的利益，是一种相当明智的多赢选择。一方面，律师个人可以凭借团队之力，切入到之前因为个人经验、个人能力、个人关系等限制无法触及的高端、复杂案件或法律服务之中，锻炼自己的能力、提高自己的水平、完善自己的经验、获取自己的回报。另一方面，对于律师事务所而言，目前虽然几乎都存在所谓重大疑难案件的集体讨论制度，但真正做到的比例极低。这种团队性的欠缺，严重束缚了律师事务所的发展空间，影响了律师事务所提供的法律服务的质量与水平。② 相反，通过建设拥有共同业务发展方向和相近的职业规划理想的律师团队，可以营造属于律师事务所自身的核心价值观，在长期稳定性、管理协调性上克服律师事务所层面上各自为政、难成合力的弊端。还可以通过团队分配机制的改革创新，破解律师事务所所面临的分配难题，促使其依据团队成熟度或因人因事，深思远虑地建立和收放自如地调整分配制度，达到各尽其职、各取所需的理想状态。可以让律师事务所更为优化合理的人员配置，分工协调、沟通高效、权责明晰、群策群力。能尝试并完成律师事务所层面缺乏执行力的相关工作，同时也拥有律师事务所层面对人、对事管理局限性的绝对优势，一定程度

---

① 参见骆朝伟：《建立与律师事务所持续发展相适应的分配机制——以四川真道律师事务所为例》，载《商》2013年，第190页。

② 参见郑效军：《文化如水 谈律师事务所组织文化》，载《中国律师》2008年第4期，第47页。

上也降低了管理成本。①

虽然律师的专业化团队发展尚处于探索阶段，但不可否认的是已经有越来越多的业界同行们认识、感受到团队运营为专业化发展带来的优势，尽管在探索过程难以避免出现反复和挫折。因为从个体到整体、从个人到团队、从单打独斗到群策群力，这样的演变不仅仅需要时间来协调整合，更为需要的是每一位团队成员为自己的团队付诸情真意切的努力。这样的努力来源于每位个体对付出与取得的衡平价值观，无论是处于高阶的团队领导者，抑或处于工作第一线的团队新人，都应当从大局、从长远出发，永远抛弃狭隘的个人主义。有句话说得好：有舍才有得，得失之间，彰显智慧。这就是律师事务所专业化团队建设的真谛。②

二、律师团队力的理论建构

（一）团队力建设的一般理论构型

一般来说，从管理学或组织学的角度，对于团队建设，存在如下几种理论建构③：

有观点认为，团队建设理论建立在对人性的深刻认识之上。人有生理、安全、社交、尊重、自我实现等多层次的需要，人们工作的最终目的是为了自我实现；同时认为，一般人都是勤奋的，能够自我激励与自我控制；最为重要的是，个人的自我实现与组织目标的实现并不冲突，而是一致的，大部分自我实现的人往往把达到组织目标作为自己的追求，他们会主动承担组织的职责，为组织目标的实现而贡献积极性、主动性、想象力和创造力。这就要求在团队建设过程中，非常有必要根据时代和团队发展实际，了解、加深领导者和管理者对人性的认识。

有观点认为，人格理论与团队建设密切相关，也就是说，在团队成员招

---

① 参见邵钧、李容晶：《刍议律师事务所的专业化团队建设》，载《第五届西部律师发展论坛论文集》（2012 年号），第 1 页。
② 同上注。
③ 参见陈国海、张贞敏：《团队建设的四种理论及其对团队建设的影响》，载《石油化工管理干部学院学报》2010 年第 1 期，第 79 页以下。下面引述不再一一注明。

聘、培养和使用方面要考虑成员的个体差异；要让具有不同人格的团队成员形成互补，以提高团队工作的效能；而团队成员因个体差异互相影响和互相制约。因此，每一个团队都必须有一个合理的性别结构、年龄结构、知识结构、经验结构、智能结构、素质结构以及专业结构等。团队成员要认识自己的长处和短处，扬长避短，调适自己的性格和行为，以适应团队建设和发展的需要。

还有观点认为，团队建设与团队成员的角色相关，即所谓团队角色理论。团队中的成员角色可分为协调者、推进者、完善者、实干者、监督者、创新者、信息者和凝聚者等几种。例如，协调者具有很强的容忍度，同时，又有一定独立性的倾向，并在社会关系中保持一定距离。作为实用主义者，协调者不需要很高的智商。团队各角色在性格和功能上的互补才使团队不断取得成功。

最后一种理论被称为实践活动理论，其主要观点认为，只有在真实或者模拟的团队任务情景中，团队成员互相合作、共同完成任务的同时，加深对自己和其他成员的认识，增加对其他成员的信任和支持，逐步形成默契、和谐、高效的团队。运用该理论指导团队建设时，应注意团队任务的设计，包括难度适中、通过努力可以达到；创造安全、尊重的团队环境；重视体验和分享，交流心得；重视成果分享和庆祝。成功，是通过失败的经验积累出来的。一个没有经验的人，要在经历一些失败，获得宝贵经验之后，才能领会正确的规律。

上述几种团队建设理论，在实践中有各自的优点，但同时都存在着一些不足之处。因此，将团队建设理论运用于实践时，不能够局限于单个理论，而要扬长避短，用其他理论的优势来补充另一个理论的不足之处。另外，也不能盲目决定使用哪一种或哪几种方法，领导者和管理者在选择、运用团队建设理论时要充分考虑组织的性质、组织领导者和成员的特质、团队所处的发展阶段、团队的类型及规模等因素。①

（二）律师团队力的应然理论设计

笔者认为，在思考律师团队建设过程中，当然需要从以上各种理论中吸取养分，同时，还必须考虑到律师的独特性，简单地依据服从关系，或者单纯追

---

① 参见陈国海、张贞敏：《团队建设的四种理论及其对团队建设的影响》，载《石油化工管理干部学院学报》2010年第1期，第79页以下。

表7 人力资源架构与雇佣模式①

HR实践	基于忠诚的HR架构（知识雇佣）	基于效率的HR架构（工作管理）	基于服从的HR架构（合同管理）	基于合作的HR架构（联盟/伙伴关系）
工作设计	岗位轮换、决策自主；工作保障	在整个产业内，标准化的工作	简单的技能；定义完善的工作	基于技能的工作设计；岗位轮换
招聘和甄选	内部晋升；选拔最优秀的员工；突出学习潜质	筛选求职者；专业综合测试		侧重产业知识和经验，强调团队合作
培训	广泛持续培训；投入多；发展专用技能、知识	强调当前绩效；努力提升生产率	制度保持一致	注重团队建设
绩效评估	注重对战略目标的贡献；包括发展性的反馈；强调员工学习能力	以客观的、可量化的结果为基准；评估产出的数量和结果；测量生产力和效率	评估与预设行为、程序和标准的符合程度	团队绩效注重协作能力
奖励	大量的福利包；包括股份所有权；对新想法的激励	确保内部公平；重视资历	小时工资；重视短期绩效	基于团队的激励

① 参见张凯丽：《管理哲学与人力资源架构关系研究》，载《人才资源开发》2014年第15期，第67页。

求效率的模式显然不足取。在这里,笔者依据下列人力资源架构与雇佣模式类型提出,律师团队建设应当分为两个层次。

从律师事务所这个"大团队"层面,主要应从合作的人力资源架构,考虑通过"非联盟方式"①、"会社方式"②、"联盟方式"③、"主流联盟合并方式"④、"选择性并购"⑤ 等方式实现跨所的大团队合作。⑥

在律师事务所内部的律师团队建设过程中,则应基于忠诚的人力资源模式,同时探讨如何通过薪酬等物质手段的刺激,降低监控成本,提升团队效率。这里,就需要使用管理学中的"锦标赛理论",该理论认为,在合作生产和任务相互依存的团队活动条件下,随着监控难度的提高,大的薪酬差距可以降低监控成本,为委托人和代理人的利益一致提供强激励,因此加大薪酬差距可以提高公司绩效。所谓"薪酬差距",主要指团队管理者的薪酬水平同其他团队成员之间的薪酬数额的差别。有研究发现,我国上市公司内高层管理人员薪酬差距和公司未来绩效之间的关系具有显著的正向关系,大薪酬差距可以提升公司绩效。影响我国公司薪酬差距的主要因素不是公司外部市场环境因素和企业自身经营运作上的特点,而是公司治理结构。⑦ 以此研究,论者认为,在我国,律师团队也应当提高薪酬差距,以维持足够的锦标赛激励机制,而提高薪酬差距的主要方法在于进行治理机构改革。

谈到律师团队的治理机构,如图9所示,团队的特征变量直接或间接地通过团队管理者的运作过程影响团队的绩效。这种影响受到高层管理团队所处的社会文化背景、组织环境的影响。高层管理团队的绩效主要表现在内聚力和决

---

① 认定目标客户、行业及国家,并且(如适合的话)与特定及具备相近专长的专业律师事务所建立"挚友"关系。
② 与以建筑或项目为主要服务焦点的律师事务所建立网络或组织"会社"。
③ 与一些在同一领域的专业律师事务所以一个统一名称结盟,即"某某律师事务所联盟"。
④ 与主流国际律师事务所(通常来自欧洲或美国)组成国际联盟或进行合并。
⑤ 参见丁仁、丘健雄:《具有相同或相近专业定位的律师如何实现联合或组成团队?》,载《第2届中国律师论坛论文集》(2002年号),第41页。
⑥ 借着吸纳海外较小的专业业务或执业团队,在特定司法管辖区能提供即时及本地服务。
⑦ 转引自林浚清、黄祖辉、孙永祥:《高管团队内薪酬差距、公司绩效和治理结构》,载《经济研究》2003年第4期,第31页。

策效率两个方面,其行为表现主要体现在团队与公司的人员变更、战略定向与变化、资源获取行为等。高层管理团队的绩效以及行为表现影响了由财务表现和组织管理表现构成的组织绩效。

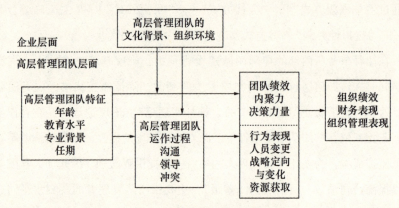

图9 律师团队的治理机构

以西南某知名律师事务所为例,该所将合伙人会议作为事务所最高权力机构,管理委员会为事务所的日常决策和管理机构,监事会为管理委员会的监督机构。随着合伙人的增加,该所为了提高效率,在合伙人当中又选择主要的七名高级合伙人来对事务所重大事务作决定。设立了由三名律师组成的监事会,对管委会协商决定的问题进行监督,有权提出一些建议和批评,甚至启动撤销程序。①

目前,大多数中小律师事务所并没有完全将业务选择、企业组织、主导能力和创新内容管理起来,甚至管理本身被很多律师事务所视为可有可无,往往"安于人治""重视硬件建设而忽视管理的软件效益"。不安于人治的律师事务所又"缺乏管理思路",或者完全交给市场,"用人体制过于开放";或者片面追求企业化管理,"忽视事务所与传统企业的结构差别"。②

---

① 参见李华鹏:《天外天所:十年磨一剑,用心铸品牌》,载《中国律师》2016年第9期,第34页。

② 金鹰:《中小律师事务所发展现状及案例剖析》,载《法治研究》2011年第3期,第102页。

(三) 律师事务所团队化运作的可行性

目前，大型的国际化律师事务所一般都采用公司化管理模式，我国较具影响力的律师事务所也有相当部分采用公司化的运营模式，采用团队化的阶梯式管理。打开国内知名律师事务所的网站基本上都能发现，在律师事务所简介中一般都要宣传为公司化管理模式的律师事务所。显然，公司化管理模式已经得到了我国律师业界的一定认同，被认为是先进的、科学的、得到市场肯定的管理模式。要想成功实现律师事务所团队化运作，要有强有力的案源保证和业务把关；要以资金和专业知识作为生产要素来参与事务所的收益分配；要从长期投资的角度考虑问题。团队化运作的律师事务所应致力于建立一支"高效化、专业化、品牌化"的律师团队，坚持以建立一流的律师事务所为目标，力求卓越，追求最优服务，实现从律师单人服务到律师事务所整体服务，从个人收案、办案、分配到统一组织团队分专业、分功能、分阶段合作办案，从一般性服务到专业化、专家性的服务转变。展望未来，伴随着越来越多的律师事务所改革步伐不断加快，必将会有更多的合伙制律师事务所通过团队化改造和运作，逐步公司化，不断增强核心竞争能力和在法律服务业的地位，从而实现做强做大的夙愿。虽然律师事务所在现行法律规定下无法实现公司化的组织形式，但至少可以采用团队化的管理模式。将律师事务所团队化作为目前律师事务所结构多元化中的一个新的发展方向来探索，实现现代与传统相结合。①

第三节 律师团队建设的实践经验

总体而言，律师团队的建设应主要围绕律师团队建设的硬件与软件层面展开。

---

① 参见金鹤:《浅谈律师事务所的团队化运作模式》,载《第三届西部律师发展论坛论文集》(2010年号),第2页。

一、律师团队的硬件建构

(一) 律师团队"人"的组织与管理

律师团队建设中的人涉及律师事务所负责人、合伙人、团队负责人、团队成员乃至律师行政辅助人员之间的复杂关系,其组织与管理绝非易事。建立律师事务所的队伍结构,一般来说,可以从纵向和横向着手。从纵向而言,是律师事务所的管理层、专业部、专业部人员这样的一条轴线。就横向而言,则是专业部之间,专业部与后勤资源、公共资源之间,以及所有的部门与律师事务所管理层之间的关系,有时还涉及与外部的关系,涉及业务的判断、人力资源和其他资源的调配。律师团队内部业务自然也有分工,基于业务领域细化的再分工,以及业务能力等因素所产生的律师工作的级别分工。详言之,业务部会有主办律师、律师、律师助理的级别分工,同时也会有业务组或以主办律师为单位的细分工。① 各业务部之间则存在业务上因分工所产生的协作和资源交换共享。律师事务所应进行制度建设,处理好管理层与律师的关系。这决定了管理制度的价值取向,决定管理者与律师互动沟通的行为模式和态度、情感的基调,也决定了律师与律师事务所的关系。同时,不能忽略或轻视律师的利益,更不能为律师事务所的发展而损害律师的利益,必须要把律师事务所的发展与律师个人的职业发展协调起来。② 律师团队带头人的选择尤为重要,是否有能力、有公心、有决心都是重要的考量标准,其专业能力决定了其能否带领团队获得必要的生存空间,其公心和决心则影响团队的发展高度。在选择律师团队成员时,要充分考虑教育背景、工作经历、执业经验、客户类型、未来市场容

---

① 例如,安理律师事务所的业务团队采取的是所谓"1+1+2+1"的模式,有业务拓展合伙人、业务主管合伙人、还有业务办理团队,业务办理团队一般由主办律师、协办律师和业务助理组成。业务主管负责全局,把握案件办理质量,对于疑难复杂的案件,要召开主办律师联席会议,所有团队主办律师共同参与案件讨论,充分整合各团队业务能力和诉讼经验。安理律师事务所的每个律师通常专注并专长于某一两个业务领域,当遇到跨专业的法律业务时,安理律师事务所的机制确保其他业务领域的律师可随时提供支持和紧密合作。参见王清友:《建设具有差异化优势的精品律所》,载《中国律师》2013 年第 1 期,第 70 页。

② 参见马波、梁锦荣:《律师事务所人才培养模式创新及团队建设之探析》,载《晟典律师评论》2009 年第 1 辑,第 65 页。

量等众多因素。①

至于普通律师的进入，业界颇有名气的胜伦律师事务所，在招聘律师方面，就有两个硬性的红线。一是部分特权思想比较严重的人不招，因为过往的职业和经历会使其缺乏服务意识，而律师行业是服务行业，对服务意识要求比较高；二是熟人介绍的不招，因为对熟人介绍的人员，律师事务所往往在管理上会缩手缩脚，有所顾虑。在胜伦律师事务所实行严格的淘汰机制，绩效考核长期处在末位的需要进行淘汰。在面试方面，胜伦律师事务所有科学的面试方法和面试时间作为保证，整个面试过程一般需要经历四至八个环节，有书面、面谈等多种考核方式，包括主任在内的核心团队成员都会亲自参与其中的几个环节。往往是在几十个甚至百余个应聘人员中只能挑选到一两位加入该所，如此严格的筛选，为团队成员的素质提供了基础保障。胜伦还实行严格的试用期考核制度，在试用期期间，还需经历两次全体员工投票考验，并且实行一票否决，考验试用期员工与团队的融合度。过去六年，在试用期和正式工作中该所淘汰了不少人，当初看走眼的或心态发生变化的，跟不上该所前进步伐的，都会被淘汰。总之，该所在人才选拔机制上，严格把好进入关，对新人和在职人员进行严格系统的培训和管理，实行绩效考核末位淘汰制度，这就在人才素质方面为该所的优质服务奠定了基础。②

在律师事务所，特别是律师团队的人力资源组织与管理方面，很多锐意进取的律师事务所开始了公司化治理的大胆创新。东北首屈一指的功承律师事务所，通过学习考察，与同行沟通交流，吸取了很多大型先进律师事务所的运营经验，尝试公司化运营，特别重视业务结构综合化和律师分工专业化的结合，转变合伙人团队发展模式。根据律师事务所的发展壮大肇始于合伙人团队的扩大这一普遍实践经验，在律师事务所发展之初，主要是内部培养成长起来的律

---

① 参见张瑞祥、姜辉、曲伟：《律所的规模选择与模式运用 以江苏律师业为研究视角》，载《中国律师》2014年第11期，第78页。

② 参见华鹏：《胜伦模式：一种理念的坚持与实践——访广东胜伦律师事务所》，载《中国律师》2011年第8期，第28页。

师加入合伙人,律师事务所达到中等规模时,为尽快突破瓶颈,实现跨越式发展,从律师事务所内外部资源的交流融合层面考虑,及时加大合伙人团队的整合力度,由从律师事务所内部培养合伙人为主,逐步转变为选择性的外部引入和目标性的内部培养并重的合伙人团队建设模式,取得了十分明显的效果。①

但值得注意的是,部分律师事务所的管理者虽然参照公司管理制度,建立起了一套人力资源管理系统,并且在对聘用律师的管理上取得了显著的成绩,却没有解决合伙人之间的问题。在合伙人内部,律师事务所主任包揽了事务所的主要业务来源与管理工作,觉得事务过于繁忙理应多占份额;而其他合伙人却认为主任已独占了事务所资源,不应该再多分利润。最后的结果就是主任吃力不讨好,合伙人之间关系越来越僵,事务所面临分裂危机。究其原因,其实是事务所盲目实行企业化管理的结果。这些事务所在套用企业人力资源管理模式时,却没有建立一个与之配套的企业化基础。换言之,其管理阶层并没有企业化,合伙人扮演了投资人与管理者的双重身份,而这正是现代企业最为忌讳的。所有权与管理权没有分离,由合伙人之一的事务所主任进行管理,难以约束拥有同样股权的其他合伙人,同时对主任本身的权力也缺乏监控。权利与权力的混淆,最终导致合伙人之间的矛盾不断升级。而且合伙人对科学管理缺乏系统认识,一知半解地适用企业人力资源管理制度,最后将制度政治化,变成了实现权力、发泄情绪的工具,同样也造成了对管理更深的误解,观念与实际越来越脱节。合伙人问题不解决,最终必然影响聘用律师的管理,造成员工无所适从、心神不定,更不要谈事务所人心的凝聚和发展。②

其实,大团队模式并不适合中小型律师事务所,因为其以诉讼为主的业务构成不需要大的团队,其所服务的客户消费习惯和心理预期也无法接受大团队流水作业的服务方式和计费模式。因为中小型律师事务所中律师本身并无无明

---

① 参见陈秋兰:《功承:脚踏实地走向成功——访吉林功承律师事务所》,载《中国律师》2015年第9期,第52页。
② 参见金鹰:《中小律师事务所发展现状及案例剖析》,载《法治研究》2011年第3期,第102页。

显的专业精分与业务细化，如果一定要这样强制性地划分团队，可能会出现两种结果，一种结果是团队因为无法区分而流于形式，另一种结果便是团队因为规模小，专业整合度形同虚设。在这个意义上，中小型律师事务所适合发挥人合的特点，以人来作为团队划分的标准。一个较大规模的律师事务所的合伙人团队，比较难以长期保持较整齐的业务水准。当一个律师事务所进入到成熟期之后，合伙人团队中存在的各种矛盾和问题都会逐渐暴露出来，木桶效应凸显。因此有人认为，律师事务所的规模坚持少而精的原则，就可能使律师事务所的整体业务水平保持在一个较高的水准，并认为这一点对于特别强调个人业务素质的诉讼律师而言尤为重要。① 具体说来，则是以合伙人为团队核心，首先，除律师事务所主任（高级合伙人）之外，根据普通合伙人的人数，将律师事务所划分为若干个小团队，每个小团队以一至二名合伙人为核心，所内其他执业律师、律师助理按照其个人意愿及合伙人意愿，双向选择后分别加入各个合伙人的团队，每个小团队人数控制在四至五人，每一团队以团队内的合伙人为核心和领导，在团队内部，由该领导合伙人进行控制和调配，各个团队领导合伙人率领各自的团队对外服务的同时，领导合伙人要对团队的人员、管理、案件质量向所内其他合伙人承担责任，高级合伙人（主任）又与全所范围内的所有小团队形成团队合作关系，高级合伙人（主任）控制和调配各个小团队之间的关系。每个团队基本都是合伙人（一名）＋执业律师（二至三名）＋律师助理（一至二名）的组织架构。合伙人负责业务开拓和客户洽谈，律师负责具体业务的办理，律师助理协助律师进行调查、送取文件、协助立案、结案归档等工作。小团队的模式既符合了现时法律服务领域的情况，也能以团队合作的模式来克服小作坊式传统方式和律师单兵作战的弊端。通过各个合伙人的分治，又将整个律师事务所的管理下放到了各个团队合伙人身上，让每个合伙人都能对团队内的人员、业务等进行控制，在不增加整个所里管理成

---

① 参见赵小鲁：《从规模所到精品所的选择》，载《法人》2007年第11期，第36页。

本的前提下也实现了必要的控制,防范了集体的风险。① 例如,在翟建律师事务所等律师事务所中,律师归属于合伙人。这种情况下,律师资源的使用费用由合伙人承担。这种企业组织方式的好处是,由于律师与合伙人长期合作,因此无需不断进行适应和磨合,节省了沟通的成本。此外,如果合伙人从事的项目是相对专业化的,那么其合作律师在该专业法律服务领域中就会进步很快、成长迅速。当然,律师事务所企业组织方式并不是一成不变的。当出现业务需要时,这种固定的团队式企业组织方式可以出现交叉合作,从而迅速应对新的需求。②

(二) 律师团队"财"的组织与管理

律师团队的薪酬管理,无疑是一个律师团队组建的关键要素,也是其不可示人的商业秘密,包括各律师事务所在内,其薪酬分配机制都颇为敏感。分配制度决定团队发展前途,无论团队管理采取何种方式、何种架构,最终能决定团队发展前途的还是分配制度。在团队组建初期分配制度简单且固定,但到了发展中期就应当相应地改进分配制度以巩固发展基石。

这里限于篇幅,仅结合西南某律师事务所这个执业律师仅仅9人,其中具有3年以上职业经验的律师仅有5人,还处于初创期的律师事务所为例,探讨律师团队"财"的组织与管理问题。从该所实际情况出发,如果事务所要向专业化和规模化方向发展,除了让青年律师尽快成长起来外,还必须引进经验丰富的律师来充实事务所的力量。然而,现有的分配机制却阻碍了其他律师的进入。因为已经有5个合伙人分摊事务所的日常开支,再吸收合伙人不过是多一个人来分摊费用,实际意义不大。如果让具有一定执业经验的人来当律师助手,实行工薪制,几乎很难找到,而让这些人进入律师事务所实行挂靠制或提成制又改变了律师事务所的基本分配管理制度。所以,该所应当对现有的分配

---

① 参见张瑞祥、姜辉、曲伟:《律所的规模选择与模式运用 以江苏律师业为研究视角》,载《中国律师》2014年第11期,第78页。
② 参见金鹰:《中小律师事务所发展现状及案例剖析》,载《法治研究》2011年第3期,第106页。

制度加以改进或者变通，让分配机制兼顾公平与效率，尽量避免剥削，吸纳一些优秀的法律人才进入该团队。

由于事务所采取的是成本分摊的方式，即团队的收入扣除相关税费之后就直接分配给团队，日常支出由5位合伙人平均分摊。这种分配方式并没有对团队收入进行分配前首先预留，事务所长期处于没有积蓄状态，遇到急需开支的时候，还要把合伙人召集起来开会集资。长期这样，会导致事务所缺少发展后劲，只注重收费而忽视社会效益的现象发生。因此，有必要对事务所现有的分配机制作出相应的调整，改变合伙人分摊成本的方式，防止"吃光用光"。除此之外，该所采取的是以个案为基础，制定个案分配方案的团队合作方式，主要靠几个重点合伙人拿出案源分享，同时给该合伙人较高提成回报。但是，并不是几个律师组合在一起共同完成一个桩案子的承办就是实现了团队合作，也不是一个或数个合伙人自己组织一批律师且自己负担律师工资同时以固定数额或按比例方式分摊成本后就算实现了团队合作，这样的团队合作与提成制和承包制没有实质的区别，是不稳定的。从长远角度来讲，必须逐渐改变个案的运作方式，合理利用和调配每一个成员的知识和技能协同工作，制作精良的法律服务产品，达到服务客户获取利润的共同目标，同时也根据尽可能科学量化的标准给予不同成员合理的回报和激励。①

在团队组建初期，大部分律师助理都是初进行业或刚毕业的新人，此时的薪酬制度可以是月薪加奖金的固定结构，团队平级成员之间相差不大。经过数年的初步成长期后，个别律师助理到了为团队创造价值的井喷期，即案源拓展和业务工作执行二者有其一已经具备可以独立开展工作的能力，相对应的会对自身的地位（认同尊重）和收入（参与分配）有了更高的诉求。如果不能妥善解决有可能导致人才流失，让团队多年的努力付诸东流。团队协调需要做的就不再是为其增长月薪或奖金，应该从固定权益上为其考虑晋升到上一级平台。首先应当分析成为律师事务所权益合伙人的条件和团队的总体业务创收可

---

① 参见骆朝伟：《建立与律师事务所持续发展相适应的分配机制——以四川真道律师事务所为例》，载《商》2013年第12期，第190页。

否支持其成为律师事务所权益合伙人。如果分析结果是否定的，那么是否可以在团队内部享受等同律师事务所合伙人的待遇，参与团队内部的二次分配，同时给予其充分发挥个人能力的工作平台。这样操作的附带效应是给予其他团队成员以足够的激励，避免在团队内部弥散个体只是整体工作流水线上某一环节操作工的悲观情绪。①

总体而言，目前律师团队的计薪方式包括记点制、项目制以及开放制等样态，下面结合相关介绍说明如下。所谓记点制，即指将团队常见非诉类、诉讼类的每一种工作类型用具体点数规定，团队成员通过完成工作任务得到月度总点数，将月度总点数乘以所对应的数额，再加上基本月薪即得到最后的月薪。记点制适用于在完成工作任务过程中执行或协调能力出众的团队成员。因为点数所对应的数额最终由团队决定，团队拥有绝对的权力，故记点制尚且不能称作分配制度，还属于薪酬制度的范畴。记点制的优势在于激发团队成员提高工作效率的主观能动性，鼓励内部良性竞争。所谓项目负责制，指将团队的非诉类、诉讼类业务工作整体交付给具备相应能力的成员负责，该成员能够得到扣除案源提成、开支成本、团队提存后的全部收入。项目负责制适用于具备对工作任务全面执行能力的成员，是记点制的进一步发展，无论团队还是个人都能在长期稳定上达成共识。其优势在于巩固团队人才的长期储备，最大限度地降低人才流失对于团队发展的负面影响。除此之外，还存在所谓开放合作制，是指团队和个人在共享案源、共商分配的基础上双向选择的合作机制。开放合作制适用于拥有案源且具备对工作任务全面执行能力，同时愿意保持专业发展方向的成员。开放合作制在减轻高阶团队成员带给团队压力的同时，扩大了高阶团队成员的自主操作范围。开放合作制的优势在于能够维持团队与团队高阶人才保持良性发展的优势互补，建立长期紧密合作。② 除此之外，随着律师事务所规模的扩大，还可以考虑使用管理学中的"金手铐"理论，将律师团队的收益向业绩能力突出、对于团队贡献大的员工倾斜，以此作为激励员工、留住

---

① 参见马云：《发挥各层面优势 共同打造专业团队》，载《中国律师》2013年第11期，第74页。

② 同上注。

人才的巧妙方式。在经营较为成功的大型律师事务所，可以尝试扩大团队内部薪资差异，以期构建合理的刺激与预期，提升团队效率。

(三) 律师团队"事"的组织与管理

究竟要建设什么样的专业律师团队，必须考虑法律服务市场，包括已有的法律服务市场和能够挖掘的法律服务市场。例如，公司法律服务团队是必须建设的，因为公司是市场经营活动的主体，市场十分活跃。律师团队专业化要逐渐细分。比如公司法律服务团队逐渐细分为公司设立服务团队，改制、并购法律服务团队，股权激励法律服务团队，破产清算法律服务团队等。律师团队建设初期成员需要相对固定。同样是基于市场需求的考虑，如果绝对固定，则面临案源和收费对律师生存的影响。制度的形成不是主观选择的结果，而是现有法律服务市场需求下内部管理制度的妥协产品。律师团队的发展最终目标要达到成员完全固定。成员相对固定和完全固定是一个动态的过程，相对固定是为绝对固定打基础，完全固定是相对固定的发展目标。当市场培育到了一定的规模，团队成员的收入趋于稳定，则必须走完全固定化的专业化团队发展之路。这就需要团队成员能够放眼未来。

欲立非常之业，必行非常之事。只有完全固定化的律师服务团队，才能提供完备的专业服务，才能争取到完全的市场份额，独占鳌头，引领法律服务市场。律师团队成员选择专业团队不可太多。允许一个律师选择超过一个的律师团队，只是适应当前律师生存状态的权宜之计，并不是律师团队建设的最佳方式。①

以业界知名的兰台律师事务所为例，其通过律师团队的建设，实现了以下功能：专业整合以优化作业质量，提高工作效率，降低作业成本，最终提升兰台的竞争力。就目前而言，一个上市公司的法律顾问服务，涉及境内外并购、知识产权、房地产、劳动、增发等法律事务，没有整合多专业领域的管理机制，提供高品质的服务是不可能的。在团队协作高效完成工作方面，兰台律师

---

① 参见林文：《论律师事务所品牌创建》，载《第五届西部律师发展论坛论文集》(2012年号)，第2页。

事务所有太多的成功案例。在天勤证券行政清理及司法破产项目中，受证监会委托，兰台律师事务所组成25名律师的专项团队，完成行政清算及司法破产程序，获得证监会的表彰；一家排名前列的能源类央企收购标的额超过100亿元的一家利用生物质材料发电的项目中，兰台律师事务所组成36名律师的专项团队，高效、优质地完成了尽调工作，获得客户极大肯定。① 为使人人有"正事"，避免"人浮于事"，那么，律师团队的专业化便势在必行。这是由以下几个原因决定的。

1. 律师团队的专业化有利于客户资源的挖掘与维护

传统律师承揽业务，需要四处出击，凭借长期执业积累、经营的社会资源、社会关系，甚至使用不正当手段，如行贿、提供返点回扣等方式争夺案源。这样做固然也许有些收获，但因为属于独狼战术，单打独斗的做法很难获得真正的大型综合高端客户。但如果是律师团队，特别是高度专业的律师团队，则可以精细分工，由专门的人员负责拓展业务，或者引导团队成员扩大业务。为了保证团队业务拓展的持久性，律师团队成员应当立足于自身的专业，明确"一招鲜、吃遍天"这一理念，掌握可以与其他律师团队具备一定区分度的绝活，牢牢控制某个细分领域的法律服务市场，争取从客户处获得客户。实践证明，这已经成为律师团队获取业务的重要渠道之一。在保持专业领域深耕的同时，还应该时刻关注法律服务市场的最新变化，关注客户、同行对市场的需求和判断，举一反三，提前布局，深入预研，做好迎接新型业务的知识、人才与组织准备。

2. 律师团队的专业化仰仗于律师事务所合伙人的经营

在很大程度上，律师团队是否专业，取决于律师事务所本身是否专业。而律师事务所是否专业，又取决于其是否有办法营造律师事务所本身的专业性。以知名律师事务所德衡为例，该所在二次创业过程中，制定了《德衡律师团队建设管理办法》，立足于"专业团队、专家服务"的团队建设口号，本着"合伙人争做行业律师、执业律师争做专业细化律师"的服务理念，建设跨地

---

① 参见平达：《杨光：兰台的道路与梦想》，载《中国律师》2013年第8期，第24页。

域、跨部门的"紧密型"业务团队。紧紧围绕团队建设工作开展人才引进、部门构建、业务团队搭建的工作;引导团队全面加强团队内培训调研、业务创新、拓展领域等标准化和流程化工作;鼓励专业律师的业务服务由关注客户端转向专注业务端。德衡负责人提出:"要求每位合伙人争当行业律师,每位执业律师、律师助理、法律秘书争做专业细化的律师,即每位律师研究的方向应越来越专注,而每位合伙人要密切关注行业的发展。我希望大家跟上团队建设的主旋律,因为没有强大的团队就没有强大的律师事务所。'打铁还需自身硬',团队强大后,我们的品牌才会有支撑点。"根据专业方向的不同共组建了15个业务团队,每一名业务人员都应加入至少一个团队。通过开展切实可行的团队活动达到共同参与、共同提高、共同进步的目的,并最终实现团队内资源、客户一体化,成果共享的目标。①

3. 律师团队的专业化建构应有规划进行

作为律师团队运营的核心,必须强调团队成员对于相关理念的认同,特别是对于团队纪律的遵守。律师团队制定的整体规划,应该成为所有团队成员共同遵守的纲领,得到认同并遵守。作为律师团队的领导者,必须具备起草团队整体规划,指导团队成员完成个体规划的能力,同时应监督并调整整体规划和个体规划的实施进展,力求实现整体对个体的全面覆盖,应当对团队年度总利润进行评估、分析并撰写报告,必要时还应采取措施来确保短期和中长期利润目标的实现;制定并检测团队内部的工作成果和服务质量,特别是专业领域质量管理规程;确保在律师事务所内部和其他专业部门或专业团队之间进行必要的、恰当的交流,以期逐步实现优势业务类型转介的理想局面。团队整体规划从实施上来说应当重视规划的制订和规划的考察两个环节,只有制订没有考察无法掌控团队的发展,让制订流于形式,而不切合实际盲目制订高远的目标最终打击的将是团队的自信心和向心力。所以,在制订规划时应综合考量团队现有固定业务量、团队将着手拓展的新业务领域调查情况以及团队成员个体规划

---

① 参见秦石:《蒋琪:德衡"律二代":访北京市德衡律师事务所主任蒋琪》,载《中国律师》2014年第4期,第52页。

的共性等多方因素,来制订短期、中期、长期将实现的团队目标。同时,团队目标可以用团队年度总利润增减率、团队整体业务量的年增长率、专业领域客户增减量、团队成员个体收入的年增长率、团队成员人数和素质变化等几个变量来进行综合考察。除此之外,还应该认识到,团队业务工作的执行是团队运营的支撑,团队拓展是团队运营的生命线,团队协调是团队运营的润滑剂。①

二、律师团队的软件建构

在团队建设中,现代管理制度和管理技术是重中之重,个人修炼和团队的制度化管理是两个不同的范畴,不可互相替代。②

(一) 律师团队"文化"的组织与管理

文化是团队建设的灵魂,一个团队没有文化就好比一个人没有了"神"。团队文化是一个完整的系统,提炼和形成团队文化的过程是比较困难的。确定了团队文化后,还必须用一些精练的、独特的、震撼人心的语句表述出来,并在办公室或宣传物品上进行强化宣传。

团队文化主要由四个部分构成,即目标、宗旨、原则、观念。

团队文化的核心是目标,伟大的目标造就伟大的团队。任何一个团队都必须有个明确的、正确的、共同的目标,否则,团队不可能有凝聚力和战斗力。目标可分为短期目标、中期目标、长期目标。目标还可分为现实目标和终极目标。确定团队目标是组建团队的第一要务,是团队最高领导者要解决的首要问题。确定目标时一定要深思熟虑,并应把目标具体化。望梅止渴是因为目标具体,能让士兵口中生津,能止渴,才能激发士气。目标一旦确定,原则上是不能改变的,特别是长期目标,一旦确定后,只能增加不能减少,否则会动摇军心。

---

① 参见马云:《发挥各层面优势 共同打造专业团队》,载《中国律师》2013 年第 11 期,第 74 页。
② 参见陈国海、张贞敏:《团队建设的四种理论及其对团队建设的影响》,载《石油化工管理干部学院学报》2010 年第 1 期,第 79 页以下。

实现目标的核心准则是宗旨,团队宗旨是实现团队目标必须遵循的、最根本的、最核心的一些准则。不能为实现目标而不择手段,但实现不同的目标所遵循的宗旨各不相同,各有侧重。正确的团队宗旨是能够高度概括出本行业的本质特点,根据团队自身所拥有的内部和外部条件、团队所处的社会和历史环境,找出团队发展的基本规律,以及团队为实现团队目标而必须遵循的基本原则。

宗旨的具体化原则是对宗旨的具体化,不同的宗旨必然会衍生出不同的原则。如果宗旨是比较模糊的话,原则则相对具体。团队至上是核心原则,即团队利益才是最高利益,任何人都不得凌驾于团队之上,一个人哪怕有天大的本事,若不能融入团队,也会被团队所抛弃。同时还应当强调的原则包括业务是根本,客户是关键。

观念是原则的具体化。好的律师团队应该是特别的人组成特别的团队,用特别的方法,以特别的效率,解决特别的问题,达到特别的效果。当事人找律师并非是付了高额的律师费,听其讲解法律条文或理论,或听其满腹牢骚,怨天尤人,而是希望律师帮助解决问题,而这种理念,对于一个律师团队而言,显得尤为重要。[①]

以中东部某律师事务所为例,该所一直致力于培养一个有共同文化价值理念、积极向上的律师团队。多年来,该所给每一位年轻律师提供安心稳定的发展环境,给每个人提供发展机会。能够坚守是出于热爱,老一代合伙人付出了大量的心血。这样的理念加强了所内律师之间的精诚合作,不仅优化了律师资源,做到"术业有专攻",还促进了律师事务所内部的团结。面对每一个案件,承办律师都能尽职尽责、勤勉敬业地办理;面对每一个法律问题,律师之间都能开诚布公、毫无保留地进行探讨。得益于这种人才培养理念,一大批优秀青年律师层出不穷,茁壮成长。年轻律师在实际业务中都经历大量的历练,在项目过程中增长实际工作的能力。目前,除了各个小组各自组织的专业培训

[①] 参见邱代伦:《律师团队:我的未来不是梦 组建和管理律师团队的构想与实践》,载《中国律师》2003年第12期,第13页以下。

外,该所坚持全所每两周一次的业务培训,培训主题涵盖各个业务部门的领域,针对全所律师开放。律师事务所管理团队协调各部门之后认为有必要和大家分享的,结合最新的法律热点问题进行培训安排。除了参加律师事务所、律协组织的培训和讲座外,几乎所有的亿诚律师和行政人员都参加了由所里出资,在无讼学院和 iCourt 进行的更加技能化的培训。①

江西某律师事务所自建所以来就十分重视文化积累和点滴传承,注重把个人执业行为通过文化形式表达,以便传承和创新。该所创设了融法律与生活为一体的个性杂志、律师事务所网站等文化载体,以服务为纽带,把律师的工作状态和生活感悟融为一体,形成了具有其自身特色与活力的文化品牌,创新的文化形式和丰富的文化内涵成为了全体员工共同建设的精神家园。每一个人都在为建设这个精神家园添砖加瓦,献计出力,同时每一个人也在分享这个家园所创造出来的精神产品。②

最后需要特别提出的是,在营建律师团队文化的过程中,有些以民族地区或者民族法律服务为主的律师事务所以宗教为切入点,凝聚、营建了独特的律师事务所文化氛围。

除此之外,对于大多数律师事务所而言,通过党建工作营造健康、积极的律师团队文化也成为十分有效的做法。例如,北京大成律师事务所于 2009 年成为中国律师界首个成立党委的律师事务所。该所努力找准党员利益、事业发展、社会责任的结合点,实现了党建工作与律师事务所发展的共建双赢。日前,全国律师协会在该所召开党建工作情况介绍会,他们的经验将在全国推广。其在境内设立的 21 个分支机构中有 16 个设立党支部。现大成所总部和分所共有党员 270 余人,其中北京总部党员就有 126 人。而建所之初的 1996 年,其党员仅有 8 名。十多年前在律师事务所中较早建立党组织的大成党支部,重视建设一支由品牌律师组成的精英团队,把培养品牌律师党员作为支部组织建

---

① 参见曹婧:《永葆初心 走出独特风景——探析全国优秀律师事务所江苏亿诚所发展之路》,载《中国律师》2016 年第 9 期,第 19 页。
② 参见卢盛宽、罗承芙:《律师事务所的行政管理工作》,载《中国律师》2014 年第 10 期,第 47 页。

设的一项重要目标和长期任务,通过充分发挥党员作用,真正实现党对律师事务所的领导。今天,在大成律师事务所总部党员律师中,合伙人有 48 名,占总部全体党员律师的 38%。目前该所已有 10 余名党员律师在全国律师行业成为专业领域的领军人物。专家学者型的党员律师在该所总部品牌律师中超过 50%。① 无独有偶,高的律师事务所党支部成立之初仅有数名党员律师,而目前有 30 名党员律师,已成为推动高的律师事务所发展的核心力量和政治保证。近年来,高的所推动事务所《章程》修改,从制度机制上保障党支部的地位。推动事务所管理模式转变,通过修改《章程》,将党支部书记纳入到管理团队,明确党支部书记职权,使党支部书记在行使职权时有据可依,能够更好地发挥作用。同时,结合业务抓党建,在诚信服务上体现党支部有作为。坚持"有为才有位、有位更有为",切实把开展律师党建工作和事务所各项工作紧密结合起来,抓住推进诚信服务这个重要着力点,积极探索党支部发挥作用的新途径、新办法。通过不断强化诚信服务意识、健全诚信服务制度、提升诚信服务能力,使得事务所各项事业发展迅速,呈现出一片欣欣向荣的景象,各项指标在全省均名列前列。②

说到底,律师团队除了要专业,更要稳定。为了稳定律师团队,用情感人、用情留人,都是最有效的律师团队稳定办法。例如,北京某律师事务所里很多律师打工族因为身处异乡,下班后没有去处,常常拿着一包方便面"泡"在办公室里。而在公休日,他们的"活动"是在出租屋里睡觉。有心的团队组织者对身边北漂律师同事的处境感同身受。于是,在开拓业务的同时,也在给律师们营造"家"的温暖和氛围——请了专职厨师、聘了专职司机、业余时间组织集体活动。因为少了后顾之忧,多数律师来了就不走了;也有一些律师"走"了一段时间后又回来了。深深吸引着这些年轻律师的所在,是一个充满温情的平台,也是一方施展才情的舞台。③ 例如,西南某律师事务所先后

---

① 参见梁捷:《党员律师引领精英团队》,载《光明日报》2009 年 4 月 2 日,第 003 版。
② 参见华鹏:《"高的"签约青奥会:原动力来自专业化团队化追求 江苏高的律师事务所签约"2013 年南京亚青会、2014 年南京青奥会"法律供应商后记》,载《中国律师》2012 年第 11 期,第 40 页。
③ 参见李秀平、盛学友:《他们敢于去做——涂志和他的北漂律师团队(下)》,载《法律与生活》2009 年第 24 期,第 59 页。

整合了六、七支律师团队，为了稳定，该所提倡的是"无核心个人有核心团队"。怎样才能把人心拢到一起的确是个大问题，弄得不好要么各自为战形不成合力，要么昙花一现作鸟兽散。所以近几年管理团队努力在以下几个问题上探索实践：一是制定规则力求公平；二是制造和利用各种机会让大家认识、了解、融合、互助；三是管理团队和合伙人带头奉献；四是不拉帮结派任人唯贤；五是树立正能量。具体来说，该所设立了党委、工会、女律师委员会、青年律师委员会，还组建了男子足球队、男子篮球队、羽毛球队，女子篮球队也正在筹建中。党委把握方向，工会组织各种文体活动和分发福利，女律师委员会组织所内六、七十位女性员工的活动，青委会讨论青年律师的发展和成长，有一技之长的律师可以加入各种兴趣团队参加活动，这样就不断有交流、交往的机会，大家熟悉和了解后，合作机会增加，关系自然融洽。对于这些群团组织，律师事务所都会提供足够的活动经费，这就是该所全体合伙人的可贵之处，大家都有奉献精神，都注重长远利益，把律师职业当做事业来做。该所还特别注重与律师家属的沟通，每年的新春团拜会都会邀请每位员工的家属一起联欢、聚餐，每个月给当月生日的同事集体过生日，"三八妇女节"给女同胞特殊的关爱和礼物，"六一儿童节"给所内的"坤二代"大礼包并邀请家属带孩子参观办公环境，让他们了解自己的亲人跟谁一起工作，在怎样的团队和环境中工作，这样就会慢慢地让大家把律师事务所当做自己的家，大家才会真正成为"相亲相爱的一家人"。该事务所内部每年都会评许多奖，只要律师在某一个方面对事务所的发展建设有"功"，律师事务所就奖，功越多奖得越多。有的律师或许上台三、五次领奖，只要律师给律师事务所一个理由，能让律师事务所为律师写"颁奖词"就奖，决不搞平衡。律师事务所向律师协会、仲裁委员会、人民代表大会、政协等推荐人才和评优评先时，都从事务所历年来获奖者中推荐，这样久而久之就会形成一股正能量。[1]

---

[1] 参见刘耀堂：《团队的力量：访"全国优秀律师"、重庆坤源衡泰律师事务所管委会主任谢鹏》，载《中国律师》2016年第8期，第42页。

(二) 律师团队"流程"的组织与管理

美国管理专家迈克尔·哈默（Michael Hammer）[①] 是再造运动的先驱。他把流程再造定义为"对业务流程的基础性的重新思考和根本性的重新设计，从而对诸如成本、质量、服务和速度等重要指标作较大的改进"。团队服务流程再造的目的是为了明显改进流程，使客户对服务质量、服务速度、创新、定制化的要求得到更多的满足。结合哈默有关流程再造和整合的相关原则，律师团队服务流程再造首先应确定基本原则，以作为服务流程再造的基础和方向指引。[②]

有鉴于此，少数具备创新精神的律师团队开始尝试一套律师流水线式的管理模式。在一般的律师事务所内部，经常会出现某一位律师或某几位律师在律师事务所内部业务独揽业务的情况，一旦这样的律师发生调动有可能会直接影响到律师事务所的生存。律师流水线式的技术分工打破了律师事务所原有的工作模式和流程。每一位律师只负责本环节内的业务，不涉及其他业务，并且对每一个环节进行模块化管理和培训，使任何一名律师在短时间都能掌握本环节的技术要点和工作规程。就像麦当劳的员工一样，无论哪一个环节出现人员变

[①] 迈克尔·哈默（Michael Hammer，1948年4月13日—2008年9月3日），美国著名的管理学家，先后在麻省理工学院获得学士、硕士和博士学位。曾担任IBM软件工程师、麻省理工学院计算机专业教授，以及Index Consulting集团的PRISM研究负责人。凭借其再造理论及对美国企业的贡献，《商业周刊》称誉哈默博士为"20世纪90年代四位最杰出的管理思想家之一"，1996年《时代》杂志又将哈默博士列入"美国25位最具影响力的人"的首选名单。上世纪80年代末，他总结自己的研究成果，诠释了"再造"一词，用来形容利用信息技术对企业业务过程的彻底改造，实现企业业绩的大增长。企业再造理论也被译为"公司再造""再造工程"，在西方国家被称为"毛毛虫变蝴蝶"的革命。《再造企业》一书中，哈默给出"再造"的定义：为了取得经营业绩的戏剧性提高，企业应该再造经营——运用现代信息技术的力量急剧地重新设计每项业务的核心流程。该书的副标题用了"革命宣言"，旨在强调"再造"是全新的经营理念。所谓"企业再造"，简单地说就是以工作流程为中心，重新设计企业的经营、管理及运作方式，在新的企业运行空间条件下，改造原来的工作流程，以使企业更适应未来的生存发展空间。它以一种再生的思想重新审视企业，并对传统的管理学赖以存在的基础——分工理论提出了质疑，是管理学发展史中的一次巨大变革。这一全新的思想震动了管理学界，一时间"企业再造""流程再造"成为大家谈论的热门话题，受到了人们的广泛关注。再造理论从提出至今，理论界和实践者投入了很大的精力进行研究，因而得到迅速推广，为企业带来了显著的经济效益，涌现出大批成功的范例。据说，在1994年，美国3/4的顶尖大公司都展开了再造工程。IBM信用公司通过流程改造，一个通才信贷员代替过去多位专才并减少了九成作业时间的故事更是广为流传。

[②] 参见张华：《基于律师团队服务管理的集成化法律服务研究》，载《法治研究》2007年第12期，第30页。

动,都会有人在最短的时间内接替这个岗位,不会因为人员的流动而产生不必要的损失。有了流水线式技术分工后,律师事务所内部便自然地产生了部门的划分,团队内部形成了产品设计部、营销部、客户部、呼叫中心、行政部、质检部、财务部、培训部等部门,分别完成不同的职能。并且这种横向分工制度同样也存在于办案律师中,即主管律师、主办律师、辅办律师和律师助理根据律师事务所制定的分工规则与分工习惯进行合作。这样可以降低律师事务所对单个律师执业能力的依赖,有利于建立低成本的人力资源体系,保持律师事务所的长久与稳定。在律师事务所内部实行横向的流水线还有一个优点,就是有利于对案件风险的掌控,因为对于律师承办的案件,事务所一般都只能进行事后监督,律师事务所只能进行事后救济。而有了横向流水线分工后,专业的案件质检律师对案件进行全程化的跟踪,就像工厂的质检人员一样,随时抽查产品质量,进行淘汰,降低风险。①

行政服务工作做得好可为律师团队提高工作效率,创造无形的价值品牌。因此,要着力打造符合现代律师事务所行政服务团队与律师执业团队荣辱与共的命运共同体。一是要达成共识,建立统一的目标指向,树立统一的团队思想。二是要精诚团结,形成融洽的合作关联。唯有团结一心,方能形成合力。需要建立相互包容,互相协作的关系。三是要追逐团队相得益彰的利益效果。突出业务团队的经济效益和行政团队的服务质量,坚持业务团队建设与行政团队建设两手抓、两手都要硬。每一个具有良好社会声誉和责任担当的律师事务所,都非常重视发挥行政服务团队的职能作用,致力于把他们当做律师事务所的形象和品牌来塑造,着力提升他们的管理能力和工作水平,努力把这颗螺丝钉擦拭得愈加锃亮,为律师事务所这台机器运转发挥独特的作用。②

例如,某知名律师事务所作为合伙制律师事务所,在2005年成立伊始就注重建立健全管理制度,围绕民主管理机制、教育培训机制、利益分配机制及

---

① 参见秦兵:《律师事务所管理模式改革促进化解社会矛盾——谈律师事务所的专业化和团队化管理》,载《中华全国律师协会宪法与人权委员会、行政法专业委员会2010年年会暨"律师参与化解社会矛盾的理论与实践"研讨会论文集》2010年,第1页。
② 参见卢盛宽、罗承芙:《律师事务所的行政管理工作》,载《中国律师》2014年第10期,第47页。

监督机制，十年来先后将"律师—初级合伙人—中级合伙人—高级合伙人"的律师成长通道制度化，设立了事务所管理委员会、监事会制度，建立了全体律师每周业务学习的制度，分配制度由建所之初单一的提成制发展为兼顾授薪的更为合理、多元的按劳分配机制，完善了律师事务所能进能出、能上能下的用人制度，建立健全了对接案、签约、收费、结案审查、服务质量跟踪、档案管理等环节的服务流程管理制度等，比如，自主研发了一套集业务管理、信息收集、资源共享为一体的业务管理系统。该所首席合伙人、主任认为，科学的管理不仅可以增强事务所的运作效率，明确事务所的发展方向，而且促使每位律师充分发挥他们的潜能，向客户提供优质高效的法律服务，从而更好地树立事务所形象，提升事务所品牌影响力。"律师事务所的管理是整个律师管理体系中最基础、最直接、最根本的一环。"他说，管理规范的事务所是律师立业之所在，而管理又是事务所立所之基。①

又例如，上海市弼兴律师事务所的知识产权服务团队以公司化管理的模式，有效整合及发挥团队协作的优势，通过严密的岗位设置以及四大委员会从不同层面的管理和把控，保证弼兴知识产权服务团队能够提供最为专业、及时、优质的法律服务。弼兴知识产权服务团队专利质量保障制度确保团队接收的每一个案件都能达到团队的质量标准；专利流程管理制度确保所内每日流转的数百件专利文件及票据及时有序地提交转达，使整个流程始终有条不紊地进行。优质的法律服务体现在专利申请的授权率上，弼兴知识产权服务团队发明专利的授权率为75%以上，尤其在生化领域授权率在90%以上，远高于业界的平均水平。该团队还特设客户管理服务部，在代理服务全过程中为客户答疑解惑，并定期进行客户满意度调查。弼兴知识产权服务团队的服务质量在业内一直保持良好的口碑。为了更好地服务于客户，弼兴知识产权服务团队还为客户提供个性化服务，以满足客户的个性化需求。其团队在服务代理过程中不断收集客户意见，关心各国法律法规的修改情况，持续改进和优化各方面的服务

---

① 参见李华鹏：《天外天所：十年磨一剑，用心铸品牌》，载《中国律师》2016年第9期，第34页。

质量，以使客户体验到更专业、更优质、更全面、更及时的服务。弼兴知识产权服务团队的创始人和合伙人多来自海内外知名的律师事务所，拥有丰富的实务经验，曾经为国际国内的众多知名大企业提供过法律服务。其专家团队深刻理解企业的需求，谙熟国内外的法律实务体系、监管环境以及商业惯例，并且能够熟练运用汉语、英语、德语、日语、韩语、印尼语以及马来语等多种语言与客户进行口头和书面的交流。①

  律师为客户做风险防控是常有的事，其实律师自身往往悄然地被风险包围。武艺高强的律师识别、抵御、防范风险的能力可能比较强大，但百密一疏也有极大可能。还未练成高超"武艺"的律师对风险的识别、防范可谓是纸上谈兵。给律师穿上"防弹衣"，最大限度地降低风险的发生，才会让律协购买的执业保险永久沉睡。律师的防弹衣就是文书、流程的标准化建设。文书、流程的标准化建设分为律师常用文件及工作流程的标准化建设，以及客户常用文件、工作流程的标准化建设。律师常用文件的标准化建设基本涵盖律师从接收案件到结案后对客户回访的整个流程。这些文件既是律师工作成果的呈现，也是律师充分履行委托合同的证据。各类文件从字体、字号、间距、装订等都应予以统一，这既是律师事务所规范化管理、形象展示的需要，更是律师执业水平、律师服务形象的展现。对于新加盟的成员，他们无需耗费更长时间去琢磨，只需依葫芦画瓢便不会有大碍，这也必将大大提高团队工作效率和风险防控能力。律师工作流程标准化建设主要包括诉讼（仲裁）案件的全流程和非诉（含顾问、专项）办理全流程的设置。对诉讼或非诉流程的梳理与设置的目的在于：培养律师认真、严谨的工作作风，避免因个人经验不足出现疏漏；向客户展示工作流程，让客户了解、监督律师的工作内容和重要环节，明明白白地消费，减少相互的猜疑和误会；充分展现律师的专业素养，培养与客户的感情，逐步建立信赖基础。从笔者所在律师事务所推行标准化建设的实际效果来看，一些接受业务投标、过程服务的客户都反馈收获颇多，甚至部分案件的

---

① 参见《弼兴知识产权服务团队》，载《今日财富：中国知识产权》2016 年 Z1 期，第 117 页。

庭审法官、对方当事人及律师同行也会对规范的标准文本投以赞许的目光。这说明在标准化建设支撑下的团队化建设是会被人们接受和认可的。标准化建设一定会助力团队建设，成功的团队建设一定会为优化、提升标准化建设提供更好的素材和意见。客户工作流程的标准化不是单纯的法律问题，需要律师服务团队与客户进行深入沟通、实地调查、分析论证后进行全流程合理设置，需要考量其合法性、合规性、可操作性以及便捷性。否则，其流程标准化的设置就会成为一个摆设，律师辛辛苦苦推出的标准化流程，往往会因不好用或不适用而被束之高阁。流程标准化设置是为文件标准化配套或服务的。客户常用文件的标准化需要深度了解、消化客户生产、经营的操作模式、流程、行业习惯、有关法律法规、行业规范等重要因素后予以起草、修订。在此基础上形成的文件才是客户所需要的，是集营养、口感、色泽于一体的套餐。通过这样的互动，可有效避免律师因非法律专业知识的短板可能导致所主导的常用文件的先天不足。①

同样的，在当今的市场竞争中，如何管理和运用自己的知识产权对于许多企业来说也都是一项新课题。而知识产权行业因其特殊性与专业性，要求知识产权的管理和运用都要由专门人员负责。但是，国内企业的知识产权意识与许多国外企业相比仍有不小的差距，对企业的知识产权制度建设和知识产权战略运用没有足够的重视，企业内部缺乏专业的知识产权管理人才。因此，往往导致面对知识产权诉讼时手足无措，不得不承担巨大的损失。2005 年，北京飞科艾普知识产权代理有限公司在业界率先推出了"知产托管"的全新服务，为企业提供一站式的知识产权保护服务。根据不同情况，为企业量身制订知识产权保护方案，将企业的现有知识产权保护情况进行总结、分析，给企业提供意见和建议，为企业代理商标、版权、专利的申请和侵权诉讼。此外，飞科艾普公司在为中国企业提供海外知识产权保护服务、为海外企业提供中国知识产权保护方面有着丰富的经验，许多国内外的知名企业都与飞科艾普公司签订了

---

① 参见丁仁、丘健雄：《具有相同或相近专业定位的律师如何实现联合或组成团队》，载《第 2 届中国律师论坛论文集》（2002 年号），第 45 页。

委托管理知识产权的协议，并对他们在这方面的出色表现给予了高度的评价。①

"工欲善其事，必先利其器"，以湖南某律师事务所为例，该所按法律服务的规律与特点对法律服务团队进行合理分工，具体设立行政、人事、公共、财务、业务、监察六大部门，把律师团队、辅助团队和专家团队合理分配到各自的特定具体岗位，彼此之间灵活互动，协同合作，形成精细化的紧密和谐的运作团队。此外，按照法律服务工作的性质，在律师事务所组建经验丰富、素质优良、密切合作的律师核心团、业务辅助团和专家团队，形成广泛的社会资源与坚实的专家资源整合的优势。通过团队化的运作，实现了分工合作、优势互补，最大限度地将所内员工的智慧聚合并且最大化，人尽其才、物尽其用、才尽其力，实现效益最大化。很关键的一点就是这种资源的整合使得事务所内的律师能够抱成团，打破了"各自为政"的消极局面，使律师及其他工作人员形成"唇亡齿寒"的观念，即"律师事务所发展得好，律师及其他工作人员就好，律师事务所发展得不好，律师及其他工作人员就不好"。最大限度地激发每个人的工作活力与积极性，使得律师事务所的整体竞争力有较大幅度的提升。在实现律师事务所的公司化管理、专业化发展和团队化运作的同时，事务所的信息化服务与产业化经营也将一并推进。②

第四节 小　　结

一个人乃至一个行业的发展应当顺势而为，更应引领趋势。为了避免对律师团队力的介绍流于纸上谈兵的层面，在这一部分的最后，用一份通过运用上述团队力要素概念组合而成的刑事专业律师事务所的企划书，对其举例适用。

未来的十年，必定是中国刑事司法走向文明、中国刑事辩护走向质变的十

---

① 参见石蕊：《专业精神铸造专业团队——记北京飞科艾普知识产权代理有限公司》，载《中国发明与专利》2007 年第 3 期，第 35 页。

② 参见楼建兵、桑志祥：《中国律师事务所发展模式窥探——以湖南裕邦律师事务所五化模式为视角》，载《中南林业科技大学学报（社会科学版）》2012 年第 4 期，第 67 页。

年，基于这个预期，拟制出来的专业刑事律师事务所发展规划：拟到2027年，经历十年的积累，成为东北首屈一指的高端刑事法律服务机构，完成品牌推广与维护工作（品牌资产）；使得律师事务所在东北地区职务犯罪等高端刑事法律服务市场中占据相对优势的市场份额，成为这一地区刑事法律服务的主要提供商，以及外地刑事法律服务进入东北的主要地陪服务提供商（客户资产）；使得律师事务所在人员规模相对稳定的情况下，营业收入保持年10%左右的持续增长，并保证从业律师的平均薪酬同幅度递增（人才资产）；在打造具有核心竞争力的传统刑辩产品的同时，积极研发经济犯罪风险防控，刑辩律师入职培训等新型高附加值业务，建立不同类型刑事法律服务的标准流程，适时推进品牌加盟或复制的发展问题（制度资产、文化资产）。

为实现上述十年发展目标，积累上述五类资产，可以分阶段、分步骤，设计、完成下列具体考量：

1. 明确市场定位

这个拟制的律师事务所，在其十岁时，应当成为规模适中（专职律师人数限制在50人以内），但在业界口碑、经营收入、案件影响等方面东北领先、国内知名的专业刑事法律服务提供商。

根据《律师法》的规定，律师作为"为当事人提供法律服务的执业人员"，大体缺乏明显的职业分工，导致任何级别、资历水平的律师，只要有机会，什么类型的案件都接，什么性质的业务都做，既可以做诉讼业务，也可以做非诉讼业务，既可以只处理一般法律事务，也可以出庭辩护，既可以做专业性的法律服务，也可以做与自己专业毫不相关的法律服务，没有形成与专业和级别相对应的合理分工，从而严重影响、制约律师专业水平发展和律师行业水平提高。事实上，在法律服务市场不断细分的情况下，唯有专注目标市场和目标客户，做专做精，提供与众不同的差异化产品，才能形成自己的竞争优势，形成律师事务所、律师生存、发展的根本之道。

未来的发展趋势，绝对不会再单纯依靠律师的个人智力为生产要素，而会转而以律师事务所整体品牌为核心竞争力。结合刑事辩护的特点以及目前东北地区特定的政治、经济、法治现状，走"小而精、小而专"的品牌发展道路，相对而言可能性、可行性最佳。小规模律师事务所具有运营成本较低、律师间关系相对紧密、利益冲突解决迅速、决策议事机制灵活等大型律师事务所不具备的相对优势。值得一提的是，以诉讼为主营业务的中小规模刑事法律服务提供商，不适合现在较为风行的所谓"公司化"律师事务所管理模式，为避免"不晋升，即走人"这一公司化律师晋升制度带来的心理焦虑，小规模的律师事务所如能形成积极、健康的文化，可以保持律师关系融洽，获得较大程度的自我认同，自由的时间安排、办公场所也是其吸引力所在。如此定位下的律师事务所品牌营销，可以实现识别客户、拓展市场、产品促销、保值增值等职能，提高律师事务所的市场辨识度、客户认可度及忠诚度。

2. 创新产品研发

专注于专业刑事法律服务提供商的这一市场定位，一方面使得律师事务所必须面对市场单一的经营风险，另一方面也迫使其必须在细分刑事法务市场的同时，打造具有核心竞争力及市场区分度的专属高附加值法律服务产品。

必须承认，虽然"互联网+"律师服务正在成为新的理念，法律电商不断涌现，如无讼学院、iCourt等平台对法律服务业进行了新的创新，又如"口袋律师""律生活"等互联网在线法律服务平台正在像"滴滴打车"那样渐渐被公众接受，新媒体逐渐成为提供律师案源的新渠道，虚拟律师正成为新一代的"网红"，但这一切所昭示的律师行业面临的深刻变革，在理论上并不会冲击刑事辩护市场。毕竟，和可以做到标准化的非诉讼业务不同，刑事法律服务，特别是刑事辩护，不可能像标准合同那样，经过千锤百炼就可以成为产品，更无法通过网站加以提供。

这或许在某种方面彰显着刑事辩护等刑事法律服务的未来未必一定黯淡。具有核心竞争力及市场区分度的专属高附加值法律服务产品，除了锁定贪腐等职务犯罪、毒品犯罪等所谓传统高端客户群之外，还可以向大型国企、企事业单位、银行等金融机构拓展刑事责任风险防控等前端业务，以及尝试拓展刑事律师初任培训等收费性教学培训项目。总之，要突出法律服务产品设计时的"封装性"，即业务本身分解成一个个小的单位，每个单位都可以单独进行分工、设计、优化、评估。业务如果没有封装性，责任区段就无法确定，利益评判就缺乏标准,每个人的贡献就无法量化评估。另外,要关注客户的体验,服务产品能否有市场、有口碑、有卖点,在很大程度上取决于其能否从客户的痛点、需求点、焦虑点入手。有人曾调查过客户在接受律师服务时的痛点,排在前三位的分别是:找律师不快不准,服务过程不透明,收费不规范、不透明。这就要求律师事务所在产品设计时,需要解决客户选择律师的盲点,优化客户服务流程与实现信息化共享,提供性价比相对稳定的高品质服务,通过可视化、模拟体验等方式,改善用户体验。

3. 规范生产流程

流程化是知识管理的题中之义,也是规范执业的必由之路。要将工作流程和知识紧密结合起来,进而进行管理。如果将一个案件的办理流程比喻成一根水管,各个重要的案件节点就犹如水管的加工提取装置,当流水运行(案件推进)的时候,加工提取装置也就根据设备的特性提取所需要的物质(知识),而不再在案件结束之后进行单一的总结。毕竟案件办理过程中会查询很多的资料,这本身就是知识,而只有"功夫在当下",才能够保持对知识的灵敏度和识别能力,否则时过境迁,有的感悟不复存在。这就要将日常工作流程与知识提取结合起来,既减轻了工作负担,又提高了知识提取的质量,方便后续管理。这就是法律服务流程化、标准化的意义之一。

科学的律师服务工作规范标准是实现法律服务产品"封装性"的最重要保障,只有在律师的专业水平、服务态度、处理结果和响应速度等多个维度进行评价标准的设定,并且把每个目标细化成可以量化的数据目标,才能对律师的服务质量进行跟踪和管控,才能够对类似的服务进行相对稳定的产品定价,才会赋予当事人合理的心理预期。毕竟在传统的刑事诉讼类业务之中,价格对于市场的影响较大。价格的高低对于这类客户选择律师事务所具有很高的相关性。因此,在进行服务营销的规划与目标客户的业务洽谈过程中,应当特别重视规范生产流程,从而稳定产品质量与价格。

除此之外,规范生产流程的重要意义还在于,彻底改变传统办案中单兵作战的格局,引入分阶段的律师协作机制,不仅使律师与律师之间的关系更加紧密,增进了解,加强友谊,从而提升工作品质和协作氛围,营建律师事务所文化,更能区分责任、认定损益。律师事务所如果能从人、财、物等方面建立全流程的质量管控体系,配合案件的生产流程,就会从接案、收费、服务到归档都实行系统化管理,避免因不健全的收结案制度导致律师私下收案、私下收费,造成违规违法;避免因缺乏团队合作导致律师垄断案源,独自坐大;避免流寇习气,不注重执业培训和交流学习,不善于团队合作。

细节决定命运,四大国际快递之一的 UPS 为自己的货运司机规定了 340 个标准技术动作,例如,车钥匙不能装进衣兜里,必须用右手小指勾着以节省开车门的时间。所有这一切细枝末节,都体现在各项工作流程的规范与管控上,唯有此,才能保证律师事务所的高运营效率,才能在客户面前树立值得依赖的良好形象。

4. 整合人力资源

著名学者江平先生讲过,任何律师都不是借助其所在的律师事务所来得到名声的,而只有律师事务所是靠律师、合伙人而出名的。律师事务所提供的服务高度依赖于律师个人的知识、技能和彼此间的契合程度,所以属于"人合""智合"型企业。这就凸显出人对于一个专业刑事法务服务提供商的重要性。

律师事务所对于个人而言:"律师事务所首先能给你一种类似单位的归属感,尽管所有的钱都要自己去赚,但这种归属感还是必要的,让你觉得每天是有一个单位在上班的,是有人在管我的。"更为重要的是,律师事务所在人力资源管理方面,需要合理解决如下一对至关重要的矛盾。

一方面,打造律师事务所品牌,需要对核心律师进行包装,甚至神化,引发头羊效应;另一方面,又必须同时为其他律师创造提升、进步的空间,赋予其相对稳定的职业预期。只有这样,不同角色的律师才能够对其所供职的律师事务所具有拥有感、归属感、责任感,才能形成"我们要掌握自己的命运、我们要形成背靠背的信任、我们要做大我们的事业、我们来分享我们的成就"这一思想境界。

除了严格控制人员入口,同时建立诸如错案一票否决、业绩末位淘汰等人员强制退出机制之外,还需要利用制度设计,稳定占据律师主体的核心中坚层。"没有人会用心擦拭一辆租来的车",无论是主任负责制、执行合伙人负责制,还是管理委员会负责制,核心出发点都在于创造拥有感,变"为别人打工"为"为自己打工"。当人才参与公司经营决策、融入创业合伙人团队时,才有可能真正找到创业的感觉。就如同小米员工对加班的评论:"如果你找一份工作,天天加班当然是不行的,但如果是创业就不同了,创业是一种生活方式,你在为自己而活。"这也是为什么万科创建项目合伙人制度的原因。

不同类型、不同规模、不同定位的律师事务所,可能适应不同的人力资源管理模式,但有一点不容否认,那就是律师事务所提供的服务质量与其规模大小并不存在必然的联系,与组织形式即个人所或合伙所没有必然的因果关系。重要的问题在于组织管理中的"铂金原则",即关于人力资源的制度设计,不能运用管理者认为公平的办法,而应当运用律师本身认为公平的办法。如果律师对工作的满意度较高,其在律师事务所工作的热情就会日益高涨,并在互利共赢的情况下,将自己的聪明才智贡献给事务所。

在这个意义上,某些律师事务所创建的内部合伙人制度,具有一定参考价值。根据这种制度设计,晋升为内部合伙人的律师,对内是合伙人,对外仍是律师,内部合伙人不出钱,也不用承担律师事务所的连带责任,但律师事务所赚钱了,他们要分享,也要参与管理。

5. 理性利益分配

收入分配制度是中国经济社会发展中一项带有根本性、基础性的制度安排,在律师事务所同样也是一项最根本的制度,它深刻影响着律师事务所的人才吸纳、团队协作、管控模式、业务方向。传统的合伙制、提成制长处在于对于第一次分配或成本分摊,有着明确的归属与权责,对于个体利益有着严格的保护。新近出现的公司制更能保证二次分配的公平性、远期目标与近期业绩的平衡性,能够有更好的公共积累。

应该承认,利益分配从战略到战术都是一个非常复杂的技术性问题。战略上很好的办法在面临税收制度等具体技术性问题时,也可能不会是最优解决方案。例如,按照《国家税务总局关于律师事务所从业人员取得收入征收个人所得税有关业务问题的通知》及相关后续实施细则的规定,合伙人律师、授薪律师、兼职律师征收个人所得税所适用的应税项目是不同的。另外,作为雇员律师从律师事务所取得的收入应以每月作为计算标准，但从律师事务所管理角度，采取年薪制似乎更为合理。如此种种，不一而足。对此，应该由职业经理人结合律师事务所的发展规划，进行科学设定。

另一方面，如果考虑到律师事务所发展的长期规划，似乎还是应当体现"从财聚人散，到财散人聚"的路径设计。具体来说，前三年到五年，律师事务所收入高积累，留成占50%以上，主要用于改善办公环境，进行业务拓展，打造稳定客户群等工作，在后五年，根据合伙人数变更、业务开展情况等现实，适当调低留成占比，提高分配率，从而留住核心团队成员。

至于成员内部的具体薪酬分配，目前较为可行的办法是参考国外律师事务所，汉化后的"金杜"式计点制。所谓计点制，也称综合绩效考评制，是指根据每个律师的级别、工作量等要素按照一定标准换算成相应的点数，由点数高低来确定收入多少。计点制考虑到合伙的人合性，维护了律师队伍的团结，又照顾到每个律师对律师事务所贡献的差异，鼓励了律师发展的积极性，从而使律师能够充分发挥个人才能。当然，计点制也存在缺点，主要是律师就如何确定折算成点数的要素以及如何将这些要素量化为点数会产生一定分歧，这就需要律师之间进行协商妥协，最终达成统一的方案。

例如，某律师事务所的薪酬制度包括如下内容：

（1）合伙人分为权益合伙人和普通合伙人两级。根据专业水平、合伙人精神、业务创收等三个维度设立考核标准，分为权益合伙人和普通合伙人，权益合伙人享有分红权和投票权，普通合伙人只享有分红权，符合权益合伙人考核标准可申请成为权益合伙人。

（2）非合伙人律师实行年级制度。为非合伙人律师提供完善的发展晋升通道，设立从一年级到七年级的考核标准和薪酬待遇，对于认同律师事务所文化、专业能力突出的非合伙人律师不考核其创收，根据服务年限自动升级。七年级满后，可成为授薪合伙人，符合律师事务所合伙人标准的申请成为正式的合伙人。

（3）实习律师招聘，只限于本科为"985""211"大学且具有刑法学硕士学历的在校生，实习薪资待遇3 000元起，提供宿舍，缴纳社保，保证带薪假期。

还有的律师事务所首先将全年的业务收入扣除年度预算所确定的税费后，从利润总额中计提一定比例的奖励基金和发展基金，然后将剩余利润分别从案源、创收、资历、管理、累积等几个方面进行量化分配，每部分确定相应的比例，根据每位合伙人在各部分的贡献，确定各自应得的点数，乘以对应的点值，从而确定每位合伙人的收益。同时，根据法律秘书、律师助理、专职律师完成律师业务的实际情况，确定高、中、低相应档次的工资，实行"授薪制"的分配制度。根据每位律师承揽业务能力的不同，予以相应的案源奖励，解决了开拓型律师与业务型律师收入分配上的差别。

6. 加强风险规避

鉴于律师事务所的合伙性质，绝大多数律师事务所风险管控机制或阙如或形同虚设。是故，律师行业特别是刑事法务被视为一个高风险的行业，合伙人具有的是一个"危险"的身份。对此，目前一般的应对方法是：

（1）切实完善律师事务所内部风险管控机制。可资采行的具体举措包括但不限于：① 灵活运用技术手段加强管理，将全部业务置于律师事务所监控之下，建立风险报告制度，建立执业风险基金。② 定期审查风险。诚有必要借鉴国外律师事务所的先进经验，定期审查，以便早日发现，早日化解风险。③ 针对不同的法律事务采行不同的风险管控手段。诉讼法律事务风险节点较易把握，较易及时发现，律师界也已形成较为成熟的风险防范机制，如重大疑难案件集体研究。④ 不遗余力地加大风险管理培训、教育力度。

（2）透过律师责任保险分散部分风险。律师责任保险有利于提高律师事务所抵御风险的能力，不失为一项有效举措。

（3）及时纠正、查处违法违规违纪行为，防止"破窗效应"。律师事务所应"察于未萌，止于未发"，及时发现苗头，全力把问题解决在萌芽状态。对害群之马不纵容姑息，以使"第一扇被打破的窗户玻璃"及时得到修补，不致发生恶性连锁反应。

7. 善用品牌推广

律师事务所之间的差距不仅体现在区域、执业律师人数、律师事务所数量、律师事务所规模、律师事务所业务收入这些传统指标上，还体现在律师从业领域、律师事务所专业影响力、律师事务所品牌口碑美誉度、律师事务所专职从事知识管理、品牌管理、客户管理、人力资源管理等服务岗位设置等与国际接轨的新指标上。

（1）能否通过设立法官、检察官评选奖项，或组织相关业务培训、业务竞赛等，加大投入力度，营造刑辩律师事务所与刑事司法实务界的共同体关系，将关系部分营建在明处，做给社会公众看。

（2）能否整合资源，持续但不密集，有节奏、高强度地延揽、经营受社会关注的刑事案例，保持曝光度与存在感。

（3）能否采取外包等方式实施 CIS 的营销目标和营销策略，创建内部部门专门负责客户关系管理，不断了解顾客需求的过程。市场营销理论认为，每一个顾客背后至少有 11 名潜在客户，因此，客户关系管理也是拓展案源的有效方法之一。

8. 永续经营

王泽鉴先生在其《民法思维——请求权基础理论体系》一书中讲到这样一个故事："某年到英国剑桥大学进修，在菲茨威廉学院的图书馆看到剑桥大学一个多世纪来各科毕业考试题目精装成册。图书馆员告知，汇编历年试题的目的在于使师生了解各学科的基本重要问题，教学研究的过程及发展动向，以及强化出题者的责任感。"

十年的规划，对于一个律师事务所来说，也许只是迈出的第一步，笔者希望，百年之后，我们这些筚路蓝缕的初代律师，照片还会挂在这个我们倾注了青春与热血的律师事务所墙上，我们的名字，还会被后来者提及。

这当然是一种理想，但作为律师，若没有理想，我们又能剩下什么呢？

后　记

当下，中国执业律师所面临的，是一个深刻变革的时代，是一个充满机遇的时代，是一个印证实力的时代，是一个优胜劣汰的时代。中国执业律师，特别是刑辩律师，面临着前所未有的"黄金机遇发展期"，更面临着残酷的"职业阶层分化期"。身处风云激荡的大时代，每一位执业律师都需要作出何去何从的人生抉择。

这是一个深刻变革的时代。

党的十九大指出，十八大以来的五年，是党和国家发展进程中极不平凡的五年，改革开放和社会主义现代化建设取得了历史性成就。五年来的成就是全方位的、开创性的，五年来的变革是深层次的、根本性的。的确，党的十八大以来，中国的司法体制改革积极、稳步推进，随着各项重大改革方案渐次出台、试点全面推开，具有中国特色的司法体制改革已然取得突破性进展和明显成效。目前，以司法人员分类管理制度、巡回法庭制度为代表的司法管理体制改革有序推进；以司法责任制、人民陪审员制度改革为代表的司法权运行机制改革逐步推开；以错案追究制、律师执业权利保障制度为代表的人权司法保障机制建设取得积极成果；以立案登记制、法律援助制度为代表的司法便民利民举措陆续出台。① 全面、深刻的司法体制变革不仅为律师执业开启了通向广阔天地的命运之门，还使得律师职业深深嵌入这场中国历史上前所未有的大变革中，成为推动中国司法文明的重要力量。正如中共中央办公厅、国务院办公厅印发的《关于深化律师制度改革的意见》中所言："律师制度是中国特色社会主义司法制度的重要组成部分，是国家法治文明进步的重要标志。律师队伍是落实依法治国基本方略、建设社会主义法治国家的重要力量，是社会主义法治

---

① 参见张金才：《中共十八大以来司法体制改革的进展及成效》，载《当代中国史研究》2016年第3期，第4页以下。

工作队伍的重要组成部分。"

党的十九大强调,经过长期努力,中国特色社会主义进入了新时代。

这是一个充满机遇的时代。

2015年8月20日,最高人民法院、最高人民检察院、公安部、司法部联合召开的全国律师工作会议的规格之高、规模之大,前所未有。这次会议也在某种程度上象征着中国律师职业的"黄金发展期"已经到来。此后不到一年,2016年6月印发的《关于深化律师制度改革的意见》,不仅完善了听取律师意见制度、律师收集证据制度等律师执业保障机制,还明确要求建立、健全律师人才培养选用机制,将律师作为专门人才纳入国家中长期人才发展规划,为优秀律师参政议政、担任各级人大代表、政协委员以及进入党政机关开辟了全新通道。律师职业以及与之相关的律师职业管理体制得到了前所未有的肯定与重视。例如,在检察官与律师交集最多的刑事诉讼中,过去检察官与律师的关系并不融洽,而新修订的《中华人民共和国刑事诉讼法》打破了以往"检强律弱"的传统格局,重塑检、律关系,检方优势渐退,审查逮捕乃至公诉的风险渐增,检、律关系逐渐平和,也算是情势所趋。① 特别是随着《关于完善国家统一法律职业资格制度的意见》的出台,律师作为"法律共同体"的身份得到进一步明确,也为律师施展身手、发挥才能、实现理想奠定了坚实的法律基础,提供了充分的发展空间。

这是一个印证实力的时代。

党的十八届四中全会通过的《关于全面推进依法治国若干问题的重大决定》,提出了推进"以审判为中心"的诉讼制度改革,这是从顶层设计的角度对我国未来诉讼制度改革所作出的重大部署,是本轮司法改革措施中最具影响力、意义最为深远的改革举措。② 这一政治宣示,结合相关程序法的配套改革措施,彻底改变了既有的以侦查为中心,公检法三家"做饭—端饭—吃饭"

---

① 参见秦国文、董邦俊:《论"以审判为中心"视野下新型检律关系之构建》,载《浙江工商大学学报》2015年第3期,第61页。

② 参见陈卫东:《以审判为中心:解读、实现与展望》,载《当代法学》2016年第4期,第14页。

一条龙式的传统司法关系,突出强调庭审的实质化建设,为律师,特别是刑辩律师参与辩护活动的实质性、广泛性和充分性提供了政治保障。此举使得案件的审理不再流于形式、走过场,使得律师能够通过自己的经验与能力,实际参与案件争议焦点的论辩,消除暗箱操作的空间,让律师有机会用真正的诉讼经验与诉讼能力证明自己。可以预见,在不久的将来,律师的核心竞争力将不再是对关系的"经营"、对案源的"垄断"或者对对手的"打压",而是对自身业务水平的不断超越和对业务技能的不断强化。在一个可以公平竞争的司法环境里,胜出的,一定是实力最强的一方。

这是一个优胜劣汰的时代。

这个世界,没有任何可以一蹴而就的职业,更没有任何一个可以轻易出头的行业。任何一名大律师,都是在若干年的沉淀与积累后,才能迎来自己事业上的春天。每年都有很多新入行的律师同仁,其中的大部分人,都要经历一年的实习期,担任若干年的助理。在此期间,他们需要面临案源缺乏、经验不足、收入低下的考验,半途而废者大有人在。即使撑过了这段时期,依然需要面临专业选择、客户经营等一系列棘手问题,时刻都面临着残酷的竞争与淘汰。最终很多人只能将法律作为谋生手段。[①] 特别是随着网络时代的到来,法律知识、律师经验的获得更为便宜,使得律师出现了"贬值";而信息的透明化使得当事人对律师的专业水平要求更高,选择范围更加广泛,监督也更加便利。这将带来律师行业的一系列变化,新老律师代际更替速度加快,年轻律师面临更大的竞争压力,跨区域办案成为常态,网络效应使得法律业务资源进一步向"知名律师"与中心城市转移,低端律师将被市场所淘汰,"村镇律师"生存空间进一步受到挤压。[②]

只有具备"狼性匠心"的律师,才能够在这样一个机遇与挑战并存、苟且与伟大皆有可能的时代中精准定位,才不会迷失甚至掉队。

所谓"狼性",是指人必须像狼学习,学习狼习惯竞争、生性好战以及对

[①] 参见牛坤:《青年律师如何提升竞争力》,载《中国律师》2016年第8期,第55页以下。
[②] 参见王永强:《网络时代律师发展新趋向》,载《武汉大学学报(哲学社会科学版)》2013年第1期,第27页以下。

力量的崇拜等内在品格。的确,狼所处的生存环境决定其需要时刻保持警惕,以应对如影随形的生存危机,同时需要具备异乎寻常的生存智慧、奋不顾身的主动攻击精神和群体作战的意识。这也和百度首席执行官李彦宏在发给员工的公开信中对于狼性的定义如出一辙:敏锐的嗅觉,不屈不挠和奋不顾身的进攻精神,以及群体奋斗的意识。① 狼性,之所以在企业界备受追捧,是因为这十分契合企业管理中推崇竞争、强调团队的精神。企业若没有"狼性"的智、勇,真的是活不了的。同理,无论是单打独斗的个人执业律师,抑或是多人作战的群体律师团队,"狼性"都是其能够在激烈的竞争中存活下来的必备前提。只有信奉"狼性"哲学的律师或律师团队才能长期生存,而胜利者,往往就是坚持到最后的一方。

所谓"匠心",可以理解为"匠人精神",或"工匠精神",即工匠对自己的产品精雕细琢,追求完美和极致,对精品有着执著的坚持和追求、精益求精的精神理念。"匠人精神"的内涵包括专业、敬业、精益求精、专注耐心、一丝不苟与坚定不移。② 例如,人口仅仅 8 000 万的德国,拥有的世界名牌居然多达 2 300 个,创造这一"神话"的原因,说到底,就是匠人精神。正如前西门子公司总裁维尔纳·冯·西门子所言:"这靠的是德国人的工作态度,对每个生产技术细节的重视,德国企业员工承担着要生产一流产品的义务。"③ 其实,中国历史上也不乏"轮扁斫轮"④、"百工之事,皆圣人之作也"⑤ 等记载。说

---

① 参见肖尧春、肖涵:《"狼性文化"的是与非——华为的企业文化解析》,载《经营与管理》2014 年第 9 期,第 56 页。

② 参见潘墨涛:《政府治理现代化背景下的"匠人精神"塑造》,载《理论探索》2015 年第 6 期,第 82 页。

③ 毛传来:《我们需要怎样的"工匠精神"》,载《工友》2016 年第 5 期,第 9 页。

④ 源自《庄子·天道》:"桓公读书于堂上,轮扁斫轮于堂下。"其中最核心的意思解说一般被理解为,砍削木材制作轮子的老人向齐桓公表示,轮孔宽舒则滑脱不坚固;轮孔紧缩则轮辐滞涩难入。只有不宽舒不紧缩,才能手心相应,制作出质量最好的车轮。这里面有规律,但只可意会,不可言传。

⑤ 源自《周礼·考工记》:"知者创物,巧者述之守之,世谓之工。百工之事,皆圣人之作也。"据考证,今天所见到《考工记》是《周礼》的一部分。《周礼》原名《周官》,分天官、地官、春官、夏官、秋官、冬官六篇。西汉时,河间献王刘德的《周官》,因"冬官"篇佚缺,补以《考工记》。西汉末《周官》被列为经而属于礼,故有《周礼》之名。参见武廷海、戴吾三:《"匠人营国"的基本精神与形成背景探讨》,载《城市规划》2005 年第 2 期,第 57 页。

到底,工匠精神的内涵无分职业、无关国别、无涉种族、无联时代,从古至今,自内而外。所谓"匠人精神",就是精益求精、一丝不苟、严谨、耐心、专注、坚持、专业、敬业。

中国律师生逢其时。在这个伟大时代,不仅要具备丛林法则的生存狼性,更应具备悟道通神的职业匠心;在这个伟大的时代,只有兼具信仰力、沟通力、分析力、细节力、说服力、学习力与团队力等职业素养,才能屹立于不败之地,求胜于分毫之间。

张嘉良

2018 年 3 月 15 日,于吉林良智律师事务所